作者在季羡林家

作者陪季羡林散步

作者偕季羡林参加学术研讨会

作者和季羡林一起参加第四届国家图书奖评选工作时合影留念

季羡林传

于青 著

青岛出版社
QINGDAO PUBLISHING HOUSE

目录

第三章 水木清华园

第四章 留德十年

第五章 燕园春秋

第六章　空谷足音

第七章　鲁殿灵光的辉煌

附录一

附录二

第一章

寂寞的童年

1. 贫困的官庄

1911年8月6日，是中国内忧外患、风雨飘摇的多事之年的一个普通日子，但对于山东清平县（现并入临清市）官庄来说，却是一个不普通的日子。

这一天，在这个山东西部最贫穷的村子，降生了一个非常普通的男婴。尽管此时的外间世界热闹非凡，震惊中外的辛亥革命运动正在酝酿发展中，但这个刚刚落地的男孩却超乎寻常地安静。围在男孩身边的长辈们舒了一口气，他们心里只有一个愿望，愿这个普通的男孩在这不太平的年代里能平平安安地活下去。活下去，就是这个战乱的年代里普通百姓的最高愿望。

这个男孩姓季，取名羡林。

谁也没有想到，这个一降生就表现得异常安静、乖顺的男孩，在近一个世纪的岁月里，会创下那样辉煌的业绩。官庄，从来也没有想到过，他们为20世纪的中国文化，不，甚至应该说是为东方文化和世界文化准备了一个杰出的人才。

这不是一个世纪预言，历史会为此做证。

官庄，是当时山东较穷的地方。而季家，在官庄算是最穷的一家。当年“文革”期间有造反派到官庄搞“外调”，希望能给季羡林戴上个成分不好的“帽子”，而官庄的老乡则说，季家是全村最穷的一家。季家也是一个大家庭。季羡林出生的时候，祖父、祖母都已去世。父辈亲兄弟有三人，老大季嗣廉，就是季羡林的父亲；老二季嗣成，是季羡林的叔父；祖父、祖母去世时，家道已败落，为了能生存下来，不得不把最小的老三送给了别人，改了姓。此时，家中已是房无一间、地无一寸，两个无父无母的孤儿实在无法活下去。先是投奔了堂伯父，他是个举人，也是方圆几十里最有学问的人。伯父不错，待他们兄弟二人很好，但无奈家庭大，人多是非也多。兄弟二人有时饿得没有办法，只好到别人家的枣林里去捡落到地上的干枣充饥。后来，兄弟二人又逃到济南谋生。

到了济南以后，人地生疏，二人拉过洋车，扛过大件，当过警察，卖过苦力。叔父最终站住了脚，于是兄弟俩便商量，让父亲一人回老家，叔父一人留在济南挣钱，寄钱回家，重振家园。“安土重迁”，毕竟是农民几辈子的传统，只要有一线希望，他们就要在自己的老家置地盖房，老死此间。季羡林的父辈们也不例外。

就这样，靠着在济南打工的九叔（从排行上算）间或寄点钱回家，父亲才能勉强度日。就是在这样贫穷的时候，父亲娶上了母亲。自然不是穷媳妇不会攀这门穷亲，母亲的娘家姓赵，在穷的方面是门当户对。家里连饭都吃不上，自然没有钱和空闲去上学。甚至活了一辈子，连个名字也没有，出嫁前是“嫚儿”，出嫁后就是“孩儿他娘”了。母亲一辈子走得最远的路，就是从娘家到婆家五里远的路。

在季羡林出生的前几年，家里突然“阔”过一阵。那是九叔闯关东时，用口袋里剩下的最后五角钱，买了十分之一的湖北水灾奖券，中了大奖。农民“富贵还乡”的心理，使兄弟俩把钱运回老家，由父亲一手张罗，买了砖瓦盖了房，置了田地种了粮，真是酣畅淋漓、扬眉吐气，无奈这种好景不长。就像山东传统的待人接物一样，父亲也似梁山泊好汉宋江一样义气大方，逢友便接济，遇亲即相助。转眼间，屋子上的瓦被拆下来变卖，有水井的良田也变换了主人。

1997 年，季羡林在临清官庄小学与学生们合影

季家兴隆了瞬间，便又恢复到从前的贫穷状况。

季羡林就是在这种状况下来到了人间。

此时的外间世界可谓热闹非凡，各地推翻清王朝的武装起义此起彼伏。尤其是在富饶的南方，以孙中山先生为首的革命派在各地发动了为推翻清王朝而准备的武装起义。最著名的便是广州的黄花岗起义。后又有1911年春夏间，在广东、湖南、湖北、四川等省爆发的保路风潮。就在季羡林刚刚出生后的10月，著名的武昌起义也取得了战略性的胜利。12月，孙中山当选为临时大总统，次年元旦，宣告中华民国临时政府成立，改1912年为民国元年。临时政府的成立，宣告了统治中国两千多年的封建君主专制制度的结束，具有划时代的意义。

然而，在落后贫穷的山东西部，一切似乎停留在永久的穷困中。小时候的季羡林，对于外部政治世界的最初印象，就是“朝廷”二字。乡下人提到这两个字，都战战兢兢，肃然起敬。无论是哪个朝廷，都是皇威帝风，旧习未除。在山东西部，一切好像仍旧是大清帝国的延续，毫无万象更新的迹象。

季羡林对生活的最初印象便是饿。因为那时家里只有半亩多地，一家三口就靠这半亩地生存，所以吃得很差。对于幼年的季羡林来说，吃“白的”，是他的最高理想。所谓“白的”，是指麦子面的馒头。“黄的”是指小米面或棒子面的饼子，“红的”是指红高粱面的饼子。季羡林整日下咽的，只能是“红的”，又苦又涩，难以下咽，但不

大官庄外的土路，季羡林幼年时常随母亲经此去地里劳作

吃肚子又饿，那种饥肠辘辘的声音，比粗糙的高粱面还要可怕。

小时候的季羡林，表面上看十分安静，不爱说话，但实际上还是个小有个性的小孩，实心实意，憨厚可爱。家里远亲中有一位被唤作大奶奶的亲属十分喜欢他。大奶奶的家境不错，亲孙子又早亡，她便把全部的钟爱都倾注在了这个听话温顺的远房孙子身上。她把每天吃的“白的”麦子面馒头留出半个或四分之一个，给小羡林吃，这便成为季羡林童年中最美的一件事情。他每天早晨一睁眼，便立即跳下炕来往村里跑，因为他们家住在村外。他跑到大奶奶跟前，清脆甜美地喊上一声“奶奶”。大奶奶便立即笑得合不上嘴，把手缩回肥大的袖子里，从口袋里掏出一小块馍馍，递给小羡林，这便是他一天中最幸福的时刻了。吃着这一小块馒头，小羡林的世界便充满了那馒头的滋味：甘甜、充实。这是季羡林小时候最美的记忆。

2. 依稀慈母梦

对于母亲的记忆，季羡林最深的印象就是后悔，后悔不该从小答应离开家乡，以至于对母亲的回忆，除了永久的悔恨，再也没有更多的印象。随着年龄的增长，这种悔恨越来越强烈，但当初即便他不答应离开，大人们也能同意吗？

的确是这样，在小羡林记事的时候，家境贫困，除了饥饿，就是劳作。在季羡林的记忆中，最有趣的一件与母亲有关的事情竟是“挨打”。

事情是这样的：

因为贫困，季家几乎就没有吃过“白的”馒头。小羡林除了吃大奶奶赏给的一点馒头外，很少能在自家吃馒头。偶尔能够吃一点，也是他自己到外面“挣”来的。所谓的“挣”，就是跟着几个大人到本村或外村富人的地里去“拾麦子”，也就是拾别家的地里剩下的一点麦穗，有时拾上半天，也不过半篮子。这样，赶上一个夏天，一个四五岁的孩子，也能拾上十斤八斤麦粒。为了对小羡林加以奖励，麦季过后，母亲便把麦子磨成面，蒸成馍馍或贴成白面饼子，给饥饿的小羡林解解馋。但就是这样，也不能管饱，只是解馋而已，因为家里实在贫穷，需要细水长流地吃白面。但有一次，小羡林吃得馋劲儿上来了，在吃完了母亲给的分内的一块白面饼后，忍不住又偷吃了一块。让母亲看到了，便追着要打。小羡林机灵地往水坑里一跳，因为他是赤条条浑身一丝不挂，母亲穿着衣服没有办法下到水坑里捉他，便只好作罢。而小羡林就站在水坑里把白面饼子尽情地享用了。这个时候的小羡林，便显得格外淘气和机灵。

这是小羡林记忆中唯一的一次“挨打”。他从小温顺、听话，大人们都喜欢他。尤其是母亲，知道他人小肚子大，有时就格外照顾他。

1978年8月，季羡林一家在大明湖畔。前自左为季泓、彭德华、老祖、季清，后自左为季羡林、常永德、季承

有一年过中秋节，母亲不知从哪里弄了点月饼，便给小羡林偷偷掰了一块，小羡林便蹲在一块石头旁边，大口吃起来。但因为吃得太快，月饼是什么滋味，最后也不知道。在他的记忆中，母亲有了好东西是从来不吃的，不单是月饼，就连白面贴饼子，她也没有吃过。有点好东西，都留给小羡林吃了，而她自己只吃点高粱饼子，或是野菜。

太穷了，小的时候，小羡林就没有尝过肉的味道。最多只能喝一点别人煮牛肉剩的肉汤。偶尔有一次，在汤里见到一块牛肚，这也是小羡林的“专利”，他舍不得一口气吃掉，就用生了锈的铁刀，一块一块地割着吃，慢慢地品味。他那时最大的人生理想，就是能饱吃一顿“白的”，或吃上一块肉。

就这样，关于母亲的记忆，几乎都是与吃有关的。因为与母亲在一起时，小羡林才四五岁，除了吃的记忆，他几乎都记不起母亲的容貌。母亲的面影永远是迷离模糊的，没有一个清晰的轮廓。他甚至连母亲的笑容也记不起来。是的，在那样艰苦的日子，小儿子又从小就离开了母亲，作为母亲，她又怎么能够笑起来呢？后来，小羡林便听到对面的宁大婶说起过母亲很后悔，她常说：

早知道送出去回不来，我无论如何也不会放他走的！

小羡林能够想象得出来，这简短的一句话里面，不知包含着母亲多少的思念和悲伤。不是因为生活实在贫困，谁愿意让自己乖顺的儿子远离家乡，送给别人寄养。可以想见，母亲不知有多少个日日夜夜，眼望远方，盼望着自己的儿子回来，但她永远没有盼到。她送走的那个听话的、让她心疼的儿子，始终没有出现在她的盼望中，直到她离开了这个世界。

每每想到此，季羡林的心头总会涌上无尽的后悔。他曾经在心里暗暗下定决心，立下誓愿，一旦大学毕业，自己有了工作，一定要把母亲接出来，让她享享儿子的孝心，但这份孝心却一直没有奉献上。为此，季羡林将它称为自己永久的悔。这也是穷得没有办法才有的事情。

当然，对童年的回忆也不仅仅只有吃的内容，小羡林还能记得他的两个小伙伴。一个叫杨狗，另一个叫哑巴小。这两个伙伴，他都不知道他们的名字。三个小伙伴天天在一起玩，游泳、打枣、逮知了、摸河虾，玩得昏天暗地，一天也不间断。其中，哑巴小后来成了绿林好汉，当了山大王，练出了一身飞檐走壁的惊人本领，能用手指抓住大庙的椽子，悬空围绕大殿走一周。听说有一次作案被捉住，是冰天雪地的腊月，他赤身裸体被人捆起来，倒挂了一夜，却仍然活着。他人虽草莽，却有一个原则，就是“兔子不吃窝边草”，从来不到官庄来作案。这是绿林好汉的义气。最终哑巴小被人捉住杀了，但在小羡林的记忆中却始终有这个小伙伴的身影。

六岁那一年，春节的前夕，小羡林离开了官庄，离开了母亲，跟着叔父到济南上学去了。因为官庄太穷，而父亲和叔父两人也只有小羡林这一个男孩子，大人们是想把男孩子培养成人，以光宗耀祖，光大门楣。而全然不知，一个六岁的孩子离开了母亲，会有什么样的感情痛苦。小羡林被带到了济南，别看他平时不爱言语，在母亲身边也时常犯淘，但真的离开了母亲，他的伤心却是来自心底深处的。有多少次他从梦里哭醒过来，醒来仍是身在异乡，母亲的音容笑貌永远只留在了梦里。这些寄人篱下的生活经历，也慢慢形成了季羡林内向的性格特征。他经常在济南家人的冷暖中，品尝着离开母亲的痛苦。对于感情越来越深沉、性格越来越内向的小羡林来说，他宁愿就着苦咸菜再啃红高粱饼子，也要与贫穷但慈祥的母亲在一起。他第一次知道，虽然白面馒头好吃，肉也很香，但这都代替不了母亲在身边的温暖。因此，小羡林在心中暗暗立下誓愿，一定要好好念书，争取考上大学，再找一个好工作，把母亲接出来，迎养母亲。

当然，小羡林永远也不会料到，这一次将是他与母亲的永别。当他在北平读大学时，得知了母亲去世的消息。但当他从北平赶回家乡，却只看到了母亲的棺材和简陋的小屋，他心中的悔恨之情真是无以言表。他真切地体会到，世界上无论什么名誉、什么地位、什么幸福、什么尊荣，都比不上有母亲在自己身边。所谓“儿不嫌母丑”就是这个道理。当然，年纪很小就离开了母亲的童年经历，对季羡林的性格也有很大的影响。长期生长在叔父家中，从小就培养了他克己慎独的良好品性，而性格内向，不爱张扬，也成为他以后的主要性格特征。

3. 最亲密的朋友

在官庄的时候，小羡林就喜欢兔子。也许是他本身的性格使他比较喜欢与他性格相似的小兔子吧。他总是悄悄地走到洞口，去看望那一只只可爱的小兔子。兔子有黑白花的，有纯黑的，也有纯白的，而小羡林最喜欢的就是纯白的小兔子，因为这种颜色能更加衬托出红亮的眼睛十分温顺。它们胆子极小，一有动静，马上就会跑到洞穴深处。

后来，他到了济南，那是一座古老的城市。有灰蒙蒙的城墙、灰蒙蒙的楼房，到处都是车马的喧闹声和小贩的叫卖声。这一切对一个刚刚离开母亲、生性羞怯的男孩来说，更加增添了他的孤独感。细心的叔父，当知道这个安静的侄子喜欢兔子时，便在一次外出时给他带回来了三只。一只大的，黑的，像母亲；两只小的，白的，像子女。小羡林高兴极了，连忙去找豆芽，找白菜，张罗着喂它们。他把它们放在床底下，听着兔子们在床底下嚼豆芽的声音，便仿佛又回到了那个贫穷但亲切的故乡。就这样，三只小兔子成了小羡林初到济南读书时的小伙伴。常常是小羡林在书桌旁边读书，三只小兔子在他身边走动。兔子胆子小，一有动静就连忙逃向床底，小羡林就屏住呼吸，仔细地观察这几个可爱的小动物。他看着它们，白得像一团雪，眼睛红亮得像玛瑙。它们走一走，嘴便战栗似的颤动几下，再停一停。再走一走，再停一停。因为小羡林看得专注，没有一点儿声音，小兔子竟然走到了小羡林的脚下。小羡林便忍耐着不动，小东西太可爱了，他愿意为小兔子作一方栖息之地。慢慢地，小兔子与小羡林成了朋友，它们见了小主人也不躲开，甚至还温顺地让他抚摸，这让小羡林很感动。他的心太善良，太柔情了。这份善良和柔情几乎成为他一生的性格特征。

原济南白鹤庄山东大学附属高中，季羡林曾在此学习两年

后来，非常偶然的一天，兔妈妈失踪了。小羡林急坏了，找了许久也没找到。看到两只小兔子偎在他的脚下，他难过极了。一种凄凉之感油然而生，他不由得联想到自己。他就是这样很早离开了母亲，常常想念母亲，倍觉凄凉和寂寞。而小兔子没有了母亲，不是会和他一样感到凄凉和寂寞吗？想到此，小羡林不由得落下了眼泪。谁知悲剧并没有结束，两只小兔子也相继失踪和病故了。就这样，仅仅是半个秋天，三只在小羡林面前跑来跑去的兔子，一个都不见了。这使孤独的季羡林更感到一种童年的寂寞。他虽然同以前一样安静地读书，但读书时脑海里却常常浮现出小兔子那一对红红的眼睛。在晚上从蒙胧中醒过来时，也常常会产生一些错觉，眼一花，便会看到满地凌乱的影子，一溜黑烟，一溜白烟。再仔细一看，有什么呢？小羡林轻轻在心里叹了口气，翻过身去，愈加感到冷清和寂寞，还加上了一点轻微而空漠的悲哀。在他还不晓得愁的滋味的年纪，他已经有了感伤的情怀。

小时候的季羡林还有一个特殊的爱好，就是看猪场捉猪。季羡林上小学的地方有一个养猪场，每天杀猪时都要提前把猪捉住捆好。季羡林很喜欢看捉猪，于是每次听到猪叫声就赶紧和小伙伴一起爬到树上，坐在高处看猪场捉猪。虽然当时年龄很小，对猪临死前的挣扎感想不多，但这一幕是牢牢印在了小羡林的脑子里。后来当季羡林去德国留学，看到德国的“猪道主义”的杀猪方法，对比中国的杀猪场景，引发了一段感慨：“造物主实在是

原济南正谊中学教学楼，季羡林曾在此上初中

非常残酷不仁。他一定要让动物互相吞噬，才能生活下去。难道不能用另外一种方法来创造动物界吗？即使退一步想，让动物像牛羊一样只吃植物，行不行呢？当然，植物也是生物，也有生命；但是，我们看不到植物流泪，听不到它们嚎叫，至少落个耳根清净吧。”

季羡林从小离家的生活经历，造就了他感情细腻、性格内向的特征。如果不是这样的一段经历，也许，他还是一个顽皮活泼的儿童。反过来，这样的经历，也促成了他的早熟，和对命运的默认。

第二章

泉城成长季

1. 小学天地宽

当初将小羡林接到济南的时候，就是为了使这个季家唯一的男孩子能学点东西，将他培养成人，以便将来能光宗耀祖。尤其是季羡林的叔父，更是望子成龙，对季羡林的教育抓得很紧，一点也不放松。

季羡林的叔父是一个非常有才气的人。虽然没有受过正规的教育，但仅靠自学，便能初通国文。他能作诗，能填词，能写字，还能刻图章，中国古书也读了不少，且对宋明理学很感兴趣。有时，他会在八仙桌的旁边正襟危坐，威仪俨然地读《皇清经解》一类十分枯燥的书，小羡林就会在心底觉得好笑。从这一点也说明，季家的读书基因是有遗传的。

最初，叔父将小羡林安排在一个私塾里学习。私塾的老师是一个白胡子老头，同所有的私塾先生一样，穿着灰色大褂，面色严峻，从不多言，令人望而生畏。小羡林在这个私塾学堂里学到了一些最基本的文字。这对小羡林来说是很容易的，倒是在私塾里的上学习惯，令小羡林感到奇怪。因为每天他们到学堂，得先向孔子牌位行礼，然后才跟先生念“赵钱孙李”。让小羡林觉得这不像是念书，而像是庙堂里的一些仪式。

在私塾没有念多久，叔父便将小羡林送至一师附小去念书了。小学所在的街道是做棺材的，但起名叫“升官街”。文不对题，大约是为了讨个吉利。学校的校长是个维新人物，受“五四”新文化运动的影响，将学校里的国文教材都改用白话文。这对刚从私塾学堂里出来的小羡林来说，很有吸引力。国文中的白话诗朗朗上口，国文中的白话课文读起来生动有趣。他还记得一听起来很滑稽的白话诗，“大明湖上逛逛，仙人桥上望望”，云云。尤其有一篇叫作《阿拉伯的骆驼》的课文，季羡林读了感到非常有趣。课文中所讲的阿拉伯的骆驼，对季羡林来说是既陌生又新鲜，他读得爱不释手。然而没有想到的是，这篇文章却惹了大祸。有一天，叔父闲来翻看他的课本，翻到了骆驼这一课。只见他勃然变色，指着课文愤愤地说：

> 骆驼怎么能说人话呢？
>
> 不行，这样学下去还得了吗？这个学校不能念下去了，转学，一定要转学。

结果，就因为一篇课文，头脑守旧的叔父便给季羡林转了学。

济南趵突泉，季羡林青少年时代常来此游玩

好在转学手续简单，只是经过一次口试就行。口试很简单，考官在纸上写了几个字，让新生来认。这几个字中有一个“骡”字，季羡林认出了，于是被定为“高小一年级”。有一个比季羡林大两岁的学生没有认出来，于是被定为“初小三年级”。因为这一个字，季羡林就省去了一年，这也是那时上学的趣闻。

新的学校新育小学是一座正规的学校。校园很大，树木丛生、花草茂密，是一座很具规模的学校。在用木架子支撑起来的一座柴门上面，悬着一块木匾，上面刻着四个大字：循规蹈矩。小羡林当时也搞不清这四个笔画复杂的字的含义，只是觉得它们每一个字都复杂得像一座迷宫，忽凸急现，非常好玩。尽管它们悬在门上每天盯着进进出出的学生们，但学生们对它们所表现出来的复杂与神秘并不理会。小羡林就在这块匾下面跳进跳出，上学、游戏和淘气。恰恰与匾上的字的意思相反，小羡林在这座学校里是如鱼得水，认真发挥了他聪明、爱玩的天性。给老师起绰号，“架”老师，这些也是老实本分的季羡林在这时做过的事情。这当然对老实、本分的小羡林来说并不常见。

事情是这样的。学校里有一位珠算老师，因为眼睛大而凸出，像两颗又大又圆的玻璃珠子，于是他们便给老师起了个绰号，叫“少雀”（济南方言，意思是知了）。这位长相像知了的老师对学生特别粗野、蛮横。珠算课时，打算盘，错一个数，打一板子。小孩子心急手乱，一堂课下来错上十个八个甚至上百个是很难避免的。几乎每个学生都挨过板子。板子打在手上火辣辣的，便有人小声嘀咕：“我们架他。”“架”，是他们小学生的行话，就是起哄、赶走的意思。于是，大家便欣然同意，一群十岁左右的小孩子便密谋“造反”了。大家商定，等“知了”老师来上课时，他们便把教桌弄翻，然后一起离开教室，躲在假山后面。大家都为这个锦囊妙计感到兴奋，他们觉得，如果“架”成功了，这位老师将无颜再见学生，便只有卷铺盖走人了，但没有想到班上出了“叛徒”。在“架”老师的关键时刻，有几个学生，想拍老师的马屁，没有离开教室。这样，“架”老师等于没有成功，反而大长了“知了”老师的威风，因为他知道自己还有几个“群众”，于是气焰更加嚣张，便把他们那一群不知天高地厚的“叛逆者”狠狠地用大竹板打了一通手心。“叛逆者”们当然也包括小羡林在内，每个人的手都肿得像发面馒头，但他们却没有一个人装熊和掉眼泪。这使季羡林每每想起，就有一种少年的自豪感涌上心头。因为在他的小学生活中，也并不是天天都做“叛逆者”的。

上小学的时候，小羡林并不用功，不是看闲书就是玩铁圈。那时没有什么玩具，最时髦的玩具就是自己将废铁丝弄成一个圈，再将铁条弯成一个一头有钩的推子，把铁圈放在地上一滚，后面用铁钩护着不倒，这就是他的至乐玩具了。他最爱读的，便是被叔父称之为“闲书”的小说一类书。叔父不让小羡林看闲书，说那都是些“旁门左道”，不登大雅之堂的。因此，小羡林只得寻找一切机会，偷着看闲书。在家里，他的书桌下面有一个盛白面的大缸，上面盖着一个用高粱秆编的“盖垫”。书桌上摆着《四书》《五经》等正课的书，而手中捧着的却是《彭公案》《济公传》《西游记》《三国演义》等旧小说。他唯独不爱看《红楼梦》，也许那时年龄太小，还看不懂，只是觉得林黛玉整天哭哭啼啼，不甚喜欢。而对其他“七侠五义”的小说看得都是津津有味。如果在这时叔父冷不防走了进来，小羡林便机灵地掀起膝下的盖垫，把闲书朝缸里一丢，嘴里便念起“子曰”“诗云”来，叔父背着手，看一看，便满意地出去了。

到学校后，便用不着防备了。一放学，就是小羡林的世界了。万事莫如读书急，他常常背着书包，躲到学校里的假山背后，或者某个盖房子的工地上，拿出闲书，狼吞虎咽似的大看起来。一看便忘记了时间，忘记了吃饭，有时候到了天黑，才摸回家去。而叔父还以为是留在学校里背书呢。读闲书的成绩很大，小羡林对小说里绿林好汉的名字早已背得滚瓜烂熟，连他们用的兵器也如数家珍，比正堂的课本是熟悉多了。久而久之，自己也做起英雄梦来。有一次，一个小朋友告诉羡林，把右手五个指头往大米缸里猛戳，一而再，再而三，一直到几百次，上千次。练上一段时间以后，然后再换上沙粒，用手猛戳，最终便可以练成铁砂掌，五指一戳，就能够戳断树木。小羡林听说如此，便心动了起来，他想，他若有个铁砂掌便不是可以劫富济贫了吗？于是信以为真，猛练起来，狠命地往大米里戳，往细沙里戳，结果把指头戳破了，鲜血直流。事已至此，小羡林方觉悟，自己是与铁砂掌无缘了，便停止不练了。

虽然不练铁砂掌了，但季羡林还有其他的雄心壮志。因为看旧武侠小说太多，他的雄心壮志也不外是这些剑侠剑仙之流的东西。有一段时间，小羡林的脑子里老是想着：怎么样才可以一张嘴就吐出一道白光，使敌人的头在白光里掉在地上；怎么样可以在黑夜的屋顶上树顶上飞。当他的眼前蓦地有一条黑影一晃，他就能知道来了能人了。于是把嘴一张，立刻有一道白光射出去，眼看着那人从几十丈高的墙上翻身落下来。铁砂掌练不成了，小羡林又在帐子顶上悬上一个纸球，每天早晨起床之前，先向空中打上一百掌，据说倘若把球打动了，就能百步打人。晚上，当孩子们凑到一起玩的时候，他便在背上斜插上一条量布用的尺子，把它当作宝剑，居然也有凛凛然仿佛不可一世的气概。

又过了一段时间，小羡林渐渐听到别人说，剑侠剑仙之流的怪人，只有古时候有，现在是不会有的了。而现在只有绿林豪杰，相当于古时候的剑侠。于是，小羡林又开始了向往绿林豪杰的梦幻。其实，小羡林根本就没有见过这些绿林豪杰，他想象着他们应该有红胡子、花脸、蓝眼睛，一生气就杀人，就像在舞台上见到的那些人一样。小羡林丝毫没有觉得这些人物的可怕，而是感觉他们可爱，每天晚上入梦，总是梦着青面红发的人在他的房间里跳着舞着，很是威风。这是季羡林这一时期的少年梦。

在小学，季羡林还有过一次很成功的“商业活动”。在上小学经过的路上，有一个卖五香花生米的小铺子。铺子虽小，名声却极大。花生米又咸又香。季羡林经常用自己的早点钱买上一点。有一天，他突发奇想，一下子买了半斤花生米，分别用纸再分出了若干包，带到学校，向没有机会买到花生米的小学生兜售，买卖很成功。季羡林的聪明从此也可见一斑。

上小学的季羡林，也很淘气。性格很外向，喜欢打架，欺负别人，也被别人欺负。曾经有一个男孩子，比季羡林个子高，总是欺负小羡林。最初季羡林有些怕他，时间久了，小羡林终于忍无可忍，同他干了一架。两个人抱着在沙地上滚来滚去，有时这个在上面，有时那个在上面，不分高下。直到上课铃响了，便各回教室，但从此这个高个子同学就再也不敢欺负季羡林了。季羡林在后来的回忆文章中就提到过："从这一件小事来看，我无论如何也不能算是一个内向的孩子。怎么会一下子转成内向了呢？这个问题我从来没有想到过。现在忽然想起来了，也就顺便给它一个解答。我认为，《三字经》中有两句话：'性相近，习相远。''习'是能改造'性'的。我六岁离开母亲，童心的发展在无形中受到

济南一中校友合影

了阻碍。我能躺在一个非母亲的人的怀抱中打滚撒娇吗？这是不能够想象的。我不能说叔婶虐待我，那样说是谎言；但是在日常生活中小小的歧视，却是可以感觉得到的。”

即使这样，季羡林的学习仍旧是名列前茅。三年之间，他曾考过两个甲等第三，两个乙等第一，虽然不是拔尖人物，但却是优等生。因为他根本就是玩得多，而用功少，念书的时候更少。他们班上有一个考甲等第一的学生叫李玉和。年年都是第一名，但年纪要比小羡林大五六岁。看起来像是很成熟的样子，天天死记硬背，刻苦努力，皱着眉头，不见笑容，像一个小老头，不同任何小同学打闹。小羡林对这位老学长并无不敬之意，却略有点瞧不起的意思，觉得他与自己不是一类人。

奇怪的是，对枯燥的东西极不感兴趣的小羡林，却对英语非常感兴趣。他是从这个小学开始学英语的。对季羡林来说，第一次接触英语，就觉得这是一个很神奇的东西。他认为，用方块字是天经地义的，而不用方块字，样子弯弯曲曲，像蚯蚓爬过的痕迹，居然能发出音来，还能有意思，简直是不可思议。越是神秘的东西，便越有吸引力。因为这很有挑战性。其实，学英语的机会是偶然得到的。有一位教员会一点英文，他答应可以在晚上教一点，收一点费用。这样，季羡林从由十几个孩子组成的业余英语学习班便开始了英语的学习。虽然学的英语并不太多，26 个字母以后就是几个单词，但季羡林自己也并没有想到，这种最简单的英语学习，竟为他以后的事业奠定了基础。后来，季羡林成为一代学界泰斗，精通世界上最难懂的梵语、巴利语、陀语，其渊源，恐怕与这早期的外语兴趣有极大的关系。因为还在最初学英语时，季羡林就本能地开始研究外语的奇妙语法。他当时有一个非常伤脑筋的问题：就是为什么“是”和“有”算是动词，它们一点也不动啊！这个伤脑筋的问题就是当时的老师也答不上来，后来的老师更答不上来。这算是小羡林初学外语的一个“科研”项目吧。

学习英语给季羡林留下了美好的回忆，也是因为上英语课时有美好的夜景。原来在上英语课时，要走过校长办公室前的院子。而院子里有几个花畦，春天的时候，芍药花开了，都是绛紫色的花朵。绿叶紫花，给人的印象非常强烈。到了晚上，英语课结束后，再走过那个院子，虽然看不清楚，但因为有白天强烈的印象，于是仿佛能透过夜色看到它们艳丽的颜色。这种情景很奇特，使得以后季羡林一想起学习英文，眼前就会出现紫花绿叶的美妙景象。而以后，花与苦读，则成了季羡林永久的伴侣。

2. 天才少年

三年过去了，小羡林小学要毕业了。13 岁那年，他考上了济南城里的正谊中学。小羡林本来是想考大名鼎鼎的第一中学的。

但他生来性情温和、谨慎小心，他仔细考虑了一下，觉得没有太大的把握，便决定考与“烂育英”齐名的“破正谊”。这是他们学生的叫法。其实，正谊中学一点也不破，是在济南市最美丽的大明湖旁边。学校傍着大明湖，远远望去，万顷苇绿、十里荷香，大明湖的湖边，是风吹拂面的柳树，学生们可以到湖边读书，真是人间天堂。这是泉城最美丽的地方。

季羡林当时也没有想到，这个“破正谊”学校居然还要考英语。更没有想到，他在小学学的那点英语，竟使他沾了半年的光。英语的考题是汉译英：“我新得了一本书，已经读了几页，可是有些字我不认得。”小羡林翻出来了，只是因为不知道“已经”这个词的英文译法而苦恼了很长时间。他当时的英文水平还不能

原济南正谊中学教学楼，季羡林曾在此上初中

使他理解英文的时态是翻不出来的，但考试的结果是被录取，不是一年级，而是一年半级。

在正谊中学学习期间，小羡林仍旧贪玩，因为功课对他来说太容易了。他天性中温和不好争斗的特点，在这一时期更加突出。学习成绩保持在甲等后几名、乙等前几名之间，在班上仍旧属于中上水平。只要下了课，他就和一群爱玩的同学到大明湖钓虾、钓蛤蟆，他觉得坐在大明湖湖边，用小竹竿钓虾是最大的快乐。那网住小虾的欢喜真是绝顶的。如果就这样钓下去，他也乐意。在他年幼的心里，还谈不上有什么太大的志向。然而叔父却对季羡林寄予了很大的期望，他是要这季家唯一的男孩为他们光宗耀祖的，于是对季羡林要求极严。他见学校里的功课难不住小羡林，便自己在家亲自给他讲课，他还选了一本《课侄选文》，都是叔父喜欢的一些理学文章。虽然叔父没有受过什么系统教育，但靠着他自己的天分，经史子集也读了不少。他不但能作诗，还擅长书法，更有一手刻图章的好技艺。因此，小羡林自小便能受到叔父的严格管教，以后季羡林的学术成绩，与当年叔父的悉心栽培是分不开的。

叔父不仅在家教小羡林学习他认为正宗的文章，还要求季羡林在上完正课后，再加“小灶”，参加一个专门读古文的学习班。在这个学习班上，主要是读《左传》《战国策》《史记》等史学经典。当然，上这个班是要另付老师报酬的。但这还没有完，晚上吃完饭，小羡林又要到尚实英文学社去学英文，一直学到十点才回家。这样排下来，上正式的课程，国文课的《古文观止》一类的书要背诵，英文课的《泰西五十轶事》《天方夜谭》也要背诵；国文写作要用文言文，而英语写作要用英文。几年下来，一直是这样满满的功课，但对季羡林来说，都不算什么。他是有书就读，读便读好。不求最好，但也全心全意地去读。同时，也全心全意地去摸鱼钓虾。他干什么事情，都是专心致志的。

初中毕业以后，季羡林在正谊中学只念了半年高中。后来便转入了新成立的山东大学附属高中读书。那是 1926 年。山东大学的校长是前清状元、当时的教育厅厅长王寿彭。他提倡读经，很合叔父之意。而因了学校的倡导，在高中还安排了两位教读经的老师。一位是前清翰林或者进士；一位绰号叫“大清国”，是一个顽固的遗老。他们上课有一个共同的特点，就是都不带课本。他们教《书经》和《易经》，早已倒背如流，滚瓜烂熟。不仅是正文，连注疏也在内。教国文的是王玉先生，这是一位桐城派的古文作家，极有学问，有自己的专著。这位国文老师对季羡林的影响很大。他学识渊博，而且对季羡林也格外赏识。季羡林在他的国文课上作的第一篇作文，题目是《读〈徐文长传〉书后》。季羡林没有想到，这篇他与往常一样应付课业的作文，却得到了王先生的高度赞扬。他在作文后面的批语是：“亦简劲，亦畅达。”这对季羡林是一个很大的鼓励。常常是这样，老师的一次赞誉，

中学时代季羡林在济南、北平等地报刊上发表的译作

有时会影响一个学生的一生。果然，自从王先生点评以后，季羡林便对古文产生了浓厚的兴趣。他不再顺从老师、学校和叔父的安排，让学什么便学什么，而是自己主动找来《韩昌黎集》《柳宗元集》，以及欧阳修、三苏等的文集，想要认真钻研一番。而且，在英语课之外，他又加学了一门德语。

这样的努力，使季羡林的学业一下子有了突飞猛进的效果。他在第一学期就考了一个甲等第一名，而且分数均超过 95 分。取得这样突出的成绩，因而受到了校长王状元的嘉奖。他亲笔写了一副对联和一个扇面奖给了季羡林。他写的扇面是："净几单床月上初，主人对客似僧庐；春来预作看花约，贫去宜求种树书。

隔巷旧游成结托，十年豪气早消除；依然不坠风流处，五亩园开手剪蔬。”王状元的扇面和对联对季羡林的影响很大，这并不是季羡林的虚荣心作祟。季羡林在后来的回忆中也认为，他从自卑到自信，从不认真读书到勤奋学习，关键不是虚荣心，而是虚荣心使一个十五岁的孩子从此树立了上进心。后来季羡林还更准确地分析说，应该是荣誉感鼓励了一个有自尊心的孩子，在自己的能力范围内做到了极致。从此，季羡林开始有意识地努力学习。当然，对一个少年来说，当初的努力也只是为了保全一份荣誉，既然得了第一，就不能再落后下来。在季羡林的性格中，这种一旦下了决心就要坚持下来的特点，使他的学业受益匪浅。果真如此，在高中学习的三年中，六次考试，季羡林都考了六个甲等第一名，成了“六连贯”。而从这以后，努力学习，渴求知识，便成了少年季羡林的一个明确目标，也成了他一生的追求。

3. 舞文弄墨初长成

1929 年，季羡林转入了新成立的山东省立济南高中，学习了一年。这一年，在季羡林的一生中都是一个重要的阶段。尤其是在国文方面，有许多良师益友给了季羡林很大的影响，也留下了难忘的记忆。

在这所学校里，教国文的教师都是全国闻名的作家，如胡也频、董秋芳、夏莱蒂等等。尤其是胡也频老师，更是给了季羡林全新的印象。胡也频，是在近现代革命史和文学史上都有影响的作家，尤其是他在现代文学史上的地位，更是令人瞩目。季羡林第一次见到胡也频，是在国文课的讲台上。他个子不高，人很清秀，完全是一副南方人的形象。而胡也频带给课堂的新文学精神，更让一帮读够了经书的年轻大孩子异常兴奋，胡也频先生讲课中提到的“现代文艺”“普罗文学”等一些新名词，也令学生们耳目一新，大开眼界。胡也频上课，完全是新派讲法。他不但不讲《古文观止》，就连新文学作品也不大讲。每次上课，他都在黑板上大书“什么是现代文艺”几个大字，然后便旁征博引、滔滔不绝地讲起来，讲课时眉飞色舞、乡音浓郁。而下一次上课，仍旧在黑板上写下七个大字：什么是现代文艺。季羡林他们这帮年轻的学生，简直听得入了迷。在古老的泉城，他们是第一次听到这个名词。当然，他们都知道，所谓的“普罗文学”或“现代文艺”，实际上就是“马克思主义”的代名词，只不过在当时的环境下是不能提罢了。学生们受胡也频的影响，便买了许多当时流行的马克思主义文艺理论书籍。虽然读不懂，但也怀着朝圣一样的心情，生吞活剥地读下去。读完了便感到天空格外高远、空气格外清爽，就连学校那些陈旧的校舍，也增添了新的光辉。

当时，还是国民党的天下，他们是与共产党、马克思主义不共戴天、势不两立的。在这种气氛下，胡也频向学生们宣传“普罗文艺”无疑是充满了危险的。但他并不在乎，反而处之泰然。但见他小小的个子，迈着轻盈细碎的脚步，匆匆忙忙，仓仓促促地穿梭于校园、课堂中。他视敌人如草芥，宛如走入没有敌人的战场中，侃侃而谈，挥斥方遒。不但在课堂上宣传，还在课外组织活动。他号召组织了一个现代文艺研究会，由几个学生积极分子带头参加，并贴出告示昭告全校，让大家踊跃参加。一时间，当场报名、填表，热闹得像是过节。季羡林受此影响很深，也写了一篇文章，准备发在胡也频筹办的一个刊物的第一期上，文章的题目叫《现代文艺的使命》。因为当时的理解有限，也就是把“革命”两个词反复提诵而已。但对季羡林来说，受新文艺思想的影响，

济南高中校址，季羡林毕业于此

应该是从这里开始的。

他们还有幸见到了当时正在文坛上走红的女作家丁玲。她是来济南探望胡也频的。因为来自上海，着装自然很时髦，这对相对闭塞淳朴的济南府来说，自然就像飞来了一只金凤凰。因为丁玲那时较胖，又穿着高跟鞋，而马路上又坑坑洼洼、高低不平，走起路来非常困难。胡也频自然要照顾好夫人，有时便搀扶着丁玲走。同学们便善意地笑着，认为胡也频先生实际上是当了丁玲女士的“手杖”。

但胡也频上课没多久，事情就有了变化。有一天，应该是胡也频老师上的课，突然出现了一个陌生老师的身影，全班同学都为之愕然。便有小道消息说，因为胡先生被国民党通缉，所以他已连夜逃到上海去了。没有想到，这一去即是永别。第二年，也就是 1931 年，他同柔石等四人在上海被国民党秘密杀害，当时他才 28 岁。

如果说，是胡也频先生使季羡林知道了什么是“新文学”“普罗文学”的话，董秋芳董先生，则使季羡林学会了写性情文章、抒怀散文。

董先生就是替胡也频老师来上课的那位陌生老师。他同样是个子不高，相貌平平，有一只手好像还有点毛病，说话带着浓重的绍兴口音，不仔细听还听不懂，但董先生的笔名对季羡林这些高中生来说却是很熟悉的。他的笔名叫冬芬，翻译过一本苏联小说《争自由的波浪》，还是鲁迅先生作的序。他还写给鲁迅先生一封长信，也登在报刊上，为热爱新文学的青年们所熟知，现在也收在《鲁迅全集》里。

但在课堂上，他的作风与胡也频先生完全不同。他既不讲“现代文艺”，也不宣传革命，只是老老实实地教书，小心认真地改学生作文。他也讲文艺理论，但却是纯艺术的，如日本厨川白村的《苦闷的象征》《出了象牙之塔》。他有一个最绝的授课方法，就是他出的作文题目很特别，常常是转过身去，在黑板上大书四个字：随便写来。

“随便写来”的意思就是学生们愿意写什么，就去写什么；愿意怎样写，就去怎样写，不受任何条条框框的限制，没有任何行文造句的要求，在写作上是绝对自由。董先生的此种授课方法使季羡林受益匪浅。季羡林本来就是一个性情中人，淡泊处世，自由往来，与世无争。老师要求“随便写来”，对季羡林来说就好像让鱼儿重归大海，让鹰儿飞回蓝天。他充分利用了董先生给的这个文字自由，想写什么就写什么，随便写来，反而写出了自己特有的散文风格。在这之前，季羡林一直都是用文言文写文章，叔父又让他读大量的理学文章。而他自己偷闲读的书，大都是“五四”以来的新文学作品，鲁迅、胡适、周作人、郭沫若、郁达夫、茅盾、巴金等人的小说和散文几乎读遍了。现在让季羡林随便写来，那些心中的文章几乎呼之欲出，颇为得心应手。

由于大量的课外阅读，在潜移默化中，季羡林无意中已形成了自己对写文章的一套看法。这就是：第一，感情必须充沛、真挚；第二，遣词造句必须简练、优美、生动；第三，整篇布局必须紧凑、浑成。三者缺一，就不是一篇好文章。以后他读到一些英国名家的散文，也发现了同样的规律。他甚至浪漫地想，写文章应当像谱乐曲一样，有一个主旋律，辅之以小的旋律，前后照应，左右辅助，要在纷纷变化中有统一，在统一中有错综复杂，关键在于有节奏。这些想法的形成，是在不知不觉当中，当初的季羡林并没有很自觉地去运用这些程式。有一次，仍旧是董先生的作文课，他仍旧在黑板上书写了四个大字：随便写来。季羡林望着那四个字，微微一笑，心中的一篇文章呼之欲出，就像早就打好了腹稿一样。因为他早就要写一篇自己回故乡的文章。反正是“随便写

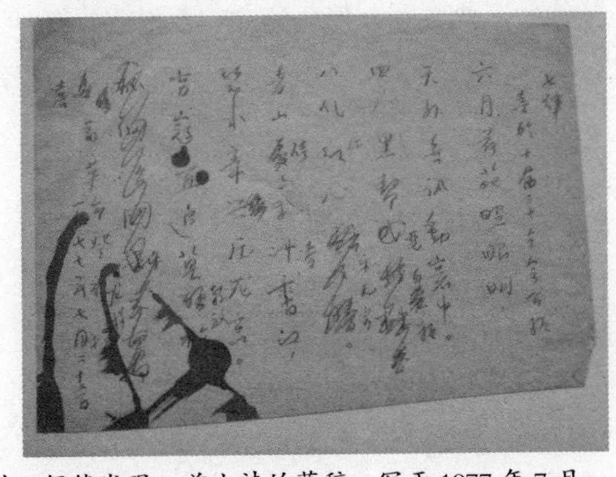

整理季羡林先生资料时，偶然发现一首小诗的草稿，写于1977年7月，当时正值十届三中全会召开，从诗中可见季羡林先生当时激动的心情

来”，季羡林便埋头写起来，一篇记叙回故乡的文章马上就写出来了。没有想到，当作文本发下来时，董先生在作文本每一页上面的空白处都写了一些批注，不少地方有这样的话：一处节奏、又一处节奏，等等。季羡林非常吃惊，这篇作文经董先生这样批注，连他自己都不敢相信：这真是我写的作文吗？

这当然是季羡林的文章，只不过他的文章节奏早已融入了他的无意识中，这种长期积累、偶然得之的苦心孤诣连他自己也没有意识到，却被董先生一一圈点出来，知己之恩，便油然而生。应该说，董先生的批注是季羡林以后成为大散文家的最早契机。季羡林以后自己回忆起这段往事时，也不由感慨，60 多年来，他所从事研究的都是一些稀奇古怪的东西，与写文章写散文风马牛不相及，但感情上一有触发，心血来潮，便会“随便写来”。这随便写来的文章，却充溢着学者的智慧和诗人的情怀。这与当初董先生的培养和认同是分不开的，也与他长期的文学熏陶和知识学养是分不开的。

4. 青涩的婚约

季羡林在高中的时候，也并不只是安静地读书，一些学校的活动他也有参加，比如他印象最深刻的就是毕业旅行。

临近毕业的时候，班里有同学提议，想在毕业后出去旅行一趟，这个建议得到了全班同学的呼应。但是没有钱，因为班里的同学，家里大多数都不能提供经费，于是有人提议：自己筹款。以筹办文艺晚会的形式，来卖票集资。大家准备文艺节目，节目的主要内容是京剧、山东快书、相声、杂耍之类。演员也都是本校的高年级学生。节目很快就准备好了，但是，万事俱备，只欠东风。东风就是不善于交际的校长张默生。由于校长是一个不善于交际的人，与教育厅的官员不熟，他又不想打击学生们的热情，于是只得采取了拖延的方式，能拖一天是一天。学生们也逐渐看出了这个苗头，几经讨论，也多半是出自对校长的同情，大家决定停止这一场紧锣密鼓的闹剧。于是，一场梦中的旅行就这样结束了。

这场旅行虽然没有实现，但却反映出走出校门，到外面观望世界，是当时的高中生们所向往的，这也为季羡林后来到北京求学，到国外留学埋下了种子。

1928年5月，日军制造“济南惨案”，打死中国军民1000多人，并占领济南。此时，学校不能开课，季羡林也随之过了一年临时亡国奴的生活。在无学可上的日子，因为日本人最恨学生，季羡林为安全起见，剃了光头伪装成商店的小伙计。有一天，走到大街上，迎面来了一群日本人，检查过往的行人。季羡林虽然很紧张，但也镇定坦然地让日军检查。一个日本兵检查出季羡林身上的皮带，认为只有学生才能系皮带，于是兜头就对季羡林揍了一枪托。

季羡林仍旧向他解释，小徒弟们也是有钱可以扎皮带的，但日本兵不信。正在争论中，另一个日本兵过来了，很不耐烦地让那个兵把季羡林放了。季羡林算是虎口脱险，死里逃生，但此时身上已经紧张出一身汗。这样的亡国奴的日子，给正在上学的季羡林留下了阴影。

1929 年，季羡林刚刚 18 岁，却奉长辈之命，与一个比他大四岁的只念过小学的姑娘结了婚。

如果说，此时的季羡林对外面的世界刚刚有了自己的幻想的话，但这一次的奉命成婚，却无疑给他的人生理想罩上了一层阴影。但是他没有办法反抗，因为他还没有来得及反抗，他甚至还没有开始一个青年人对生活的热切憧憬就被传统的文化观念牢牢套上了。

季羡林当初离开母亲投身到叔父家，就是为了要给季家光宗耀祖。这个艰巨的任务有两层意思，一个是要学有所成，成就事业，为季家光大门庭；另一个是传宗接代，为季家延续香火。这两层意思都很重要，甚至是相辅相成的，缺一个都不行。于是，当叔父觉得季羡林在学业上有足够的基础了，便自然为他找到了一个在长辈们眼里很合格的媳妇。

季羡林的妻子叫彭德华，济南人，是季羡林叔父家的邻居，是一个传统型的贤良女性。这个贤良的女性尽管不是季羡林自己选择的，但作为一个妻子，在旧中国普通百姓家的长辈眼里，是

年轻时的季夫人（左二）和荷姐（左一）

够格的。彭德华只念过小学，认识不超过1000个字，一辈子也没有读过小说。她甚至在一生中也没有给以后成为大学问家的季羡林写过一封信，因为她本来就不会写信。但是，在以后的岁月里，季羡林的妻子确实是一个贤妻良母，正如她的名字一样，是一个中国典型的传统女性，无论是对待公婆，还是对待子女，真正是一个遵守孝道、慈祥善良的好女性。尤其是对待季羡林，更是绝对忠诚，不说二话，没有二心。

但是，这个婚姻对于一个正处在求学期间，对未来有着无限向往的学生来说，自然有自己的遗憾。季羡林后来在清华大学的日记中也透露出对这个婚姻的遗憾。

家庭，论理应该是很甜蜜的。然而我的家庭，不甜不蜜也罢，却只是我的负担。物质上，当然了，灵魂上的负担却受不了。（1933 年 3 月 3 日）（季羡林《清华园日记》）

到家里所见，结果是——理想见了事实要打折扣，折扣的大小，看事实与理想之高下而定。（1933 年 6 月 8 日）（季羡林《清华园日记》）

本来因为无聊才来家，然而刚来家又觉得无聊了。无聊如大长蛇，盘住了我。（1933 年 6 月 9 日）（季羡林《清华园日记》）

我近觉得很孤独。我需要人的爱，但是谁能爱我呢？我需要人的了解，但是谁能了解我呢？我仿佛站在辽阔的沙漠里，听不到一点人声。寂寞呀，寂寞。我想到故乡里的母亲。（1933 年 8 月 19 日）（季羡林《清华园日记》）

家庭对我总是没缘的，我一看到它就讨厌。非走不行了——我希望能永远离开家庭，永远不回来。（1944 年 4 月 18 日、19 日）（季羡林《清华园日记》）

作为一个正处在求学期间的学生，接受新的思想和观念就像身体吸收营养一样正常和自然，无论是谁，都会对这样的陈旧的婚姻形式有所抵触，那个时代最有代表性的《家》，就抒发出了旧家庭的青年人对爱情和自由的渴望。季羡林对自己的婚姻有所不满，也是情理之中。事情要从两方面来说，从个性解放的角度上来说，这种婚姻是有些陈旧，但对一个一心向学的学人来说，也许是一个较好的选择。这对季羡林事业的促成，也是一个无形的帮助。面对这样的一个婚姻，季羡林的性格本来就很内向，对于长辈的选择，他不会选择激烈的态度去对抗。而对他自己来说，在这个刚刚在他面前展示出魅力的鲜活的世界，能够有一个稳定的生活，却又可以踏进社会中去，是很有吸引力的。所以，季羡林对这个他一生中的第一次也是唯一的一次婚姻，是抱着平静而又有遗憾的心情踏入的。季羡林 19 岁的时候，已经有了一个女儿，两年后，又有了一个儿子。长辈们交给季羡林的任务，他已经基本完成了。而在他沉默的内心里，实际上，他有自己的一个世界，一个生动的精神世界。

为了这个世界，他可以把他自身献出来，但他的内心的灵魂，却被掩藏得很深很深。他越来越内向，越来越把精力关注于学术，这与他的童年、少年、青年的种种经历密切相关。人是一切社会关系的总和，人也是社会造就的。童年离开母亲，少年寄人篱下，青年奉命成婚，这样的人生经历，是要成就一个不一般的人才的。

第三章

水木清华园

1. 清华园内新学子

1930年，季羡林高中毕业了，他同班里的许多同学一起，到北平来考大学。

这时的季羡林，由于高中时期学业的出类拔萃，自信心很强，并充分显示出了他性格中孤傲的另一面。比如，他的同学们都是报七八个大学，因为当时考一个名牌大学是十分困难的，为了能得到更多的机会，大家都是报得越多越好。但季羡林却拿定了主意，只报了两个志愿，这就是北大和清华。这是两个一流学校，不少同学认为季羡林这样报志愿太冒险，但季羡林只是微微一笑，并不多言，因为他心中有数。至少在他们同去的这一班同学中，他是有绝对把握考过他们的。

录取名单公布了。季羡林连中两榜，北大、清华他都考上了。但总不能两个大学都上吧，他再三考虑，认为清华的出国机会多。西学东渐，对季羡林的影响很大，他很希望将来能到国外去留学，于是，便毅然选中了清华。从此，他就是清华园里的一名大学生了。

季羡林在清华选的专业是西洋文学系德语专业。小学时学英语的困惑一直是季羡林心中的结，也使季羡林对外语产生了浓厚的兴趣。他的英文已经达到了相当的水准。而在清华园中，教授中的外籍人士特别多，不管是哪个国家的人，上课都要用英语讲课，就连中国教授也多半要讲英语。课程也以英国文学为主，课本都是英文的。课程有“欧洲文学史”“欧洲古典文学”“中世纪文学”“莎士比亚”“英国浪漫诗人”“西洋通史”等等。季羡林选择了德文专业。四年之间，有三个教授授课，两位德国人，一位中国人。但奇怪的是，在课堂上，中国老师只说汉语，德国老师只说英语，从来不用德语讲课。结果是，学了四年德文，学生们只会看书，而不能听和说。这是大学生活中的一大奇观。

在大学学习期间，季羡林有幸受到许多名师的指点，并直接得到一些著名学者的教诲，受益匪浅，同时也目睹了大学者的独特风采。比如，第一年学英文，教授是叶公超先生。叶公超先生的授课方式非常奇特，他上课从来不讲解，只是让学生自己朗读。一到课堂，他就让坐在前排的学生从左到右依次朗读课文原文，到了一定的段落，他便在讲台上大喊一声：“stop！”然后问大家有问题没有。当然是没有人回答，他便又让学生依次朗读下去，一直这样朗读到下课。学生们摸出了规律后，就自觉地顺应这一规律。谁愿意朗读，就坐在前排，否则往后坐。有学生偶尔提出一个问题，他便断喝一声：“查字典去！”这吼声断然不像公超

20 世纪 30 年代初清华大学校园建筑——科学馆

先生名士的派头，在这一声喝后，一般是不会再有学生去自找呵斥了。教师和学生便一切太平，相安无事，第一年的英语课就是这样过来的。

季羡林除了自己选的外语主课外，他仍旧喜好他的中国文学，于是他便选修和旁听了许多文学名家的课程，如俞平伯先生的唐诗宋词课。在课堂上，俞平伯选出一些诗词，自己摇头晃脑朗诵，念到佳句时，便闭上了眼睛，仿佛完全沉浸在诗词的境界中，一副遗世独立而陶陶然的样子。俞平伯是国学大师俞樾的子孙，有家学渊源，自己能写诗，善填词，自然能品味出古人诗词里的绝妙之处。品到妙处时，他会蓦地睁大了眼睛，连声说:“好！好！好！

就是好！”听课的学生们正在等他解释好在何处，他却已朗诵起第二首诗词来了。所以，这古诗词中的绝妙之处，只能在俞平伯先生的几句喝好中去慢慢品味了。但俞先生的为人处世，却有他特立独行的一面。有一天，学生们像往常一样拥向大课堂去听俞先生讲课，没有想到俞平伯先生居然剃光了头发，像一个出家的和尚一样站在了讲台上。这在当时的教授和学生中是绝无仅有的，于是瞬间便轰动了学校。学校校刊上立即出现了俞先生出家当和尚的特大新闻。在众目睽睽之下，在一派指点声中，俞平伯先生却怡然自得，泰然处之。他仍旧光着脑袋，给学生们讲唐诗宋词，念到佳处，仍旧是晃着光头，在课堂上高喊："好！好！就是好！"

这样，季羡林旁听了许多名流学者如朱自清、郑振铎、俞平伯等先生的课，并与这些先生们建立了终生的友谊。当然，所有的旁听也不都是一帆风顺。他同一帮同学去听冰心先生的课时，就遇到过"逐客"。冰心当时正年轻，而又名满天下。学生们都是慕名去看一下年轻的女作家、女教授的。只见年轻的冰心先生就像她的名字一样，冰清玉洁，满脸庄严，不苟言笑。当她看到课堂上挤满了这样多的学生，知道其中有"诈"，于是威仪俨然地下了"逐客令"——"凡非选修此课者，下一堂不许再来！"季羡林他们一帮"业余爱好者"慑于年轻教授的威严，从此不敢再进她讲课的教室。

在这些旁听课中，对季羡林影响最大的是陈寅恪先生的"佛经翻译文学”。为了能买到参考用书《六祖坛经》，季羡林还跑到城里的一个大庙里去。陈寅恪先生的讲课方式，与那些文学教授大为不同，不是随性写意式的，而是严谨论证式的。这使季羡林极为敬佩并极其仰慕。陈先生讲课，就像他写文章一样，先把必要的材料写在黑板上，然后再根据材料进行解释、考证、分析、综合，对地名和人名更是特别注意。他的分析缜密细致，如同外科医生施行的手术，一针一线，按部就班，丝毫没有差错。他的授课方式，仿佛是带着学生们走在山阴道上，盘旋曲折，山重水复，柳暗花明，最终豁然开朗，把学生引上阳关大道。对于季羡林来说，听陈先生讲课，简直就是一种莫大的精神享受。陈先生这种丝丝入扣的做学问的方式正好与季羡林严谨、缜密的性格合拍，他几乎就是在那时定下了今后的治学风格，认为如果做学问，就当像陈寅恪先生那样一丝不苟。陈寅恪先生的治学风格几乎影响了季羡林一生的治学风格。

20 世纪 30 年代初清华大学南校门（今“二校门”）近景

不仅仅是治学风格，陈先生的为人清雅、朴素无华也在做人方面影响了季羡林。虽然在清华读书时，除了上课，季羡林与陈先生的接触并不多，但在校内林荫道上，在来来往往的学生人流中，经常可以看到陈先生去上课的身影，只见他身着长袍，腋下夹着一个布包，里面装满了讲课时用的书籍和资料。不认识他的人，都会认为他大概是琉璃厂某个旧书店的小老板到清华给教授们送书呢。从他的外表上，你绝对看不出他是一位名扬海内外的大学者，这与当时在清华园里许多留洋回来的教授形成了鲜明的对比。一般留学回来的教授，“洋”味十足，又加上中国的名士风度，不是西装革履，就是油头粉面，有的甚至还要故意做一“潇洒”模样。例如前面提到的叶公超先生。他虽然很少着西装，总是绸子长衫，冬天则是绸缎长袍或皮袍，下面是绸子棉裤，裤腿用丝带系紧，丝带的颜色与裤子不同，往往是非常鲜艳的，作蝴蝶结状，随着步履微微抖动翅膀，显得非常潇洒。而他的头发，有的时候梳得光可鉴人；有的时候又蓬松似秋后枯草。叶先生每每换一种行头，便顾盼自喜，怡然自得。但学生们都知道，叶先生是在那里学名士呢。陈先生的装扮与“名士派”的装扮相比，倒显出了真正的名士气派，在毫不修饰中表现出了大学者的自然朴素，反而留给了学生更深乃至影响终生的印象。

2. 如鱼得水展才华

在清华园念书的时候，季羡林刚二十出头。正是风华正茂、挥斥方遒的大好时候。虽然作为学生，几乎都是不太富裕的，但在他们的精神世界里，仿佛有着永远用不完的财富，这个财富，就是青春。

有了青春，就有了勇气、有了气魄、有了慷慨激昂的宣言。他们当然要有一个对立面，以便能成为他们挥洒激情和勇气的承载体。这个对立面就是教授。因为在当时，教授一般都有一点架子，好像是清高到不食人间烟火，而实际上他们的物质待遇是很丰厚的，又有很高的社会地位，便自然而然地形成了架子。这架子对一帮血气方刚的学生来说的确是一种刺激。本来在物质上紧张，在精神上又处于饥渴状态的学生，在这些有架子的教授面前，自然就从另一方面滋生了他们的傲气。他们几个处境相同、爱好又相同的同学便经常凑在一起，“指点江山，激扬文字”。这些同学大都是爱好文学的伙伴，其中有吴组缃、林庚、李长之等。虽然他们不是一个系，但因为爱好相同，又都是各系里的佼佼者，便经常聚在一起，有时在学校的工字厅大厅中，有时在大礼堂里，有时又在荷花池旁“水木清华”的匾下。他们高谈阔论，直抒胸臆，评论天下所有大人物。特别是对古今文学家，讲到哪评到哪，全无顾忌。虽然有时不免有些幼稚，也有些无边无际，但因为观点新锐、思维敏捷，就像是《世说新语》中的人物，他们谈论《红楼梦》，评说《水浒传》，研讨《儒林外史》，每个人都努力发一些怪论，“语不惊人死不休”。

有一次，茅盾的《子夜》出版后，他们便在学校的工字厅大厅里展开了一场颇为热烈的大辩论。

工字厅是一座老式建筑，里面回廊曲径，花木葱郁，又后临荷塘，是一个青年学子们高谈阔论的好地方。那一个有名的写着“水木清华”四个大字的匾，就挂在工字厅后面。这里面的房间很多，数也数不清，中间有一座大厅，厅里摆放着旧木家具，在薄暗中有时发一点动人的光芒。这个地方很安静，平时很少有人来。于是，他们“四剑客”就常到这里来侃大山。毫无疑问，对这一群饱读中外名著的高才生来说，对《子夜》的过于理念化和概念化，自然有不同的看法。一些思想较为激进的文学青年，自

清华园

然赞成《子夜》的社会意义；而将文学视为圣殿的唯美派却指责《子夜》形象的苍白和说教气。意见可分为两大类：否定与肯定。季羡林属于前者，吴组缃属于后者。但他们的争论有一点是共通的，他们都希望文学能成为真正的武器而为社会服务。因为那时的现代文学的主要内容就是反映和推进新文化运动，也正是因了“五四”以来的新文化运动，才使他们这些热血青年能够像现在这样在文学的殿堂里“挥斥方遒”。他们彼此辩论得很激烈，但辩论过后，又还是坐在一起，继续为下一个内容展开讨论。争论以外，有时也把各自写的东西，诗歌、散文，凡是自己认为的得意之作都拿出来给大家看。而且是自己主动夸耀哪一句是神来之笔，哪一段是“前无古人，后无来者”，一点也不脸红。正因为一切是出自少年真情，便做得自然可爱，成为一段最为珍惜的记忆。

也就是在这段时间里，季羡林开始在课余时间写一些散文。在当时的教授中，有一位先生是一点架子也没有的，这就是西谛先生。他不但没有教授的架子，自己也像一个大孩子一样，说话非常坦率，有什么想法就与一帮文学青年交谈讨论，于是这帮傲气十足的学生便送了他一个雅称：宋江式的人物。西谛先生当时正同巴金、靳以主编一个大型的文学刊物《文学季刊》，按照惯例是要找些名人来当主编或编委的。这样可以给刊物镀上一层金，以增加号召力。但他找了几个以后，却将眼光放到这些寂寂无闻却前途无量的小字辈身上。清华园这一届文学青年里，有的当上了主编，有的当上了特别撰稿人。季羡林看到自己的名字煌煌然印在杂志的封面上，心中的高兴真是无法形容。

这期间，季羡林写了一些散文，其中的一篇散文《年》，便很得学校教授们的赏识，尤其是叶公超先生。他非常欣赏这篇散文，他评论说："你写的不仅仅是个人的感受，而且是'普遍的意识'。"他还特别推荐将这篇散文发表在了《学文》杂志上。这篇散文，反映了年轻的季羡林思想里有一种本能的哲学意识，文章写得很美，也极富哲理性：

> 年，像淡烟，又像远山的晴岚。我们握不着，也看不到。当它走来的时候，只在我们的心头轻轻地一拂，我们就知道：年来了。但究竟什么是年呢？却没有人能说得清了。

作者在文章里用了一个很有寓意的比喻来形容他理解的人生之年：

> 当我们沿着一条大路走着的时候，遥望着路茫茫，花样似乎很多。但是，乃至走上前去，身临其境，却正如向水里扑自己的影子，捉到的只有空虚。更遥望前路，仍然渺茫得很。这时，我们往往要回头看看的。其实，回头看，随时都

1934 年清华大学毕业留影

可以。但是我们却不。最常引起我们回头看的，是当我们走到一个路上的界石的时候。说界石，实在没有什么石。只不过在我们心上有那么一点痕迹。痕迹自然很虚缥。所以不易说。但倘若不管易说不易说，说了出来的话，就是年。

最后，作者以一种宿命的观点对时间的无常和无奈做了总结：

当我们还没有达到以前，脚下又正在踏着一块界石的时候，我们命定只能向前看，或向后看。向后看，灰蒙蒙，不新奇了。向前看，灰蒙蒙，更不新奇了，然而，我们可以做梦。再要问，我们要做什么样的梦呢？谁知道——一切都交给命运去安排吧。

应该说，对一个二十几岁的青年来说，能够写出这样富有深意的哲理散文，的确是表现出了不凡的才华，并显示了季羡林的文章在青年时代就有了自己的特色。但散文的最后一句话——“一切都交给命运去安排吧”，却被当时的“左”派刊物抓了辫子，嘲笑季羡林的散文发出了没落的教授阶级垂死的哀鸣。这倒从另一个方面抬举了季羡林，他当时还仅是一个穷学生，每月六元的伙食费还要靠老家的县衙门来津贴，怎么会发出教授阶级的哀鸣呢？只能说，季羡林的文笔和人生感悟，让人误以为是老教授罢了。但这些最初的散文，却是引领着季羡林走向文学殿堂的楔子。

在清华园的学习中，季羡林轻松读完了西洋文学系所有的必修课程，但他觉得从这些专业课里所得的收获并不大。虽然欧洲著名作家的名作，如莎士比亚、歌德、塞万提斯、莫里哀、但丁等等的著作都读过，甚至一些深奥难懂的长篇巨著如《尤里西斯》《追忆似水年华》等也都读过。然而大都是浮光掠影，并不深入。反而对一些选修课或旁听课，印象深刻。尤其是陈寅恪先生的“佛经翻译文学”和朱光潜先生的“文艺心理学”，对季羡林的影响最大。

在清华大学的四年，可以说是季羡林求学生活中最快乐的四年。他自己在以后的回忆文章中也写过：“在清华的四年生活，是我一生中最难忘、最愉快的四年。在那时候，我们国家民族正处在危急存亡的关头，清华园也不可能成为世外桃源。但是园子内的生活始终是生气勃勃的，充满了活力的。民主的气氛，科学的传统，始终占着主导的地位。我同广大的清华校友一样，现在所以有这一点点知识，难道不就是在清华园中打下的基础吗？”

但是，清华园的学生生活，也记录了他心中永远的遗憾。因为在上学期间，季羡林最想念的母亲离开了他。如果说在季羡林的青年时代，还有什么感情寄托的话，那就是母亲。季羡林在日记中多次记录了这种儿思母、母不在的思念感情。

今天最值得记的事情就是接到母亲的信，自从自己出来以后，接到她老人家的信这还是第一次。我真想亲亲这信，我真想哭，我快乐得有点儿悲哀了……的确母亲的爱是最可贵的啊。（1933 年 2 月 22 日）

几日来，心情非常坏，一方面因为个人的前途恐怕不很顺利，一方面又听一叔说母亲有病，香妹定七日出嫁。母亲她老人家艰难辛苦守了这几年，省吃俭用，以致自己有了病，只有一个儿，又因为种种关系，七八年不能见一面。除了她的儿以外，她的苦心，她的难处谁还能了解呢？母亲，我哭也没泪了。（1933 年 7 月 4 日）

晚上在抄的时候，又想到母亲，不禁大哭。我真想自杀，我觉得我太对不住母亲了。我自己也奇怪八年不见母亲，难道就不想母亲么？现在母亲走了，含着一个永无（远）不能弥补的恨。我这生者却苦了，我这恨又有谁知道呢？（1933 年 12 月 22 日）

因为想到王妈又想到自己的母亲。我真不明了整八年在短短一生里占多长的时间，为什么我竟一次也没有回家去看看母亲呢？使她老人家含恨九泉，不能瞑目！呜呼，茫茫苍天，此恨何极？我哭了半夜，夜里失眠。（1934 年 5 月 3 日）

从季羡林的日记中可以看出，对母亲的思念，是季羡林感情世界中永远的痛，这种母子情感的缺憾影响了正在成长中的季羡林的性格，他以后在学术上静心研读，对外面的世界心有保留，与他早年缺失的母爱有很大关系。

路再长也有转弯的时候，四年很快就要结束了。快到毕业时，对前途和未来的担忧深深困扰着季羡林。当时有两句话，“毕业即失业”“要努力抱一只饭碗”，作为一个穷学生，既没有丰厚的家产供他出洋镀金，又没有后门找到一份像样的工作，唯一的希望就是能够得到教授们的赏识，多学一些知识。当然，季羡林心存的另一个愿望，就是到国外留学。不光是为了能到国外开开眼界，增长知识和见识，也因为在当时，如果一个人能出国一趟，就被称为“镀金”，一回国便会身价百倍，金光闪烁，好多地方便会抢着要他，成为“抢手货”，工作自然就没有问题了。

去留学，一般是走两条路：一条是私费，一条是官费。前者只有富商、官宦的子女才能办到。对家庭贫寒的季羡林来说，这一条路是连想也不用想的。另一条路便是官费，如留英庚款、留美庚款之类和各省举办的会考。这种官费留学的名额极少，只有一两个，在芸芸学子中，走这条路好比是骆驼钻针眼，困难至极。季羡林就亲眼看见过一名考生在得知别人考上而自己没有考上时浑身发抖、眼直口呆、满面流汗，如遇灭顶之灾的场面。对此，季羡林也只有心存热念而已，一时并无出路。

四年的大学生涯，季羡林虽说不上学贯中西，但也满腹经纶、博古通今。即使如此，在严峻的现实面前，他也只能空怀一腔热血，等待着命运的安排。正如他在散文《年》里所写的那样："一切都交给命运去安排吧。"

3. "安静"的教书先生

1934 年秋，季羡林从清华大学毕业。

虽然季羡林心存留学的梦想，但此时家中经济状况十分窘迫，一直供给季羡林读书的叔父已经失业，家庭实际破产了，正等着这季家的唯一栋梁能撑起已经破败的家。恰逢此时，母校原省立济南高中的校长宋还吾先生要他回母校当国文教员，这对季羡林来说好像绝处逢生。

说起能被宋校长请来做国文教师，主要原因是因为季羡林在大学期间写的几篇散文，又发表在当时颇有权威性的报刊上。这就在家乡造成了很大的影响，认为季羡林是全国闻名的作家，而当时的逻辑是，只要是作家就能教国文。这对季羡林来说却是一道难题。因为他学的是西洋文学，满脑袋歌德、莎士比亚，一旦换为屈原、杜甫，能换得过来吗？而季羡林自己也知道，当时中学生中有“架”教员的风气。他自己在上学的时候就有过“架”老师的经验。被“架”却是一点也没有准备，而且无论如何也沾不了边。但马上就是秋天了，工作也没有找好，思来想去，只得横下一条心，你敢请我，我就敢去。

1934年秋天，季羡林回到母校教国文。当年他只有23岁，而他教的学生中，有的比他大三四岁，还在家乡读过私塾。季羡林自己感觉是如履薄冰，便开始了自己提心吊胆的教书生涯。

济南高中，在当时是全山东唯一的一所高级中学。做国文教员，待遇丰厚。每月约有160块大洋，是大学助教的一倍，约合现在的人民币3000元，是很有吸引力的。为此季羡林也要付出代价，至少在心理上是忐忑不安的。好在他国学底子深厚，在大学期间旁听了不少国学课，教高中，也能胜任。

1934年清华大学毕业返回母校济南高中任教时留影

来到学校以后，季羡林才知道了宋校长聘请他的真正原因。实际上，季羡林遇到的难题在家乡也是同样的难题。当时的山东中学界，也有激烈的抢夺饭碗的争斗，常常是一换校长，一大批教员也就被撤换。因为每一个校长身边，从教务长、总务长、训育主任到会计一应俱全，像一个独立王国，而在外围还有一个教员队伍。所有的人都是与校长共存荣的。此时的山东中学教育界分为两大派系：即“北大派”与“师大派”，两派势不两立，钩心斗角，互不相容，各占各的地盘。宋校长是北大派的首领，与当时的教育厅厅长何思源，是中学和大学同学，私交很好。这样，宋校长在中学教育界率领着北大派的浩荡大军，与师大派形成了两军对垒的局势。因此，他很需要另一种力量来支持，这种力量必须是客观的，是两派都不参与的力量，这样才能显示出北大派的威望。于是，他自然就选上了超然于两派之外的清华大学毕业的高才生季羡林。他请季羡林当国文教员，一方面是看中了他当时的所谓作家的名气，另一方面是要季羡林来壮他声势的。他授意季羡林组织高中毕业同学会，以扩大己方的阵容。季羡林尽管为人老实谨慎，循规蹈矩，但对宋校长的一番心思还是能明白的。也只能是明白而已，对季羡林来说，他天生就不是社会活动家，他不会吹牛拍马，更不会陪达官贵人的太太打麻将，同学会自然没有组织起来。于是，宋校长就对别人说：“羡林很安静。”

“安静”一词，用在季羡林身上，境界全出。这不但道出了季羡林的性格，也反映了季羡林的品德。“安静”并非是榆木一块，而是静水流深，是容纳千川万壑的胸怀才能做到的日月入怀、风波不起的安静。对一个年轻人，尤其是对一个才华横溢的文学青年来说，能做到不卑不亢，宠辱不惊，安静做人，已经是一个难能可贵的境界了。

但季羡林颇有自知之明。他知道，若果“安静”一词出自俞平伯先生之口，这是很高的评价。但若出自宋还吾校长那里，则完全是另一种含义。他直觉地领悟到，握在他手中的那一只饭碗，一不小心就会飞走。

当然，手中的饭碗暂时还是金贵的。他一个月收入颇丰，除了能用此弥补上学四年来对叔叔家里的亏欠，还能剩不少钱可以买书，每周也能有财力约几位志同道合的同事出去吃吃小饭馆。而季羡林的学生有的比他还年长几岁，做老师的本来就没有架子，于是师生之间就像是同进同出的朋友。当时季羡林还在一家大报上主编了一个文学副刊，可以选择刊登一些学生的文章，这对喜好文学的学生是很有吸引力的。这样，并不长于人际关系的季羡林，反而能在学校两派势力争斗激烈的气氛下广交朋友，人缘甚佳，也的确不是仅靠“安静”两字就能做到的。

当时，季羡林要教三个班，备课要顾三头，而且都是古典文学作品。尽管季羡林小时候念过一些《诗经》《楚辞》，但是时间隔了这样久，早已忘得差不多了。现在要教书，自己就要先弄懂。

可是，真正弄懂又不是一件轻而易举的事情。现在教国文的同事都是季羡林从前的教员。他本来应该，而且可以向他们请教的。但根据季羡林的观察，现在他们之间的关系已经变了：不再是师生，而是饭碗的争夺者。在他们眼中，季羡林几乎是一个眼中钉。即使他问他们，他们也不会告诉他的。于是，季羡林只好一个人单干。他日夜抱着一部《辞源》，加紧备课。有的典故查不到，就白天黑夜地绕室彷徨。此时的校园景色极美，正盛开着济南最常见的木槿花。在黑夜中，季羡林透过紧张而又厚重的夜幕，闻到了阵阵幽香，整个宇宙都静了下来，但只有季羡林一人还不能平静。他觉得他仿佛被人间遗弃了，孤独、寂寞、无助，使他很想大哭一场。

2001年6月8日，季羡林在清华大学留影

当然，也有一些好心的老师在关心着季羡林，季羡林第一次上课前，他们就告诉季羡林，需要把学生的名字都看

上一遍，学生名字里常常出现一些十分生僻的字，有的话就查查《康熙字典》。如果第一堂就念不出学生的名字，在学生心目中，这个教员就毫无威信，不容易当下去，会影响到饭碗。如果临时发现了不认识的字，就不要点这个名。点名后只需问上一声："还有没点到名的吗？"那一个学生一定会举手站起来。然后再问一声："你叫什么名字呀？"他自己一报名，你也就认识那一个字了。如此等等，威信就可以保得十足。

这虽然是小小的一招，对季羡林却是很有用处的。他教的三个班果然有几个学生的名字连《辞源》上都查不到。如果没有这一招，他想他的威信恐怕从一开始就破了产，连一年教员也当不成了。

课堂上也并不总是平静无声。正如前面说过，季羡林的学生有的比他还大，从小就在家里念私塾，旧书念得不少。有一个学生就曾笑着对季羡林说："老师，我比你大五岁哩。"说罢便嘿嘿一笑，从笑声中季羡林听出了威胁，而且这里面是有嘲笑的意思的。因为当时有一种风气：教员一定要无所不知。学生以此要求教员，教员也以此自居。在课堂上，教员绝不能承认自己讲错了，绝不能有什么问题答不出，否则就将为学生所讥笑。季羡林当时是刚从外语系毕业的大娃娃，教国文怎么会完全讲对呢？有时候，只好王顾左右而言他，被逼得紧了，就硬着头皮，乱说一通。学生究竟相信不相信，他当然不太清楚。

谁也不是傻子，老师有多少轻重，他们心中都是有数的。季羡林心中也十分痛苦，下班回到宿舍后，思前想后，也是坐立不安，提心吊胆。

而四周别的教员，也各人有各人的烦恼。家家都有一本难念的经，但有几个人却是整天满面春风，不亦快哉。季羡林从别的老师嘴里听到一些风言风语，说某某老师陪校长太太打麻将了，某某人给校长送礼了，某某人请校长夫妇吃饭了，等等。

季羡林年轻，想到自己的饭碗，也想学习那些人。但面对的问题似乎比天还大。买礼物，准备酒席，都不困难。困难的是，以什么名目将礼送出去，以什么名目请人家来吃饭。季羡林自己躲在屋子里，再三考虑，甚至暗背台词，自己表演了一番，不行。他只得承认，自己在思想、看书、学习方面怎么都行，就是这种点头哈腰的事情，是做不来的。季羡林只好作罢。就这样，半年过去了。到了放寒假的时候，一位河南籍的物理教员，因为自己的靠山、教育厅的一位科长垮了台，就要被解聘。校长已经托人暗示他，他由于没有出路，也只有忍痛辞职。校长听了，故意装得大为震惊，三番两次到这位教员屋里挽留，甚至声泪俱下，最后还表示要与他共进退。季羡林最初是个旁观者，站在一边看校长的表演，但看来看去，他自己也看糊涂了，他被校长的真诚态度感动了。季羡林竟幼稚地自动变成了演员，也帮着校长挽留他。但那位教员却早已看透了这些把戏，还是坚持卷了铺盖。

从外表上看，这一段中学教员的生活，好像神仙般的日子一样逍遥自在，而在季羡林的内心深处，情绪却很低沉。因为只有他才知道，在这平静的生活里，是蕴藏着不稳定因素的。他必须尽快在危机还没来临时就离开这里。对季羡林来说，离开学校的最佳选择就是出国，可是出国又谈何容易啊。对年仅23岁的季羡林来说，理想是远大的。他常常面对着屋前枝叶繁茂、花朵鲜艳的木槿花，面对着小花园里的亭台假山，做着出国梦。他也不是想去镀金，而只是想去国外的知识海洋里遨游一番。对一个喜好读书的人来说，最大的心愿就是能到知识的殿堂徜徉。就这样，在“生年不满百，常怀千岁忧”的焦虑中，季羡林度过了安静教书却又提心吊胆的一年。

正在季羡林心急似火而又一筹莫展的时候，真是天赐良机，清华大学同德国学术交换处（DAAD）签订了一个合同——双方交换研究生，路费、制装费自己出，食宿费相互支付：中国每月三十块大洋，德国一百二十马克。条件虽不理想，但比私费留学好多了。季羡林听到这一消息，兴奋极了，对他来说，这就好像是一根救命稻草，他马上去报了名。由于季羡林主修的是德文，而且四年的成绩全是优秀，自然很容易就通过了。

但困难也摆在了季羡林面前，这就是他身后那个摇摇欲坠的家庭。本来，叔父婶婶已经年老体衰，又加之叔父的失业，还有一直默默在家吃苦耐劳的妻子和尚在襁褓里的一双儿女，如果季羡林一走，全家的生活靠谁来支持呢？这个困难是实实在在的。

叔父是深明大义的。季羡林的学业生涯，一直得到叔父的支持和理解。这一次，叔父的支持更是起了决定性的作用。他对季羡林说："我们咬咬牙，过上两年紧日子，只要饿不死，就能迎来胜利的曙光。"

季羡林是季家的长房长孙，光宗耀祖似乎就是他理当承担的责任。而他自己，也天生就是读书的材料。就连那位认为季羡林很"安静"的宋还吾校长，也完全没有想到安静的季羡林居然能出国留学，这在山东中学教育界几乎没有过先例。这也从另一方面证实了他当初的选人还是正确的。他对季羡林立刻刮目相看，表现出异常热情与殷勤，亲自带季羡林去找教育厅厅长，希望能得到一些资助。虽然季羡林又一次因为"安静"而使资助落空，但宋校长仍旧是又勉励又设宴欢送，并提前邀请季羡林学成归国后再共同工作。

至于其他的同事和高中的同学，大家的羡慕也自然是溢于言表。季羡林一时间感觉自己就像《儒林外史》中的范进，成了极为特殊的人物。当然，季羡林还要咬紧牙关，解决眼前就要解决的经济问题，比如说制装费和旅费。因为无论如何，在国内制装要比到国外现制便宜，而留学的奖学金，是不可能余下来买衣服的。幸好做了一年高中教员，还有一点节余，又向朋友借了一点，勉强做了几身衣服。在准备出国的过程中，兴奋与离绪、理想与别愁、前途与担忧，酸甜苦辣搅和在一起，可谓生平一大关口。

4. 万里求学万卷书

1935年8月，正是泉城最热的月份，季羡林在回到故土不到一年的时间，又一次北上，重新踏上了求学的征途。不过这一次，将是远涉重洋。

这一次离别，与上一次又有不同。

五年前，季羡林是一个踌躇满志、血气方刚的热血青年。即使有一些离愁别绪，也多少有一点“少年不识愁滋味，为赋新词强说愁”的诗意。因为，那时毕竟有着“金榜题名时，洞房花烛夜”的喜庆之意。

而今，白云苍狗，世事变迁。他身后留下的是一个破败的家：老亲、少妻、幼子。他既不知道前面将是怎样的命运在等待着他，又不知道离别后他身后的家又将有着一个怎样的命运。从前读的《别赋》，而今竟成了自己所处境地的真实写照：“割慈忍爱，离邦去里，沥泣共诀，抆血相视。”

离别时，尽管眼里强忍着泪，季羡林还是把泉城家里的成员

留德期间，季羡林的叔父、婶母、妻（右一）、子（右三）、女（左三）等合影

一一看过，好像要把他们印在脑海中，带着他们一道远涉重洋。叔父与婶母是衰老而又慈祥的，他们的眼里，永远对季羡林透露出善良而又纯朴的期待，他们把整个季家的希望都交与了季羡林，无论自己吃多少苦，都视同天经地义一般。妻子德华，贤良如母，虽然不是书香氤氲之才女，但从一进季家，就含辛茹苦，从不见有倦容怠意，永远都是顺从、娴静。因为季羡林是季家的独根独苗，所以在季羡林去上大学之前的 18 岁就完了婚。此时的德华，已是有一双子女的母亲，但她对季羡林的出国留学，就如同当年送他去北平上大学一样平静。尽管她一如往常地娴静，但季羡林

仍旧看到了她布满血丝的双眼，眼圈微红微肿。他知道，德华的情感是藏在很深很深的内心深处，深到她自己也未必清楚。只有一双尚且年幼的儿女，还不懂什么叫离别，却徒然更增加了离别人的牵肠挂肚。

而此时，家中发生的另一件事，也促使季羡林想要尽快离开这个老式家庭。这件事就是：季羡林的婶婶得病去世了，而季羡林的叔父很快就续娶了第二位婶婶。这使季羡林本来就忧郁的心情更加不快。这种心情是非常复杂的，主要是对叔叔很快续娶表示不满。于是在叔叔的婚礼举行之前，他便离开了济南。

不管怎样，路是要走的。季羡林觉得沉闷的胸腔里注满了离情别绪，也不敢再仔细看他们一眼，扭头便上了洋车，眼前闪过的只有大门楼上残垣败瓦的影子。

季羡林乘火车到北平，办理出国手续。他先在清华园的工字厅招待所找到了一个床位。与他同屋的是一位年纪比他大几岁的清华老毕业生。那人在社会上混得不错，是某地保险公司的总经理，晚上两人聊天时，劝说季羡林，要他到德国后学保险。因为这样，将来回国找饭碗是绝不成问题的，因为这是一只金饭碗。季羡林听了，只是微笑着应着。他平和的态度使对方误以为这位小师弟动心了，于是说得更起劲了。其实，内向而又有主见的季羡林是丝毫不动心的，甚至可以说他的内心波澜不起。因为他太清楚自己要的是什么，他并无很大的野心，就是对书和做学问饶

季荷

有兴趣。对做官、经商一点兴趣也没有。面对老学长的盛情厚意，他只有用微笑来表示他的谢意了。

当时正值暑假，学生几乎都离校回家了。偌大的清华园，显得静悄悄的，周围的自然风光更加旖旎。高树蔽天，浓荫匝地，花开绿丛，蝉鸣高枝，荷塘里的荷花百分之百地在开放，西山的紫气仍旧变幻绝奇。良宵美景，只能更加衬托出他的寂寞和冷清。看着这一切仍旧美丽的景致，季羡林心中感慨万千。仅仅在一年前，他还是学生的时候，就在这风景如画的校园里，与他的年轻伙伴们，或临风朗读，或月下抒怀，对未来、对人生充满了理想。想当初，那时的最高理想就是出国留学。而时隔一年，物是人非，只剩下季羡林茕茕孑立、形影相吊。这使季羡林更有一种断肠人独在天涯的寂寞苍凉感。他伤感地想到，今天他还在这清华园中缅怀故交，不知明天的路途是如何艰难。是的，前途好像是鹏程万里，但那总归是到异乡漂泊，一切未卜。好在用这里的空闲时间，他还可以拜访一些老师。首先拜访了冯友兰先生，据说同德国方面签订合同，就是由于冯先生的斡旋。也拜见了蒋廷黻先生，蒋先生告诉季羡林，德国是法西斯国家，在那里一定要小心行事，谨言慎行，免得惹起麻烦。还拜见了著名的诗人和学者闻一多先生。这是他第一次也是最后一次拜访他心中最敬仰的人。他的诗品和人品一直是季羡林心仪并向往的，当时他们谈了很多，内容虽然很多，但有一点是季羡林一直铭记在心的，这便是闻一多先生的爱国赤心和诗人的浪漫情怀。

后来，因为当时的北平没有外国领事馆，办理出国护照签证，必须到天津去。于是，季羡林便与一起去德国留学的乔冠华乘火车去了天津，到俄、德两个领事馆办理了签证，因为去德国要先经过俄国。手续很快就办好了。

终于要走了。朋友们在北海公园为季羡林饯行。北平的秋日，是最美的季节。而北海公园，在亮丽的阳光照射下，只见荷叶接天、莲花铺地。红是红，绿是绿，白是白，更见其美妙如仙境。朋友们租了两只小船，就在这荷花丛中荡舟话别。大家都对季羡林寄予了无限热望和羡慕，同时也各自抒怀畅谈，指点时政，意气风发，好一派英雄少年的气概。季羡林在这一天，才真正感到了出国留学的骄傲和快乐，他觉得，以前所怀有的一切抱负，好像都被装进了肩上这留学的行囊中，只等他到德国来一项一项实现。他也觉得自己有些踌躇满志，壮心不已了。

8 月 31 日，送行终于到了最后一日。朋友们送季羡林到火车站，在登上北去列车的一刹那，季羡林的脑海里浮现出一句旧诗："万里投荒第二人。"什么都已过去了，他将面临的是第一次出国、第一次留学、第一次异国投生。在某种意义上，他等于又开始了自己新的生活。

第四章

留德十年

1. 充满悬念的旅途

赴德国，在当时是一个漫长的路途。因为没有飞机，海路又绕远，唯一可行的路线就是走苏联西伯利亚大铁路。这是一条万里征途、漫漫长路，要经过原始森林、茫茫草原和西伯利亚。这些路途上的遥远还不算什么，最麻烦的是这条路上还充满了危险和你想象不到的困难。日本军国主义分子在东三省建立了所谓“满洲国”，这里充满了危险，搞不好就有被抓进大狱的危险；过了“满洲国”就是苏联，这里又充满了困难，你无法想象和解决的困难。但再有危险，再有困难，如果要出国，也只有面对这些危险和困难了。

火车很快就到了山海关，就要进入当时所谓的“满洲国”。非常莫名其妙的是，明明在中国的国土上，可还是要下车办理所谓的“入国”手续，每人还要交三块大洋。大家虽然心有不满，但脸上也不敢有所流露，因为进入这个是非之“国”，是什么麻烦都有可能发生的。还好，在大家的隐忍下，总算顺利过了

“关”。又重登上车，但登上车以后便觉得空气不一样了，虽然车厢里还是原来的人，但大家说话却都小声小气，谨言慎行，唯恐惹麻烦。到了夜晚，有一个年轻人进入了他们的车厢。开始，他们并没有特别注意，只是看着年轻人穿着长筒马靴，英俊潇洒，给人温文尔雅、大方善良的印象。他向车厢里的留学生们微笑，学生们便也向他微笑，以示友好。比较巧合的是，他就睡在季羡林的上铺，季羡林也并没有觉得他有什么特别的地方，不过是一个普通的旅客而已。

慢慢地，大家已进入了梦乡。周围除了列车在大草原上急驰的机械声外，没有别的声音。季羡林在寂静的轰响中体味着“火车擒住轨，在黑夜里奔，过山，过水，过陈死人的坟”的境地。突然，上铺发出了声音：

“你是干什么的？”

“学生。”

“你从什么地方来的？”

“北平。”

“现在到哪里去？”

“德国。”

“去干什么？”

“留学。”

车厢里陷入了一阵沉默。本来就不喜欢多话的季羡林在这样的夜晚，就更不愿与任何不相识的人搭讪。他以为简单地回答几句就可以天下大定了。没想到他的上铺又起来，他睁开已有倦意的眼睛，发现黑暗中的上铺垂下了那位年轻军人的头来：

“你觉得‘满洲国’怎么样？”

“我初来乍到，说不出什么意见。”

对方盯着季羡林，沉默了一会儿。

“你看我是哪一国人？”

“看不出来。”

“你听我说话像哪一国人？”

“你中国话说得不错，只能是中国人。”

“你没听出我说话有什么口音吗？”

“听不出来。”

“是否有点朝鲜味？”

“不知道。”

“我的国籍在今天这个地方无法告诉你。”

“那没有关系。”

“你大概已经知道我的国籍了，同时也就知道了我同日本人和‘满洲国’的关系了。”

这话听起来就有些阴险了。季羡林顿时警惕起来：

“我不知道。”

“你谈谈对‘满洲国’的印象，好吗？”

“我初来乍到，实在说不出来。”

话说到如此地步，再有锋芒有预谋的人，也不会用手将对方的嘴撬开，掏话出来吧。周遭除了轰隆的车轮声再没有别的声响，就是同屋未睡的人听到了这段对话也不会插言的。一阵沉默后，季羡林听到头顶上重新响起一阵鼾声，年轻军人的头又缩回去了。季羡林听到了一声微微的叹息声，不知是叹息他的下铺不肯向他透露心声还是叹息他自己无法透露心声。季羡林则心情泰然地进入了梦乡。

第二天早晨到了哈尔滨。大家下了车，那位年轻军人也下了车，临行时还对季羡林点头微笑，好像他们已是朋友一般。但是，

1936 年冬，留德期间季羡林（右一）与同学合影

等他们办完了手续，要离开车站时，季羡林偶然抬头，却看见那位年轻的军人穿着笔挺的警服，从警察局里走了出来，这使季羡林十分后怕，幸亏自己没有大意而顺嘴发表什么意见，否则结果将不堪设想。在哈尔滨他们还要停留几日，以置办一些在火车上要用和吃的东西，因为那是近半个月的长途旅行。

他们先找了一家小客店住下，让神经放松一下，因为这一路大家太紧张了。除了那位年轻的警察带给大家的紧张外，他们同行的一位敦福堂先生，也闹得大家万分紧张了一番。这位先生是学心理学的，但他自己的心理恐怕就很难把握。就在他们要领取行李离开车站时，他突然发现，他托运行李的收据丢了，行李便无法领出。一起去的 6 位同学都心急如焚，于是大家群策群力，找管理员，找站长，最后用 6 个人所有的证件，证明此公确实不想冒领行李，问题才算圆满解决。等到了旅店，大家的惊悸还未全退，尚在克服一切阻碍的精神亢奋中，但敦公向口袋里一伸手，却发现行李托运票据就在他自己的口袋里安在。大家的亢奋真是毫无来由，令人啼笑皆非。后来，这位敦公闹出此类笑话反复几次，以至大家对他皆有一印象，此公凡是能丢的东西一定要丢一次，最后总是化险为夷，逢凶化吉。

在哈尔滨，留学生们主要是采买在火车上吃的食品。哈尔滨是盛产面包的地方，大街上有许多白俄人开的面包铺。几个大“裂巴”重七八斤，加上同样粗大的香肠，再加上几斤干奶酪和黄油，几个罐头，有四五十斤重，便是可以供在开往西伯利亚的火车上吃八九天了。本来火车是有食物的，但多要付美元而且非常昂贵，一帮穷学生便只有从哈尔滨自备“粮草”了。

在哈尔滨住了没有几天，他们便登上了开往西伯利亚的火车，时间是9月4日。

列车上的卧铺，每间有4个床位。6位中国留学生，分住在两间屋。其中有一间余两个床位，可以随时增加旅客，但都是苏联人。由于事先准备充足，列车上的伙食再贵也难不倒留学生们。大家在列车上全靠从哈尔滨采购上来的食品度日。

列车在松嫩大平原上奔驰。车窗外是一望无际的平原，风吹过平原的绿地，就像吹在了辽阔的海面上。季羡林望着窗外似海洋一般的东北平原，觉得自己仿佛坐在了一艘大轮船上。他觉得胸内似乎奔腾着千军万马，虽然是一介书生，也希望能驰骋拼杀。他想，他未来的战场大概就在书本课堂上了。

第二天，车就到了“满洲里”。火车停了下来，因为要接受苏联海关的检查，这里是与苏联接壤的地方。苏联官员检查得非常细致，又慢条斯理，十分认真。留学生们的行李，无论大小，不管箱包，一律要打开，要仔细检查。他们在上火车之前，顺便买了一把准备在火车上提开水用的极平常又粗糙的铁壶，没想到这把普通的铁壶却受到苏联海关的加倍“垂青”。本来这是件一目了然的、再简单不过的东西，但苏联官员却像发现了一种新式武器一样，把水壶翻来覆去，又打又敲，推敲研讨，好像水壶薄薄的夹层里藏有机密文件。以至于旁边一位同车的外国老年朋友，看到这种情况，便拍了拍季羡林的肩膀，用英文说了句：

“Patience is the great virtue（忍耐是大美德）。”

季羡林也能理解他的意思，便对他会心地一笑，把一腔怒气硬是压了下去。这些苏联人当时戒心都很强，把外国人都当成了“可疑分子”，以为外国人都在存心颠覆他们的政权。

检查终于完毕，季羡林心中恢复了平静。对于季羡林来说，无论发生了什么事情，一般都是在内心波澜起伏，而外表上总显得格外沉静。不了解他个性的，会认为这人很不爱说话。了解他的，便知道他不过是性格内向，不善于表达自己而已。一切都隐藏在他深深的内心里。这样，本来可能发生的冲突，在季羡林的克制下，便化险为夷了。他们几个同伴走出车站，到市内去走了走。到处都是木板盖成的房子，他们就在一间木屋里买了几个酱菜罐头，以到车上佐餐。

很快就回到了车上。从此他们就要在这车上住上七八天，在横亘欧亚的万里西伯利亚大铁路上过日子了。车上的生活，虽然比较单调，但过的是集体生活，倒也有在平时生活中所未遇到的乐趣。比如，每天的吃喝拉撒睡，说简单也简单，说复杂也复杂。简便的是，吃东西不用再去操办，因为每人已经准备好了两大篮子，饿了便伸手在篮子里随便摸出个面包、香肠之类，方便得很。

复杂的是，喝开水却极成问题，因为车上没有开水供应，凉水也不供应，所以每到一个大一点的车站，大家就轮流值班，手持铁壶，飞奔下车，跑到车站上的开水供应处，拧开开水龙头，把铁壶灌满，再跑回车上，大家小心分着喝。列车上有一位欧洲老太太，白发苍苍，行走不便，她是无法搞到开水喝的。于是，每当留学生们的开水壶一提上车，她就颤巍巍地走了过来，手里拿着一个杯子，嘴里说着她仅会的几个中文单词："开开水！开开水！"留学生们便心领神会，把她的杯子倒满开水，一笑而别。这样一天三顿饭，顿顿如此。留学生们也乐意为这个女"老外"服务，起码心里也有些平衡，因为看起来这个外国"资产阶级"并不比中国的穷学生更有钱。她也不到餐车里吃牛排，喝罗宋汤，没有大把地挥霍美金，而是与留学生们一样，自己带一些食品吃自助餐。

在火车上，留学生们虽然没有吃过牛排，却看到过烧熟的牛排。有一天，留学生们吃饱了饭，正在闲聊着，忽然从餐车里走出来了一个俄国女服务员，她身材高大魁梧，肥胖不堪，身穿白色大褂，头戴白布高帽子，至少有一尺高，帽顶几乎触到车厢的天花板，但她却仍旧足蹬高跟鞋，满面春风，而又威风凛凛，嘚嘚走了过来，就像一位大将军，八面威风。只见她右手托着一个大盘子，里面摆满了新出锅的炸牛排，肉香四溢，诱人肠胃，让人不由得垂涎三尺。有的留学生忍不住便问了问价钱，却吓人一跳：每块牛排要三美元。而在他们这个车厢，是没有一个人肯出三美元来解解馋的。这位女“将军”只得托着盘子，走了一趟，又原样端了回去，只留下了一阵香风，又吊足了人的胃口。有受了诱惑的，便又拿出了在哈尔滨买的“大裂巴”，聊以解馋。

至于苏联人，就不是这样了。留学生房间里有两个机动床位，是经常换人的。有一天进来了一个红军军官，虽然不知道他是什么军阶，但见他一进门就态度和蔼可亲，一走进车厢，便用蓝色的眼睛环视了一下，笑着点了点头。大家便也报之以微笑。但因跟他语言不通，只能靠手势说话。红军军官从怀里拿出来了一个身份证之类的小本子，里面有他的相片，他打着手势告诉大家，如果把这个证丢了，他就用右手在自己脖子上做杀头状，那就是要杀头的。这个小本子后来果然显示出神通广大。每到一个大站，他就拿着它走下车去，到某个地方领到一份“裂巴”，还有奶油、奶酪、香肠之类的东西，走回车厢，大嚼一顿。

吃是好解决的，但拉撒却是大问题。人不能只进不出。一节车厢住着四五十口人，却只有两间厕所，经常是人满为患，不得不很早就起来排队。有时候认为自己已经起得够早了，但是推门一看，却已有人排成了长龙，便赶紧加入长长的队伍中。每个人早晨都是这一套，要洗脸刷牙，清扫腹急，如果再碰上一个便秘的人，就更让人着急了。

除了这日常生活的小烦恼，总的情况还是使人愉快的。6位留学生常常挤在一间包厢里，从以前并不熟悉的同学，变成同在江湖推心置腹的朋友。大家都是二十三四岁的青年，虽然涉世未深，但每一个人都有自己对世界的看法和见解。每一个人的眼前都是一个未知的世界，这世界堆满了玫瑰花，闪耀着彩虹。他们说起话来一无顾忌，二无隔阂，小小的车厢里，充满了友好亲密的气氛。谈够了天，他们就轮番下象棋，其中的物理学家王竹溪是象棋高手，其他五个人都轮番跟他下过棋。只要是跟他下棋，一盘输，二盘输，三盘输，几盘都是输。后来大家又联合起来跟他下，依然是输。大家公认的哲学家乔冠华，哲学也帮不了他的忙，仍旧是输。在车上的八九天时间里，大家就没有赢过一盘。

季羡林在这种场合，经常是和大家一起玩，但不是主要角色。他更多的时候是看着窗外浮想联翩。万里旅途，虽然窗外的变化不大，除了森林还是森林，但每个车站的站台却是大不相同。不同的人组成了不同的风景，这使季羡林看了饶有兴致。有一次，他在一个森林深处的车站下了车，到站台上走了走，便看着一个苏联农民提着一篮子大松果来兜售，松果大得令人吃惊又喜爱，季羡林从来没有见过这样大而饱满的果实，便抵挡不住诱惑，拿出了五角美元，买了一个。这是季羡林在西伯利亚旅途中买的唯一的东西，没有多少实用价值，却带给季羡林心灵上的安慰。这西伯利亚的果实，是这样的饱满，让人联想到松柏越是严寒志越坚的高尚品格。季羡林握着手中的坚果，思绪已飞向遥远的东欧。

除了大森林，给季羡林印象最深的是贝加尔湖。贝加尔湖位于俄罗斯东西伯利亚南部，是世界上年代最久的湖泊，为世界第七大湖，形状为新月形，中国古称“北海”，曾是中国古代北方游牧民族主要活动地区，汉代苏武牧羊之地，湖中动植物资源丰富。火车绕着湖走了近半天的时间，却只走了湖的一半。这期间，山洞一个接一个，不知道究竟钻过几个山洞，而山上是丛林遍野，满山翠绿；湖水又是碧波连天，一望无边，而湖心深处，又是绿得发黑。这美丽的景色真是天下奇观，令人过目不忘。就这样，在饱览了美丽的景色之后，于9月14日，他们到了莫斯科。

莫斯科是当时世界上唯一一个社会主义国家的首都，对任何一位知识青年来说都具有神秘的色彩，是大家十分向往的地方。于是，每当火车路过莫斯科，总是用种种借口停上一天。这是列车的规定，大约是苏联当局想让一切来自资本主义国家的人，领略一下社会主义的风采，沾一点社会主义的甘露，给旅客洗一洗脑，让大家在大吃一惊之余，转变一下自己的世界观，在灰色的思绪里涂上一点红彩。

对中国留学生来说，赤都还是有一些吸引力的。尽管当时的季羡林，自以为已不是热血青年，可以保持清醒的头脑看待赤都，然而能亲眼看一看赤都莫斯科的风情，他也很期待。

火车到达莫斯科，铁路局便宣布停车一天，以便修理车辆。乘客们都知道，其实这一天是为他们准备的。因为，马上就来了一位女导游员，年轻貌美，白肤高身，衣着非常华贵、时髦。还涂着口红，染着指甲，一身珠光宝气。这使从来没有见过“洋派”的季羡林大吃一惊，因为在他的脑海中，“普罗”小姐的形象绝不是这样的。他感到大惑不解，眼前的这位赤都小姐与资产阶级的贵族小姐究竟有什么区别呢？也许，她的内心是红色的，但那又有谁能看得见呢？季羡林只有茫然地看着这位搔首弄姿的俄国女郎。

也正是这位摩登女郎带着这一群外国旅客上了一辆大轿车，要到莫斯科市内去观光。导游小姐用英文给大家解说。车子每到一处，只要有破旧的大楼，导游小姐就说：在第几个五年计划，这座楼将被拆掉，盖上新楼。这很好。车子到了另一个地方，导游又用冷漠的语气说：在第几个五年计划，这座楼将被拆掉，盖

在德国期间的季羡林

上新楼。这仍然很好。但是到了第三个、第四个地方，导游说的仍然是那一套，但表情却是越来越冷。其结果是一座新楼也没有看到，只是不断地听导游小姐用冰冷的声音重复苏联的五年计划。搞得游客满腹疑问，好像苏联的五年计划也是冰冷的。

最后，这位导游小姐终于把他们带到了一幢非常富丽堂皇的大楼里面。据小姐介绍，这是十月革命前一位沙皇大臣的官邸，现在是苏联国家旅游总局的招待所。那里面是大理石铺地，大理石砌墙，大理石柱子，五光十色，金碧辉煌，天花板上悬挂的玻璃大吊灯几乎垂到了参观者的头顶上。人们感到好像置身于一个神话世界。对季羡林来说，更令他吃惊的是这里的服务小姐个个珠光宝气，气度非凡。这与刚刚还留在脑海里的西伯利亚森林、贝加尔湖的大自然风光相比，简直是另一个世界。他甚至都不太敢相信自己的眼睛，以为是到了太虚幻境了。

吃午饭的时候，他们几个中国留学生，应中国驻莫斯科大使馆一位清华同学的邀请，到一家餐馆去吃饭。这家饭店也十分豪华，季羡林生平第一次品尝到俄国名贵的鱼子酱。其他菜也都非常精美，因为他们毕竟在火车上吃了八天的“大裂巴”。这顿饭，是季羡林记忆中最精美、最难忘的一顿饭。

晚上，分手了一天的旅客又回到了车站，那位在火车上索要“开开水”的老太太，还有那位在满洲里“海关”上劝季羡林要忍耐的老头，都回到车上来了。季羡林友好地问老人，在哪里吃的午饭，老人狡猾地向季羡林挤了挤眼睛，告诉他，说他们吃了一顿非常精美又非常便宜的饭。他见季羡林不能明白，就悄悄地对他说，原来他们是利用了哈尔滨与莫斯科美元与卢布的差价而仅花了八美元即吃了一顿盛宴。季羡林这才恍然大悟，他们都是一些旅行老油条了。

火车在进入波兰境内行驶时，上下车的都是波兰人，波兰人与苏联人便有了很大的区别。他们的生活水准显然要高一些，因为着装都比较华丽，态度也平易近人，而且还都有相当高的外语水平，多数人除了本国话以外能讲俄语和德语，少数人还能讲一点英语。这样一来，留学生们眼前的世界就仿佛一下扩大了，因为能交流了，于是，霎时间，车厢里就热闹了起来。波兰人显然对中国人也感兴趣了，大家便七嘴八舌地用德语和英语交流起来。不知是在哪一个站上，一个年纪很轻的波兰女孩子悄没声地走进了车厢。她长着一张圆圆的脸庞，圆圆的眼睛，看上去人非常坦诚纯洁，天真无邪。她看看四周，找了一个座位就坦然地坐下来。留学生们自然对她很有兴趣，便都与她试着用英语交谈。这位波兰女孩非常大方，她竟用英语回答留学生的提问，一点扭捏的态度也没有。问她的名字，她说，叫“Wala”，发音有些近似中文的“哇啦”。留学生中的谢家泽一听便大笑起来，他嘴里不停地叫着“哇啦，哇啦”。倒使这波兰女孩有点摸不着头脑，她瞪着晶莹澄澈的大眼，瞪着小谢，满脸上都是疑问。

这位“Wala”女孩的到来，是他们旅途上最愉快的一段。语言又通，越谈越热闹，小小的车厢里，不时爆发出热闹的笑声，但季羡林发现，坐在他身边的一位波兰中年男子，好像有些不以为然。他看了看Wala，对季羡林撇了撇嘴，露出一副鄙夷的神情。季羡林反倒有些不明白了，他实在看不出，在这个纯洁的女孩子身上究竟有什么值得鄙夷的地方，但小女孩并没有注意到这位中年人的撇嘴，依然谈笑自如。车厢里依旧是那么热闹，不知是在什么时候，女孩不知不觉地下了车。等到季羡林发现时，女孩已经消失了。短暂的一面，给季羡林留下了深刻的印象。那样一段漫长的旅行，几乎把所有的笑声都在女孩子在时笑出来了。这萍水相逢，无论如何他是忘不了的。于是，十年后，他写出散文《Wala》就很自然了。

早晨八点，火车到了德国首都柏林，漫长的长途火车旅途便宣告结束了。

在德国期间的季羡林

2. 漫漫求索治学路

经过漫长的旅途，一下子到了目的地，心情的激动是可想而知的。因为，从某种意义上讲，柏林，是季羡林生命的新起点，如果把柏林以前的生命视为旧生命的话。

面对新生命的起点，季羡林的心情可谓是复杂至极，既有兴奋，又有好奇，还有些忐忑不安。毕竟，他是从一个还在革命中的并不发达的中国来到这欧洲的哲学之乡、文明高度发达的国度，真的，置身于高楼林立的城市中，漫步在几百年前就用漂亮的石块铺就的街道上，季羡林觉得自己宛如大海中的一滴水。

办手续还算顺利。主要是有清华的老同学赵九章等到车站迎接，这就避免了许多可能出现的麻烦。令人感到不快的是，那位在出国前已闹过一出丢东西喜剧的敦福堂，此时又故技重演，在柏林车站上，他又把护照丢了。虽然大家心里很清楚，在敦福堂身上，丢什么也不要紧，因为它终究又会自己跑出来，但这一次毕竟是护照，也多多少少有点担心了。再看敦公本人，搜肠刮肚，双目发直，满脸流汗，翻兜倒衣，本来就很混乱的车站，平添了敦公忙乱一团的景象，便更显得混乱不堪了。但是，等大家在焦虑中办完了手续，还怀着忐忑不安的心情走出车站时，此公已经流完了汗，伸手就从裤兜里把那个挖地三尺也没有找到的护照掏了出来。大家目瞪口呆，而他老人家则是莞尔一笑。

他们先到了康德大街彼得公寓，把行李安顿好，又被老同学带到一家中国饭店去吃饭。饭菜不错，但价钱太贵。全城也只有三家中国餐馆。还有一家可以包饭的小馆子，男主人是中国北方人，女主人则是意大利人，两人都不太会说德国话，但服务却很热情周到，尤其能蒸一种又白又大的中国馒头，菜也炒得够味，价格公道，所以中国的留学生都趋之若骛，愿意到他们的饭馆吃饭。

吃饭的问题好说，但住处是一大问题。在德国，住处应该是好解决的。因为德国人是非常务实而又简朴的民族，无论他们是做什么工作的，一般来说，房子都十分宽敞，有卧室、起居室、客厅、厨房、厕所，有的还有一间客房。他们在这些必要的房间之外，如果还有余房，就常常是出租给需要住房的房客，这些房客一般就是外地人或外国的留学生。出租的房屋也很全面，不是像中国那样只出租空房间，而是连房间里必备的一切东西都出租，包括桌椅沙发，被褥浴巾，租赁者几乎不需要带任何行李就可以入住了，而且女主人还包了房间里的所有服务性工作，比如：铺床叠被，扫地打蜡，就连房客的皮鞋，只要你在睡觉前脱下来，放在房门外，第二天起床，女主人就已经把鞋擦得闪光锃亮了。德国人的爱清洁，简直可以说是成了洁癖。女主人的职责，似乎就是与清扫相关。每天上午，就听见女主人都在忙忙叨叨，擦这擦那，又偏偏德国人家里的银器多，烛台、酒具、烟具，多半是

2000 年，德国驻华公使代表哥廷根大学授予季羡林先生（右）金质奖章

银的，德国的家庭主妇就有本事将它们打磨得铮亮铮亮。她们就连一双袜子，也要洗得干干净净，熨得平平整整。屋子里的地，就更不用说了，连外面的楼道，都要天天打蜡。总之，无论是室内室外，还是楼内楼外，任何地方，都是干干净净，洁无纤尘。

还是清华的老同学，为季羡林这帮新来的留学生，在魏玛大街找到了一间住房。房东的名字叫罗斯瑙，好像是个犹太人。当时在德国，根据希特勒的《我的奋斗》，犹太人和中国人都被列入劣等民族。这样，中国人和犹太人就成了难兄难弟，也自然能接受中国留学生租房了。

德国对犹太人的迫害从中世纪就开始了，欧洲的许多国家也都仇视犹太人，一些国家在历史上还曾发生过大规模屠杀犹太人的悲剧。希特勒对犹太人的迫害，并不新鲜。新鲜的是他对犹太人种的“科学的”定性分析。在他那一架政治化学的天平上，他可以确定犹太人的“犹太性”：百分之百犹太人，就是祖父母和父母双方都是犹太人；二分之一犹太人，就是父母双方有一方是犹太人；四分之一犹太人就是祖父母中只有一方是犹太人，等等，以此类推。这就是德国纳粹的“民族政策”的理论根据。百分之百的犹太人必须迫害，决不手软；二分之一的稍逊，以此类推。房东可能属于二分之一者，所以还能暂时平安。

但德国的普通老百姓是很可爱的。他们淳朴老实，从不藏奸耍滑，更无欺骗的心机。季羡林就亲身遇见过一件很能说明问题的事情。那一次，是季羡林的表坏了，他随便走到大街上，找到一家钟表店去修理，并约定第二天去拿。但季羡林是初到柏林，在车水马龙、高楼大厦中，他根本辨不清东西南北。于是，第二天，喜剧发生了。他去取表的时候，影影绰绰，隐隐约约，疑疑惑惑，记得好像是这家表店，便迈步走了进去。里面的店员，也分明是昨日的那位老头，胖胖的身子，戴一副老花镜。季羡林拿出了发票，递给老头，老头就到玻璃橱里去找他的表，没有找到。老头有点急了，额头上马上就冒出了汗珠，从眼镜上面射出了目光，看着季羡林，对他说：“你明天再来一趟吧！”

第二天，季羡林又去了，表还是没有找到，老头更急了，额头上冒出了更多的汗珠，连手都有点发抖了。他又在玻璃橱里翻了半天，忽然灵光一闪，好像是上帝在提醒他，他仔细看了看发票，说："这不是我的发票。"于是，季羡林也恍然大悟，因为他找错了门，却害得这位德国老头受惊几次。

这样的笑话，季羡林还出过不少。还有一次，是吃香肠。有一天，季羡林到肉食店里去买了点香肠，准备回家吃晚饭。到了晚上，他兴致勃勃地泡了一壶红茶，准备美美地吃上一顿。但是一咬香肠，味道不对，连忙仔细研究，原来里面的火腿肉都是生的。季羡林不懂其中的奥秘，只是觉得很气愤，忿忿不平地想："德国人竟这样戏弄外国人，简直太不像话了。真是岂有此理！"第二天一大早，他就到那个肉食店去了，摆出架势，准备兴师问罪。店里的女店员，听了季羡林的申诉，看了看他手中的香肠，半天才明白过来，继而便大笑。她告诉季羡林："在德国，火腿都是生吃的，有时连肉也生吃，而且只有最好最新鲜的肉才能生吃。"因为不懂当地民俗风情，季羡林便闹了这样一个笑话。

这只是些小插曲。对于季羡林来说，到德国，最要紧的事情是念书。要念好德国的书，对德语的要求便很高了。以前在清华园学的德语，是只能认而张不开口，因此，到德国上的第一课，就是要学会张嘴讲德语。季羡林经远东协会的林德和罗哈尔博士的热心协助，被安排在柏林大学外国留学生德语班的最高班做学生。于是，季羡林便成了一名柏林大学的学生，天天去上课。

教德语口语的教授名叫赫姆，是一个非常优秀的教师，季羡林从他身上受益匪浅。他的发音清晰，讲解透彻，听他的课，甚至达到了一种神秘的程度。季羡林听他讲课，简直是一种享受，他在自己的日记中这样写道：

> 教授名 Hohm，真讲得太好了，好到不能说，我这是第一次听德文讲书，然而没有一句不能懂，并不是我听的能力大，只是他说得太清楚了。

在柏林学德语口语时，季羡林的好朋友是后来在中国外交界著名的“乔老爷”乔冠华。他上课的时候，总是和乔冠华在一起，

1985 年，季羡林在德国慕尼黑

每天乘城内火车到大学去上课，乐此不疲。在大学时，乔冠华比季羡林高两级，所以虽然认识，但并不是很熟悉。而且在学校时，乔冠华经常腋下夹一册又厚又大的德文版《黑格尔全集》，昂首阔步，旁若无人，谁都知道他是一个高傲的才子。到柏林以后，他们成为同班同学，又天天在一起，形影不离，可以说是他乡故友。他们共同上课、吃饭、访友、游玩婉湖和动物园。他经常去逛旧书铺，仍旧像书呆子一样热衷于淘好书。他与季羡林有同一业余爱好，就是中国的古典文学。有时两人下课后，就凑到一起讨论古典文学，兴致大时可以谈到黑夜，季羡林就干脆住在老学长那里。除了乔冠华，季羡林几乎不与其他留学生来往，因为没有共同的爱好，一切好像都格格不入。

这是事实，也是当时中国留学生的一个特点。因为虽然当时的留学生为数不少，但有质量、有素质、真正要来学知识的却并不多。一些有权、有财、有势的人家的子女，几乎都聚集在柏林。蒋介石、宋子文、孔祥熙、冯玉祥等国民党的大官，也都把自己的子女纷纷送到德国。因为这里有吃、有喝、有乐，既不用上学听课，也用不着说德语。其中有相当一部分留德学生，只需要会句简单的德语，就能够供几年用。他们早晨起来，见到房东，说一声"早安"就甩手离家，到一个中国饭馆去，有人侍候着洗脸、吃饭，再凑上几圈麻将，就到了吃午饭的时间。午饭后，再约到一起出门游玩，相约的都是国内的纨绔子弟，玩到晚饭时间再回饭馆，直至深夜回公寓，见到房东，说一声“晚安”，一天就过去了。如果再学上一句“谢谢”，加上一句“再见”，就完全够用了，这样的留学生，自然与季羡林、乔冠华是格格不入的。

有一次，季羡林与乔冠华去一家中国餐馆吃饭。一进门，好像又回到了中国的茶馆，高声说话的声音，“吸溜呼噜”喝汤的声音，吃饭呱唧嘴的声音，还有碗筷碰盘子“叮当”响的声音，就像一个巨大的声浪，使刚进门者措手不及。这与德国餐馆里的安静、幽雅的氛围，形成了鲜明的对照。季羡林与乔冠华互相苦笑一下，勉强在那里吃了点饭，从此再也没进那家中国餐馆。

但他们还是能不断听到一些“留学生”的故事和段子。譬如，有一位老留学生，在柏林已待得很有些年头了，因此对柏林的大街小巷，五行八卦，都了如指掌，他的绰号叫“柏林土地”，但真名反而谁都不知道。就是这位仁兄，急公好义，因为学的是法律，于是公开扬言，要用自己的专业知识，替中国留学生打官司，分文不取，连车马费都自掏腰包。因为有很多留学生同德国人发生了纠葛，有的要通过法律途径解决，就要请律师，但德国的律师花费太大，因而才产生了这样的“有识之士”。

对于这些形形色色的留学生，季羡林也在自己的日记里写下了他的看法：

在没有出国以前，我虽然也知道留学生的泄气，然而终究对他们存着敬畏的观念，觉得他们终究有神圣的地方，尤其是德国留学生。然而现在自己也成了留学生了。在柏林看到不知道有多少中国学生，每人手里提着照相机，一脸满不在乎的神气。谈话，不是怎样去跳舞，就是国内某某人做了科长了，某某做了司长了。不客气地说，我简直还没有看到一个像样的“人”。到今天我才真知道了留学生的真面目！

这是当时留学生的真实写照，但对真正来求学的如季羡林一样的留学生来说，他们正在为自己的未来焦虑地选择着。因为他们知道，柏林只是他们留学的一个临时站，他们终究还要被分到各个相关的大学里去。而且，季羡林知道自己并不喜欢柏林，因为这里云集着太多的中国“留学生”。

德国学术交换处的魏娜，一开始打算派季羡林去东普鲁士的哥尼斯堡大学，德国最伟大的古典哲学家康德就在这里担任教授。季羡林觉得这里较偏，且人生地疏。于是，几经磋商，又改派他到哥廷根大学，季羡林同意了。他自己也没有想到，当年他选择了哥廷根，实际上就是选择了自己的未来。正如他的老师吴宓先生的两句诗所描绘的那样：“世事纷纭果造因，错疑微似便成真。”事实正是如此，这当初的选择，竟使季羡林一住就是10年，这几乎成了他的第二故乡。

季羡林于1935年10月31日，从柏林到了哥廷根。

哥廷根是德国的一个小城，人口只有10万，而来来往往的大学生有时会达到两三万人，是一个典型的大学城。大学已有几百年的历史，德国的学术史和文学史上许多显赫的名字，都与这所大学有关。以他们的名字命名的街道，也俯拾皆是，使你一进城，就感到洋溢全城的文化气和学术气，好像是一个学术乐园、文化净土。

哥廷根的风景之秀丽是闻名全德国的，它的东南是郁郁葱葱的山林，一年四季，绿草如茵。即使到了冬天，下了大雪，绿草埋在白雪下，依然是翠绿如春。此地是东暖夏凉，微风和煦。全城一尘不染，天天都像被雨水冲洗过一样清新、洁净。更有壮观者，家家的家庭主妇都用肥皂刷洗人行道，这已是哥廷根的一大风景。在城市的中心，楼房大多是中世纪的石头建筑，至少有四五层，更给人以隔世的古朴感。人们置身其中，仿佛回到了中世纪。古代的城墙不仅完整地保留着，上面还长满了参天的橡树。这对从荷尔德林诗歌中就喜欢上了橡树的季羡林来说，无疑是一大收获。在哥廷根留学的10年时间里，他就常常到古城墙上来散步，在橡树的浓荫里，周围静寂无声，季羡林一个人静坐在此沉思默想，这是他生活中最有诗意的一件事。

刚到哥廷根，人地生疏，在老学长的安排下，一去就找到了住房。房东姓欧朴尔，老夫妇俩，只有一个儿子，儿子大了，到外地上大学去了，他们便把儿子的房间租给了季羡林。男房东是

留德期间的季羡林（左）和同学

一个典型的德国人，是市政府的一名工程师，老实而不爱说话。女房东也是一个典型的德国家庭妇女，受过中等教育，50多岁，能欣赏德国文学，喜欢德国古典音乐，趣味偏于保守，一提到爵士乐，就满脸呈现出鄙夷的神气，冷笑不止。她有德国妇女的一切优点：善良、正直，能体贴人，有同情心。但也有一些小小的不足之处，比如，她有一个最好的朋友，是一个寡妇，两个人经常来往。有一回，她的这位女友看到她新买的一顶帽子，喜欢得不得了，想照样买上一顶，她就大为不满，对季羡林讲了她对这位女友的许多不满意的话。这最集中地表现出了德国小市民的特点。

这里，从季羡林的一则日记中可以看出他初到哥廷根的心情状况：

终于又来到哥廷根了。这以后，在不安定的漂泊生活里会有一段比较长一点的安定的生活。我平常是喜欢做梦的，而且我还自己把梦涂上种种的彩色。最初我做到德国来的梦，德国是我的天堂，是我的理想国。我幻想德国有金黄色的阳光，有 Wahrheit（真），有 Schonheit（美），我终于把梦捉住了。我到了德国。然而得到的是失望和空虚。我的一切希望都泡影似的幻化了去。然而，立刻又有新的梦浮起来。我梦想，我在哥廷根，在这比较长一点的安定的生活里，我能读一点书，读点古代有过光荣而这光荣将永远不会消灭的文字。现在又终于到了哥廷根了。我不知道我能不能捉住这梦。其实又有谁能知道呢？

从日记中可以看出，季羡林的梦想，就是能读一点书，读点古代有过光荣而这光荣将永远不会消灭的文字。而正是这一奇特的梦想，将季羡林引向了一个他今后要走到底的、艰难而又光荣的道路。

这条路，就是学习梵文。

这是季羡林在德国找到的道路，也是季羡林以后所走的主要的道路。当然，这与哥廷根大学是分不开的。

这就需要介绍一下有关哥廷根大学的一些情况。可以这样说，哥廷根之所以成为哥廷根，就是因为这里有一座哥廷根大学。这所大学创建于中世纪，至今已有几百年的历史，是欧洲较为古老的大学之一，它共有 5 个学院：哲学院、理学院、法学院、神学院、医学院。它并没有统一的教学大楼、统一的建筑，而是将各个学院分布在全城的各个角落，而研究所就更分散了，在哥廷根的各个街道上，到处都可见到分布有大学的研究所。学生宿舍就更是没有大规模的，少部分学生住在各学生会中，绝大部分的学生都是住在老百姓的家里，就像季羡林这样，是寄宿在城里的市民家中。

学校里有一个行政中心叫 AULA，楼下是教学和行政部门，楼上就是哥廷根科学院，文法学科上课的地方有两个，一个叫大讲堂，一个叫研究班大楼。最有意思的是哥廷根的白天，一群一群的学生到市里的各个角落去上课，在大街上来来往往，窜来窜去，很是热闹。

这座大学出过许多名人，德国最伟大的数学家高斯，就是这座大学的教授。在高斯以后，这里还出现过许多有名的大数学家。从 19 世纪末起，这里就是公认的世界数学中心。文科教授的阵容，也是很强大的。在德国文学和学术史上占有重要地位的格林兄弟，都在哥廷根大学里待过。他们的童话已经流行全世界，在中国也是家喻户晓。

在这样一座迷宫一样的大学里，要找到有关的机构，找到上课的地方，是很不容易的。如果没有人引路，没有人协助，很容易迷失方向。幸运的季羡林，在这里遇到了一位引路人，这人就是章用。

章用的父亲就是在中国赫赫有名的章士钊。他虽然是出身于名门世家，但与季羡林在柏林见到的那些富家子弟绝对不一样。一点纨绔的习气也没有，而且在他身上，还有季羡林极为欣赏的孤高自许的书生气。他家学渊源，对中国古典文学有很深的造诣，能写古文，赋旧诗。而本人却偏偏喜爱数学，于是来到了哥廷根这个世界数学中心，攻读博士学位。季羡林来时，他的母亲吴若男，当年孙中山的秘书，正陪着儿子在此念书呢。

经朋友的介绍，季羡林与章用得以认识，两人一见如故，交谈过几次，情投意合。章用送过季羡林一首特意为他而作的诗：

空谷足音一识君

相期诗伯苦相薰

留德期间季羡林（左一）和同学朋友在一起

体裁新旧同尝试
胎息中西沐见闻
胸宿赋才徕物与
气嘘大笔发清芬
千金敝帚孰轻重
后世凭猜定小文

就连章用的母亲也对季羡林说：“你来了以后，章用简直就像变了一个人。他平常绝对是不去拜访人的，现在一到你家，就老是不回来。”不单是去季羡林家不回来，季羡林刚到大学时的所有困难和疑惑，也都是章用帮助解决的。比如奔波全城，到大学教务处，到研究所，到市政府，到医生家里，注册选课，办理手续，一切都是靠章用来带领。他穿着一身玄色的旧大衣，摇动着瘦削不高的身躯，陪着初到哥城的季羡林到处走，真似一个江湖中的义气好汉。

此时，季羡林虽然熟悉了哥廷根的道路，但自己未来的道路却还没有找到。尽管他的脑子里有一种隐隐约约想要学习古代文字的想法，但并不成形。同章用谈起此事时，他认为最好只读希腊文。如果像季羡林以前的打算，还要兼读拉丁文，恐怕两年的时间读不完。他对季羡林讲，在德国的中学里，一般学生要读八年拉丁文、六年希腊文。文科中学毕业的学生，个个精通这两种欧洲古典语言，中国留学生是无法同他们在这方面竞争的。季羡林接受了章用的意见，第一学期的选课，就以希腊文为主。

在德国上大学是非常自由的，你愿意读哪所大学就读哪所大学，没有入学考试这一说。而入学以后，你愿意入哪个系就入哪一个，愿意改系，随时都可以改；愿意选多少课，选什么课，悉听尊便；学文科的可以选医学、神学的课，也可以只选一门课，或选上十门课，都可以。上课时愿意上就上，不愿意上就走；迟到早退，一切自由。从来就没有课堂考试。有的课开课时需要教授签字，这就叫报到。有的结束时还需要教授签字，这就叫结课。此时教授与学生没有多少关系。这样，一般经过两三年的反复折腾，最终选中了自己满意的学校、科目后，这时才和教授接触，请求参加他的研究生班，经过一两个研究生班，师生互相了解了，教授才给博士论文题目。再经过几年努力写作，教授满意了，就举行论文口试答辩，及格后，就能拿到博士学位。这一切，都是教授说了算，院长、校长、部长都无权干涉教授的决定。如果一个学生不想写论文，也绝没有人强迫他。只要自己有钱，便可以十年八年地念下去，做“永恒的学生”也不是不可能的。当时这恐怕在全世界也是稀有的。

于是，在哥廷根的第一学期，季羡林就是在这种自由的学习气氛下，学习了希腊文，另外又杂七杂八地选了许多课，每天上课六小时。其实季羡林的用意也很单纯，他只不过是想以此练习一下德语的听力。

在学习之余，季羡林仍旧没有忘记坚持写日记的习惯，他在1935年12月5日的日记里写道：

> 上了课，Rabbow的声音太低，我简直听不懂，他也不问我，如坐针毡。难过极了。下了课走回家来的时候，痛苦啃着我的心——我在哥廷根做的唯一的美丽的梦，就是学希腊文。然而，照今天的样子看来，学希腊文又成了一种绝大的痛苦。我岂不将要一无所成了吗？

这一时期，是季羡林留学最困难的时期，因为他还没有最后找到自己的道路，忙于投石问路的时候是最难熬的时候。这期间，他还自学了一段拉丁文，最有趣的是，他自己居然还有了学古埃及文的想法。之所以这么着急，是因为他不想在德国混日子，他是想学有所长，真正学到一点有用的东西。

这时，季羡林认识了一位学冶金学的中国留学生龙丕炎。他是主攻科技的，可不知为什么却学过两个学期的梵文。等季羡林来时，他已经不学了，就把自己用的一本梵语语法书送给了季羡林。于是，季羡林便与章用谈起了他想学梵语的想法，章用非常支持他，鼓励他。季羡林的选择已经越来越明确了。他不断地在日记里说服自己，分析自己：

我又想到我终于非读Sanskrit（梵文）不行。中国文化受印度文化的影响太大了。我要对中印文化关系彻底研究一下，或能有所发明。在德国能把想学的几种文学学好，也就不虚此行了，尤其是Sanskrit，回国后再想学，不但没有那样的机会，也没有那样的人。

过了几天，他又写道：

我又想到Sanskrit，我左想右想，觉得非学不行。

终于，他的信念坚定下来了，这是他关于学梵文的最后一篇日记，他写道：

仍然决定读Sanskrit。自己兴趣之易变，使自己都有些吃惊了。决意读希腊文的时候，自己发誓而且希望，这次不要再变了，而且自己也坚信不会再变了。再变下去，会一无所成的。不知道Schicksal（命运）可能允许我这次坚定我的信念吗？

这一次的选择终于没有落空。也许，正是因为当初选择的谨慎、痛苦、犹豫不决，才使后来的季羡林在学习这门稀有的语言时，汇入了他最大的精力，以至于他的一生。

其实，哥廷根是学习梵文的好地方，也可以说是最理想的地方。不要说哥廷根的城市幽静、风光旖旎很适合梵文的学习，哥廷根大学本身就有悠久的研究梵文和比较语言学的传统，一系列教梵文的泰斗都曾在哥廷根教授梵文。在季羡林留学时，被印度学者誉为活着的最伟大的梵文家雅可布·瓦克尔纳格尔也曾在比较语言系任教。再加上大学里的图书馆，历史极久，规模极大，藏书极富，名声极高，尤其是梵文的藏书更多，有些据说都是基尔霍恩从印度搜罗到的。学梵文这样的条件，是无与伦比的。

于是，1936 年春季开学的第一学期，季羡林便选学了梵文，从此选定了他治学的道路。

3. 冬天里的春天

季羡林在哥廷根大学找到了自己的学业道路，也就使他的留学生活逐步走上了正轨。从 1936 年春季开学的那一个学期，季羡林选了梵文作为他的主课。4 月 2 日，他到高斯－韦伯楼东方研究所去上第一课。

这是一座非常古老的德国建筑。它是历史的见证，许多著名的科学家的事迹都是在这里发生的。如：当年大数学家高斯和大物理学家韦伯试验他们发明的电报，就是在这座房子里，因而这也是一座世界闻名的科学楼。这座楼的楼下是埃及学研究室，巴比伦、亚述、阿拉伯文研究室都在此。楼上是斯拉夫语研究室，波斯、土耳其语研究室和梵文研究室。季羡林的梵文课就在此上。

这是瓦尔德施米特教授第一次上课，也是季羡林第一次与他见面。教授看起来非常年轻，但他却是研究新疆出土的梵文佛典残卷的专家，在世界梵文学界是很有名气的。这堂课只有季羡林一位学生，而且还是外国学生，可见梵文的难学。虽然只有一个学生，教授仍然认真严肃地讲课，一直讲到下午四点才下课。值得庆幸的是，梵文所里的书和资料很多，对一个初学者来说，简直是应有尽有。最珍贵的是奥尔登堡的那一套上百册的德国和世界各国梵文学者寄给他的论文集，分门别类，语言各异，这给初学者带来了极大方便。在图书馆的一面墙上，有大大小小的镜框，上面都是德国梵文学家的照片，有三四十人之多。从这里便可以看出德国梵学之盛，这也是德国学界的骄傲。

在这样一个梵学气氛很浓的研究所上课，季羡林的收获自然是可想而知的。从此他天天到这个研究所来，生活变得很有规律。学业上的苦恼解决了以后，跟随而来的却是每一个海外游子都会遇到的问题，这就是怀念母亲。母亲，对一个远涉重洋的留学生来说，她是双层含义的的。一个是肉身的母亲，一个是祖国母亲。两个母亲融为一体，形成了一个心念，这就是想家。对季羡林来说，对母亲的怀念更强烈，因为他比一般的人都要早地离开了自己的母亲。六岁，是一个记忆力还不强的年龄，但他就不得不离开了自已的母亲到城里读书。这期间只回到母亲身边两次，却都是为了奔丧，也只能待几天而已。大学二年级时，季羡林的母亲就去世了，这对季羡林是一个最大的打击，因为他出来读书的目的之一就是为了将来能更好地报答母亲。这是季羡林的一个永久的悔。当留学生活稍微安顿下来以后，母亲的影子就时不时来到季羡林的梦乡里。当然也有祖国母亲的身影。

1935 年 11 月 16 日，季羡林在日记中写道：

> 不久外面就黑起来了。我觉得这黄昏的时候最有意思。我不开灯，只沉默地站在窗前，看暗夜渐渐织上天空，织上对面的屋顶。一切都沉在朦胧的薄暗中。我的心往往在沉静到不能再沉静的氛围里，活动起来。这活动是轻微的，我简直不知道有这样的活动。我想到故乡，想到故乡的老朋友，心里有点凄凉。然而这凄凉却并不同普通的凄凉一样，是甜蜜的，浓浓的，有说不出的味道，浓浓地糊在心头。

11 月 18 日：

> 从好几天以前，房东太太就向我说，她的儿子今天回家来，从学校回家来，她高兴得不得了……但儿子只是不来，

她的神色有点沮丧。她又说，晚上还有一趟车，说不定他会来的。我看了她的神气，想到在故乡地下卧着的母亲，我真想哭！我现在才知道，古今中外的母亲都是一样的！

11月28日：

我现在还真的想家，想故国，想故国里的朋友。我有时简直想得不能忍耐。

11月28日：

我仰在沙发上，听风声在窗外过路。风里夹着雨。天色阴得如黑夜。心里思潮起伏，又想到故国了。

12月6日：

近几天来，心情安定多了。以前我真觉得两年太长；同时，在这里无论衣食住行哪一方面都感到不舒服，所以这两年似乎无论如何也忍受不下来了。

这一时期的日记，季羡林几乎都是记的思念祖国、思念母亲之情。这样写一写，他感觉在感情上能释放一些，否则，他真的不知道会做出什么事情来。因为从本质上来说，季羡林仍旧是一个性情中人，他内向的性格和敏感多思的禀性，使他越来越喜欢上了用笔来表达自己的感情。

这样，通过写日记来缓解自己的思乡之情，使季羡林没有因为不能忍受的思念而影响学习。头两年的生活也较安定。本来，季羡林的留学时间就是两年，而在这两年，德国国内还没有大的震动。那时是希特勒刚上台不久，德国人崇拜他如痴如狂，而中国留学生对此只是冷眼旁观，并不关心德国自己的事情。进商店，会见朋友，你喊你的“希特勒万岁”，我喊我的“早安”“午安”“晚安”，各行其是，互不侵犯，井水不犯河水，倒也能和平共处。因为中国留学生一般是不问政治的。

在德国期间的季羡林

从表面上看，市场还很繁荣，食品供应也不错，只要有钱，什么都能买到。季羡林一般是每天在家里吃早饭——小面包、牛奶、黄油等，然后到梵文研究所去，或者上课，或者学习，中午就到外面的饭馆吃，下午仍然是在研究所，从来不知道什么是睡午觉。到了晚上六点钟回家，吃房东中午留出来的饭菜。只有到了星期日，几个住在哥廷根的留学生才凑到一起，到美丽的城外去游玩。他们常去的是一块叫作“席勒草坪”的地方。那是城外山下的一片草地。这片草地终年绿草如茵，周围是参天古木，是一块幽静的好去处。在这里大家都说中国话，一起聊一些见闻和趣味，在不知不觉中就把一天过完了。对季羡林来说，这一天，就是他一周中最大的节日了。

除此之外，季羡林总是把自己埋在一堆古文字堆里，但他在这里得到的却是一种精神上的享受和陶冶。虽然原定他只能学习两年，但他仍旧做好了参加博士考试的准备。根据规定，考博士必须要读三个系：一个主系、两个副系。季羡林选的主系是梵文、巴利文等所谓的印度学，这是没有什么可犹豫的。问题是两个副系，到底选什么系，倒是颇费斟酌。因为这里面有个结，就是还在国内的“留学热”刚兴盛时，季羡林就立下大誓，决不写有关中国的博士论文。因为鲁迅先生就曾经批评过一种留学生：他们在国外用老子和庄子谋得了博士头衔令洋人大吃一惊；然而回国后讲的却是康德、黑格尔。季羡林对这种留学生自然是非常鄙视的，下决心决不步他们的后尘。经过再三考虑，最后选定了英国语言学和斯拉夫语言学，还加学了一门南斯拉夫文。

斯拉夫语研究所也在高斯－韦伯楼里。这样季羡林就可以一整天待在大楼里，学完了主系学副系，当然，主要的精力还是用来学主课的。到第三学期的时候，原本只有季羡林一个人学习的梵文课上又增加了两名学生。一个是历史系的学生，一个是乡村的牧师，但那位历史系的学生却始终没有征服梵文，没有跳过这座龙门。而季羡林在开始的时候学起来也很吃力，因为这毕竟是世界上已知的语言中语法最复杂的古代语言，其形态变化丰富，同汉语截然相反。但季羡林想，既然已经决定要学它了，就一定要学好，这是没有什么好商量的。

1937 年很快就到了。留德学生的交换期也满了，是应该回国的时候了。就在此时，中国进入了历史上的灾难时期，抗日战争爆发了。日本侵略军的铁蹄步步侵入中国内地。“七七”事变以后，季羡林的老家山东也被日军侵占，回家的路被切断了。

就在这时，哥廷根大学汉学研究所的所长哈隆教授听说了季羡林交换期满的消息，便主动找到他，问他愿不愿意留下来。正愁没有退路的季羡林，得到此邀请，自然是喜出望外。于是交换期一满，季羡林就立即受命为汉文讲师，成为汉学研究所的工作人员。

哈隆教授比季羡林要年长 20 岁，他为人亲切和蔼，没有一

季羡林（左一）在德国时期的照片

点教授的严厉的架子。到汉学研究所后，季羡林仍然是梵文研究所的博士生，仍然天天到高斯－韦伯楼去学习，那里仍旧是他的据点。但到了讲授汉文课时，他就要到汉文研究所去，这样便有了同哈隆教授及其夫人接触的机会。他与哈隆教授谈话很投机，几乎成了忘年交。哈隆教授虽然不会说汉语，但有很深厚的汉学基础。他对中国古代文献，如《老子》《庄子》之类，都有很深的造诣，而甲骨文尤其是他的拿手好戏，讲起来头头是道，还有一些精辟的见解。他还钻研古代西域史地，其名作《月氏考》在国际上也很有名。正是因为哈隆教授在国际上的名声，他同许多国家的权威汉学家都有来往。又由于哥廷根大学汉学研究所藏书丰富，所以招徕了不少外国汉学家来此看书。季羡林在这座汉学研究所里，就见过许多著名的汉学家，如英国汉学家阿瑟·韦利，德国汉学家奥托·冯·梅兴·黑尔芬，后者对中国明朝的制漆很有研究。后来，哈隆教授离开德国到英国剑桥大学去任汉学教授。临行前，季羡林在一家餐馆里为哈隆教授送行，哈隆教授以极其低沉的声调告诉季羡林，说他在哥廷根这么多年，真正的朋友只有季羡林他们两位留学生而已。说此话时，泪水就在教授的眼里闪动着，季羡林在心里完全能够体会教授去国离家的心情。

周围的世界每天都有新的变动，希特勒的侵略本性也越来越猖狂了。如果你多关心一下时局，你就会不知不觉地得上精神病。因为到处都有希特勒自己编造的不能自圆其说的谎言，正如季羡林在这一时期的日记里所写的那样："住下去，恐怕不久就会进疯人院了。"但就是这样，季羡林仍旧坚持着自己的学业。他的三个选系的学习都很顺利。从第五学期开始，他就进入了真正的讨论班了。这时是读中国新疆吐鲁番出土的梵文佛经残卷，这是教授的拿手好戏，他的老师及他自己都是这方面的权威。第六学期开始，教授便与季羡林商量博士论文的题目，最后定为研究《大事》偈陀部分的动词变化。从此季羡林的所有注意力便都集中在了那三大厚本的《大事》上面。

第二次世界大战爆发后不久，教授被征从军。于是，已经退休的西克教授，以垂暮之年，出来代替他上课。西克教授更是一个尽责的教授，第一天上课他就对季羡林郑重宣布：他要把自己毕生最专长的学问，通通毫无保留地传授给季羡林，一个是《梨俱吠陀》，一个是印度古典语法《大疏》，一个是《十王子传》，最后是吐火罗文。他是读通了吐火罗文的世界级大师。于是，季羡林又师从了一位诲人不倦的教授，其中的收获是可以想见的。

现在的问题是写博士论文，这是学位考试至关重要的一项工作。教授看学生的能力，能否获得博士头衔，也主要是通过论文。德国大学对论文的要求十分严格，题目虽然都不大，但必须有新东西，才能通过。有的中国留学生在德国已经待了六七年，学位始终拿不到，关键就是论文没有过关。季羡林的好朋友章用就是一个例子，他周围也有几个留学生也是同样的命运。

季羡林的论文题目早已定了下来：《〈大事〉偈陀中的限定动词的变位》。到了1940年，也已经基本写好了。瓦尔德施米特从军期间，是西克教授指导。帮助季羡林打字的是迈耶家的大女儿伊姆加德，这是一位非常美丽的德国姑娘。因为季羡林不会打字，又没有打字机，就只得求助于这位德国姑娘。论文打完后，季羡林便把论文交给了文学院长戴希格雷贝尔教授。按德国的规矩，院长安排口试的日期，而院长则是由最年轻的正教授来担任。

而就在紧张的留学生活中，也就是这位美丽的伊姆加德姑娘，给季羡林枯燥的学术研究生活带来了一抹亮色。

季羡林因为需要伊姆加德为他打论文，便与这位德国姑娘有了亲密的接触。季羡林当时也不过三十上下，文质彬彬、身材颀长，两个人正是年轻的好时光，因为一起工作而产生感情是再正常不过了。季羡林和伊姆加德还常常一起去林中散步，去电影院看电影，去商店里买东西。季羡林和伊姆加德小姐之间的恋情，周围一般人也能看出来。太阳底下并无新鲜事，倒是故事中的男主角季羡林却是忧郁不安，虽然每次见面两人彼此都沉浸在幸福之中。伊姆加德美丽的姿容、嫣然的笑容，使还没有体会到爱情含义的季羡林怦然心动，季羡林初次尝到了爱情的滋味， 但是，每当季羡林回到寓所，内心便十分痛苦。季羡林是一个自律的年轻学人，他对自己的旧式婚姻都能逆来顺受，又怎么能够突破自己的心理障碍去迎接新的感情？他连自己都说服不了，又如何想象将来所要面对的亲人与故友？经过慎重的考虑，季羡林还是决定把这扇已经打开的爱情之门关起来。他克制了自己的感情，理智地处理了。虽然他对自己的那个家也并不留恋，回去，就等于自己重新跳进了情感的牢笼，但是这种选择又是那么令人伤怀。不仅对理性超强的季羡林来说是一个终生难忘的遗憾，对美丽的德国小姐伊姆加德来说也同样是一场感情的悲剧。据说伊姆加德小姐终身未嫁，很难说不是因为这一场爱情的悲剧。

这场悲剧在季羡林的《留德十年》里有过真实的记录：

> 在这样的情况下，我离开迈耶一家，离开伊姆加德，心

里是什么滋味，完全可以想象。

1945 年 9 月 24 日，我在日记里写道：

吃过晚饭，7 点半到 Meyer 家去。同 Irmgard 打字。她劝我别离开德国。她今天晚上特别活泼可爱。我真有点舍不得离开她。但又有什么办法？像我这样的一个人不配爱她这样一个美丽的女孩子。

同年 10 月 2 日，我在离开哥廷根的前四天，我在日记里写道：回到家来，吃过午饭，校阅稿子。3 点到 Meyer 家，把稿子打完。Irmgard 只是依依不舍，令我不知怎样好。

美丽的德国姑娘伊姆加德

日记是当时的真实记录，不是我今天的回想；是代表我当时的感情，不是今天的感情。我就是怀着这样的感情离开迈耶一家，离开伊姆加德的。到了瑞士，我同她通过几次信，回国以后，就断了音讯。说我不想她，那不是真话。1983年，我回到哥廷根时，曾打听过她，当然是杳如黄鹤。如果她还留在人间的话，恐怕也将近古稀之年了。而今我已垂垂老矣。世界上还能想到她的人恐怕不会太多。等到我不能想到她的时候，世界上能想到她的人，恐怕就没有了。

从季羡林的这段回忆来看，当年的情感不可谓不深，在垂垂老矣之际仍能怀念着年轻时的恋人，感情至深只有苍天可鉴。

后来，有好事者在读了季羡林的《留德十年》以后，被这段爱情故事所感动，曾经专门到哥廷根遍寻伊姆加德小姐的下落，最后终于找到了她。当然，此时的伊姆加德小姐，已如季羡林的回忆那样，已垂垂老矣，虽然满头银发，然而风韵犹存。令人惋惜和伤感的是，伊姆加德小姐终身未嫁，独身至今，而一台老式的打字机依然静静地放在桌子上。

季羡林在这段仅有的情感面前，采取的是掩埋自己的情感，独自背负着情感的十字架，像鲁迅先生笔下的独行者一样，独步走着人生的道路。他后来的专心研学，不问家事，与这段情感的缺憾有着重要的联系。

这是季羡林在德国的冬天里的春天，也是他的情感世界中的一朵浪漫的云霞，只是可惜过于短暂，只能寄存在季羡林的心里深处。

说起季羡林写博士论文的过程，也实在是一个艰苦的过程。

尤其是在德国，虽然形式上简单，而实际上却极严格。在德国大学里，学术问题是教授说了算。季羡林拿到了博士论文题目后，用了三年的时间，搜集资料，写成卡片，又到处搜寻有关图书，翻阅书籍和杂志，大约看了总计有一百种书刊，然后再整理资料，使之条理化、系统化，写出提纲，最后写成文章。

季羡林是爱舞弄文字的。他觉得，他做的那些个卡片，虽然如蜜蜂采蜜般辛苦，但总归是干巴巴的，无法表现出文采。文采，是他的所长，他要向教授露一手。于是，季羡林便想在论文一开始就写上一篇“导言”，可以将自己的才学发挥一下。他费了很长的时间，写了一篇相当长的“导言”。季羡林此时自我感觉良好，心里美滋滋的，认为教授一定会大为欣赏，没准还要夸几句。他先把“导言”送给了教授，等了几天，终于等到了教授的接见，但结果却使季羡林大吃一惊。教授在他的“导言”前面画上了一个前括号，在最后画上了一个后括号，并笑着对他说：“这篇导言统统不要！你这里面全是华而不实的空话，一点新东西也没有！别人要攻击你，到处都是暴露点，一点防御也没有！”

这对正等待着夸奖的季羡林来说，无异于当头一棒。打得他一时说不出话来。回去后他认真地反思了一下，认为教授说的确实有道理。做学问，必须扎扎实实，来不得半点矫饰。这一闷棍，使季羡林从此茅塞顿开，并毕生受用不尽。

1940 年 12 月 23 日，是季羡林博士论文的口试时间。这一天，他在日记里详细地记录了他口试的情况：

早晨5点就醒来。心里只是想到口试，再也睡不着。7点起来，吃过早点，又胡乱看了一阵书，心里极慌。

9点半到大学办公处去。走在路上，像待决的囚徒。10点多开始口试。瓦尔德施米特教授先问，只有戴希格雷贝尔教授坐在旁边。布劳恩教授随后才去。主科进行得异常顺利。但当布劳恩教授开始问的时候，他让我预备的全没问到。我心里大慌，他的问题极简单，简直都是常识。但我还不能思维，颇呈慌张之相。12点下来，心里极难过。此时，及格不及格倒不成问题了。

第二天的日记，是这样记的：

心绪极乱。自己的论文不但Prof·Sieg、Prof·Waldschmidt认为极好，就连Prof·krause也认为难得，满以为可以做一个极好的考试；但昨天俄文口试实在不佳。我所知道的他全不问，问的全非我所预备的。到现在想起来，心里还极难过。

但到了晚上，则又是另一番情绪了：

7点前到Prof·Waldschmidt家去，他请我过节（作者注：指圣诞节）。飘着雪花，但不冷。走在路上，心里只是想到昨天考试的结果，我一定要问他一问。一进门，他就向我恭喜，说我的论文是Sehrgut（优），印度学Sehrgut，斯拉夫语言也是Sehrgut。这实在出我意料，心里对Prof·Braun生发了无穷的感激。

他的儿子先拉提琴，随后吃饭。吃完把圣诞树上的蜡烛都点上，喝酒，吃点心，胡乱谈一气。10点半回家，心里仍然想着考试的事情。

后来，到了1941年2月19日，勒德尔教授病愈出院，补英文口试，瓦尔德施米特教授也参加了，季羡林又得了一个Sehrgut（优）。这样，连论文加口试，总共得了四个Sehrgut，四个优秀。季羡林圆了自己的梦：没有给中国人丢脸，并以此可以告慰日思夜想的祖国了，也可以告慰母亲的在天之灵了。

季羡林的博士论文，在当时的哥廷根大学颇引起了一番轰动，轰动主要来自克劳泽教授。他是一位蜚声世界的比较语言学家，是一位非凡的人物。因为他自幼双目失明，但有惊人的记忆力，过目不忘，几乎像照相机那样准确无误。他还掌握了几十种古今的语言，北欧的几种语言，他都能说。上课前，只需别人给他念一遍讲稿，他就能几乎一字不差地讲上两个小时。他对季羡林的博士论文中关于语尾——matha的一段附录，给予了极高的评价，因为据说在古希腊文中有类似的语尾，而这种偶合对研究印欧语系比较语言学有突破性的意义。在1941年1月14日的日记里，季羡林这样记的：

哈特曼去了。他先祝贺我的考试，又说Prof·krause对我的论文赞不绝口，关于动词语尾——matha简直可以说是一个重要的发现。他立刻抄了出来，说不定从这里还可以得到有趣的发明。这些话伯恩克小姐已经告诉过我。我虽然也觉得自己的论文并不坏，但并不以为有什么不得了。这样一来，自己也有点飘飘然起来了。

1981年重返德国，季羡林（中）在哥廷根大学

可以说，这是季羡林在留德十年中最辉煌的一段日子，也是他最重要的收获。而现在，多年的夙愿和梦想终于实现了，自然而然，季羡林便想到了自己的家园。是的，“山川信美非吾土，漂泊天涯胡不归。”而比较巧合的是，1942 年德国政府又承认了南京汉奸汪伪政府，国民党政府的公使馆被迫撤离，撤到了瑞士，这使回国有了一线希望。季羡林经过仔细考虑，决定离开德国，先到瑞士去，再从那里想办法回国。

决心已下，季羡林便开始向周围的师友告别。自然大家都是依依不舍，尤其是季羡林的女房东。季羡林已经是她身边唯一的亲人，她几乎是拿季羡林当儿子来看待的。她的丈夫去世的那一个深夜，也的确是季羡林像儿子一样跑到大街上去叩门找医生，回家后又伴她守护的。季羡林一向她提出要回国，五间大房子里就剩了她一个人，的确是够凄凉的。所以，一听到季羡林要走的消息，她简直是放声痛哭起来，季羡林也不由得热泪盈眶，毕竟，他们已经相处了七年。

但是，到了柏林才知道，事情并不是那么简单。首先是到瑞士就不那么容易，而到了瑞士也未必能够回到中国。这样，季羡林在柏林只待了几天，只得又回到了哥廷根，那是 1942 年 10 月 30 日。

回到哥廷根，自然最高兴的是女房东。她就像凭空捡了一只金凤凰，喜出望外。季羡林觉得既然回国无望，只有随遇而安了。

于是，他又恢复了七年来的刻板单调的生活。每天在家里吃过早点，就到高斯－韦伯楼梵文研究所去，在那里一直工作到中午。中午照例在外面馆子里吃，吃完仍然回到研究所。但现在，季羡林已不再是学生，除了有时到汉学研究所去给德国学生上课外，主要精力都用在自己读书和写作上。他继续钻研着佛教混合梵语，顺着博士论文所开辟的学术道路不断深入探讨，这期间他发表的许多学术论文，几乎每一篇都有新的见解，这些论点就是在今天还不断被专家所引用，便可见其学术价值了。

日子虽然过得顺利平静，但作为留学生仍然有自己的苦恼。德国法西斯政府承认了汪伪政府，可留学生的护照到期后，又到哪里去请求延长呢？而手上的这个护照又算是哪一个国家签发的呢？他们几个留学生在一起商议了一下，决定还是到警察局去宣布自己为无国籍者，这在国际法上是允许的。所谓的“无国籍者”，就是对任何国家都没有任何义务，但同时也不受任何国家的保护，这是有风险的。即使这样，留学生们也认为值得。从此，他们就变成了像天空中的飞鸟一样的人，看上去非常自由自在，但任何人都可以猎捕它。

这个时候的季羡林，的确像是一只羽翼刚刚丰满的小鸟，刚想自由自在地飞翔，才发现天空没有多少是属于自己的。他只有安静地在暂时的家园里仔细梳理着自己的羽毛，准备有朝一日，可以飞翔蓝天。

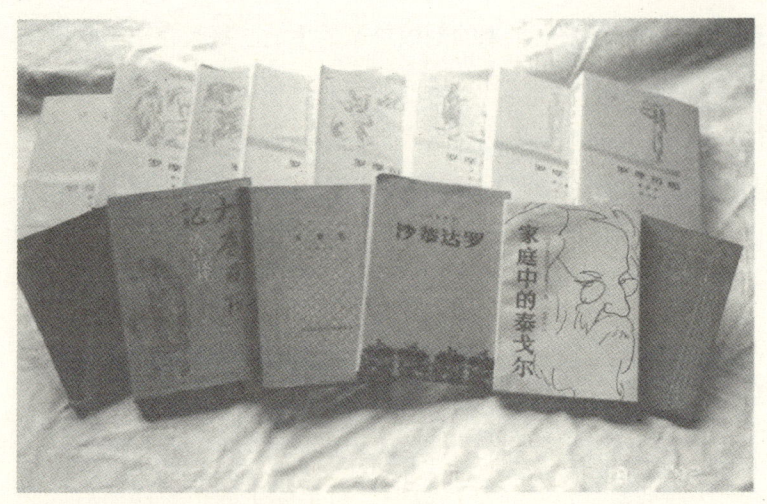

季羡林部分译作书影

但飞翔蓝天以前的日子却是凄清与孤独的。

4. 黎明前的至暗时刻

所有的宁静突然被打破了。

战争爆发的最初两年，英美苏的飞机也曾飞临柏林的上空，但大都是在高楼的上几层轰炸。随着战争的逐步升级，盟军的轰炸能力越来越强，飞来的次数也越来越多，不但白天来，夜里也能来。炸弹由楼顶可以穿透到地下室，然后再爆炸，其威力无比。

哥廷根是一个小城，最初盟国的飞机并没有光临，但是后来大城市炸遍了，便轮到了小城市。哥廷根总共被炸过两次，都是极小规模的，没有像柏林遇到的那种“铺地毯”一样的轰炸。正因为此，全城也没有一个像样的防空洞。一有警报，老百姓就往地下室里钻。全城立刻陷入了一片黑暗中，还不时有“灭灯”的呼声喊起，让人在战争的岁月里得到了一丁点的黑色诗意。季羡林对此一向是比较大意的。他处惊不乱，有时还把在防空的警戒下处于黑暗的状态作为一种体验来享受。直到有一次，英国的飞机来了，他仍旧像往常一样无动于衷，拥被高卧，但马上炸弹就在不远处爆炸了，楼顶的窗子已被震碎。季羡林这才连忙从床上跳下来，钻入了地下室。第二天早晨进城，却得知这是英国飞机投下了一颗气爆弹。这种炸弹的目的不是伤人，而是震碎全城的玻璃，以显示一下他们的威风罢了。

就是这一次爆炸，使季羡林发现了一个令人吃惊的事情。也就是放气爆弹的第二天，季羡林正在街上走着，走到兵营操场附近，从远处他发现了一个老头，正弯腰屈背，仔细地看着什么。季羡林走到跟前，才认出来，原来是大名鼎鼎的德国飞机之父、蜚声世界的流体力学权威普兰特尔教授。季羡林赶忙向先生问好：“早安，教授先生。”教授抬起头看了看，也回答了一句：“早安。”接着，他告诉季羡林，他正在看操场周围的一段短墙，看炸弹爆炸引起的气流是怎样摧毁这一段墙的。他嘴里还自言自语：

“这真是难得的机会！我的流体力学实验室里是无论如何也装配不起来的。”季羡林听了，陡然一惊，不由得肃然起敬。面对这样一位在死神面前仍旧忠于科学的老教授，季羡林觉得没有任何话可说。是的，德国教授认真的治学态度深深地影响了他。

这样的例子他还听说过，如在德国慕尼黑城，有一天夜里，盟军的大批飞机飞临了城市的上空，施行“铺地毯”式的轰炸。正在轰炸高峰时，全城是一片火海，人们都纷纷跑到地下室或防空洞躲避，但独有一个老头却反其道而行，他从楼下往楼顶跑，跑得同逃难的人一般健步如飞，急急切切。他是一位地球物理学教授。他认为，这是极其难得的做实验的机会，在实验室无论如何也不会有这样的现场。全城震声冲天，地动山摇。头上的飞机还在盘旋，随时都有可能掉下一枚炸弹，但他全然没有感觉，所有的注意力都集中在他的物理实验上。也只有把生命都投入到科学里的人，才能这样忘掉危险，忘掉死亡。

轰炸实在太多的时候，大家就干脆到山上去躲避空袭。到山上去的不仅有教授和留学生，还有不知从哪里来的小乌龟——这是一对留学生从柏林带到哥廷根的。季羡林带上山的是自己的学术论文，在山上听着飞机的轰炸声，手里拿着学术文章，身边还有一只小乌龟在一边瞪着它的小眼睛看着他，真不知这是一幅什么图画。这也只能是战争年代才能出现的特殊而又奇特的画面。

同轰炸并驾齐驱的感受是饥饿。

在大轰炸的日子里，随之而来的问题就是饥饿，而且是严重的饥饿。一开始德国的饮食似乎还不成问题，但从1939年开始，德国人，当然也包括在德国的人，就要被迫勒紧裤腰带了。最困难的是吃一种主食面包。给的量少，是不用说的了，最可怕的是不清楚它的成分。不知道面包商在面包里掺了什么东西，有的说是鱼粉，那样也好，至少还可以保证一下营养。但那东西掺在面包里，第二天就有味了，有一股腥臭味，而且此种面包在肠子里还能制造大量的气体，每人一天不知要放多少个响屁。在德国，放屁有响是极不礼貌的，但是如果人人都是这样不得不放响屁的话，也就谈不上谁被谁笑话了。季羡林在饥饿的日子里，也有幸有过英雄事迹，这就是吃饭创下的纪录。

有一天，季羡林同一位德国女同事骑自行车下乡，帮助农民摘苹果。在当时，城里的人如果与农村有点什么关系，那真是很让大家羡慕的。这位女士与一户农民取得了联系，他们便应邀下乡去摘苹果。他们摘了半天，在工作将要结束的时候，农民送了季羡林一篮子苹果，另外还有五六斤土豆。季羡林自然是大喜过望，这也是他们下乡摘苹果的主要目的。他带着全部的收获，“一路青山绿水看不尽，轻车已过数重山”。回到家，把土豆都煮上，熟了后，蘸着白糖，一鼓作气，将那五六斤土豆都吃了，可居然还没有饱的意思。

唯一有一点乐趣的，是在哥廷根的山上散步的时候。每次大家跑到山上逃避轰炸时，季羡林也来到山上继续他的学业。虽然当时已经很饿，但山上却充满了安全感。不管城里的飞机如何叫嚣，但山中依旧是郁郁葱葱，就像世外桃源一样。有时，季羡林也一个人到山上去散步。尤其是到了秋天，山上的景色更是令人陶醉，能让人暂时忘记了身边的危险和体内饥肠辘辘的滋味。季羡林还在一篇文章里描写过这美丽的景色：

> 哥廷根的秋天是美的，美到神秘的境地，令人说不出，也根本想不到去说。有谁见过未来派的画没有？这小城东面的一片山林在秋天就是一幅未来派的画。你抬眼就看到一片耀眼的绚烂。只说黄色，就说不清有多少等级，从淡黄一直到接近棕色的深黄，参差地抹在一片秋林的梢上，里面杂了冬青树的浓绿，这里那里还点缀上一星星鲜红，给这惨淡的秋色涂上一片凄艳。

仅就上面的一段文字，就足以把哥城山上的美景描绘尽了。

由于战争，哥廷根大学的情况也让人触目惊心。大战爆发以后，男性公民几乎都要被征兵，连教授都要上战场，就更不用说学生了。于是，在哥廷根大学的校园里，满眼所见都是清一色的女学生，除了老得不能走的教授和国外的留学生，哥大几乎都变成一座女子大学了。等到战争越过了最高峰逐渐走向结束的时候，从东部俄国前线上送回来大量的德国伤兵，有一部分便来到了哥廷根。因此，哥廷根的街道上又添了一个新的景观，就是除了满街的女性，就是断胳膊少腿的伤病员了。

季羡林

看到满眼的战乱景象，季羡林的心里真是百感交集。战争，不管发生在哪里，都有一样的摧毁性，尤其是对老百姓，摧残更大。而在中国，几十年来外侮内战，一直就不能过一个和平的岁月，这一次的抗日战争，又不知道国内是什么样子，更不知道家里的情况。因为战争，季羡林早已与家人失去了联系，偶尔从德国方面听到一丝半点的消息，也不能相信，因为德国和日本是盟国，说的都是谎言。他觉得，这真好像杜甫诗中说的那样，“家书抵万金”。不过到了他这里，应该是“烽火连八载，家书抵亿金”，这才符合他的实际情况。每日每夜，不知道有多少事情揪住季羡林的心，每一声炮响，每一次震荡，都会将他的思绪引向远方，祖国是什么样子了？家里又怎么样了？叔叔年事已高，家里的经济来源从何而来？妻子德华，年纪轻轻就带上两个孩子，如果也有空袭，她们怎么跑得及？真不知道他们的日子是怎么过下来的。惦记家里的同时，一切过去的记忆都在夜晚缕缕入梦，慈母妻儿的依稀身影，憨态可掬的小狗"憨子"的欢叫，还有院子里那两棵海棠花，都在梦中唤起季羡林的思乡之情。这一个"思"字，真是此生怎生了得！

但是，在战争的日子里，也最容易使善良的人们更紧密地走在一起。季羡林的几位老师，不仅在学业上传授给了他受益不尽的知识，也在生活中给了他亲友所不能给的关心和照顾。

在德国老师中，与季羡林关系最密切的是他的"博士父亲"瓦尔德施米特教授。一般来说，德国教授都很有架子，因为他们的社会地位很高。但季羡林跟他学习了十几年，却从来没有见过他发脾气。他的教学很有耐心，梵文语法抠得很细，以至于后来季羡林当教授教学生时，也是用的这个方法。他用的是将学生推到水里自己学游泳的教学方法。有一段时间，季羡林在课余时间，帮助他翻译汉文佛典，常常到他家去，同他们家人一起吃晚饭，然后晚上再接着干。餐桌上一家人很少有人说话，偶尔教授说上一句，也是严肃有余，活泼不足。后来，教授应征入伍了，他们的儿子也阵亡了。在教授夫人一人在家的时候，季羡林就一周去陪教授夫人看一次演出，尽一个做学生的职责。

第二位值得一提的老师是西克教授。季羡林初见他时，他早已过了古稀之年，但他对季羡林的爱护、感情和期望却是最大的。季羡林有两篇日记可以很生动地表现出他与西克教授的感情：

今天买了一张Prof·Sieg的相片，放在桌上，对着自己。这位老先生，我真不知道应该怎样感激他。他简直有父亲或者祖父一般的慈祥。我一看到他的照片，心里就生出无穷的勇气，觉得自己对梵文应该拼命研究下去，不然简直对不住他。（1940年10月13日）

5点半出来，到Prof·Sieg家里去。他要替我交涉增薪，院长已答应，这真是意外的事。我真不知道应该怎样感谢这位老人家，他对我的好真是无微不至，我永远不会忘记他。（1941年2月1日）

原来是教授发现季羡林的生活太清苦了，便亲自找到文学院长，要求给季羡林增加薪水。而实际上，季羡林是把钱都用来买书了。

在季羡林设法要回国的时候，教授听说了这件事，情绪很激动。季羡林的日记里是这样写的：

11点半，Prof·Sieg去上课。下了课后，我同他谈到我要离开德国，他立刻兴奋起来，脸也红了，说话也有点震颤了。他说，他预备将来替我找一个固定的位置，好让我继续在德国住下去，万没想到我居然想走。他劝我无论如何不要走，他要替我设法同 Peitop（大学校长）说，让我得到津贴，好出去休养一下。他简直要流泪的样子。我本来心里还有点迟疑，现在又动摇起来了。一离开德国，谁知道哪一年才能回来，能不能回来？这位像自己父亲一般替自己操心的老人，十有八九是不能再见了。我本来容易动感情。现在更控制不住自己，很想哭一场。

留德期间季羡林（右）与乔冠华在一起

还有其他几位老师，像斯拉夫语言学教授布劳恩，教俄文的教授冯·格林，阿拉伯语教授冯·素顿，等等。这些教授都对季羡林有一种格外的关注。因为在当时的留学生中，像季羡林这样用功而又品行端正的学生真是太少了，又加上季羡林的性情谦让有加，彬彬有礼，这对作风严谨的德国教授来说，真是难得的一位好学生。

非常意外的收获是，在这一时期，季羡林还学习了吐火罗文。在这以前，季羡林是从来也没有想过要学习吐火罗文的。虽然吐火罗文的大师西克教授就在眼前，但他却没有这个念头。因为他的课程已经够多了，他不敢再给自己找压力，也只想把所选的课程能够学好。但是，当西克教授来替已从军的瓦尔德施米特教授来教书以后，他提出了要教季羡林学习吐火罗文。他并不征求季羡林的意见，也不留给他任何考虑的余地。一提出意见就安排时间，马上就要上课，甚至有一种分秒必争的劲头。在这种情况下，季羡林感激还来不及，于是就在炮火连天的伴奏下学起了世上最难学的一种文字——吐火罗文。

西克正在给季羡林开课的时候，比利时的一位专家也来到了哥廷根，想跟从西克教授学吐火罗文。于是一个学习吐火罗文的特别学习班成立了。虽然这个班只有两名学生，但西克教授并不含糊，每周都有几天，以他那耄耋之年，从城东的家中穿过全城，走到高斯－韦伯楼来上课，精神抖擞，腰板挺直，一不拿手杖，二不戴眼镜，就像一个奇迹一般每天出现在两位学生面前。他不需要任何人陪他，也没有人陪他，因为他并无子女。

吐火罗文残卷只有中国新疆才有。世界上几乎没有人懂这种语言，西克和西克灵是在比较语言学家W·舒尔策帮助下读通了的。他们三人合著的吐火罗语语法，闻名全球学术界，是这门新学问的经典著作。然而这一部长达518页的皇皇巨著，却是非常难读的。它就像一片原始森林，没有引路人你是绝对走不出来的。西克教授，无疑是最佳的引路人。他教吐火罗文，用的是德国传统的教学方法，就是不教语法，而是直接读原文。起步的艰难可想而知，而最艰难的是原文残卷残缺不全，没有一页是完整的，甚至连完整的一行也没有，既缺字又缺音节，不补足就抠不出意思来。于是，读原文的同时，还要试探着将意思补出来。补的过程也就是学的过程，没有相当的毅力和耐心，和对学吐火罗文的热情，任何人是学不下来的。好像是因为学这一语言付出太多的缘故，季羡林对此学习的兴趣越来越浓。每周的两次上课，对季羡林来说仿佛成了一种精神享受，不但不以为苦，有时候还有望眼欲穿的感觉。

每次下课，季羡林都要送西克教授回家。因为到下课时，常常已是黄昏了，战争年代实行灯火管制，大街上已是黑暗一片。十里长街有很深的积雪，季羡林扶着他的80多岁的老先生踏着积雪回家，这种场面一直留在他的记忆中，因为这里面有语言所表达不出的一种人间最珍贵的东西。而西克教授也是以季羡林作为自己的得意门生为荣的。有一次，季羡林在休息的日子照旧到山上去散步，恰好碰上一帮教授也到山上散步。其中也有西克教授，季羡林连忙向几位教授致敬，西克先生立刻把他叫到跟前，向其他几位介绍说："他刚通过博士论文答辩，是最优等。"言下还颇有点得意之色。

季羡林将先生的恩情埋在心里，暗暗下决心，一定要学出成绩来，以不枉先生栽培一场。有一次，他想给老师增加一点营养，给老人一点欢悦，但要做到这一点就必须从自己少得可怜的食品分配中挤出来。他大概有两个月没有吃奶油，想尽一切办法弄到了面粉和贵似金蛋的鸡蛋，还有一斤白糖。他到了一个最有名的糕点店里去，请他们烤一个蛋糕。这当然是一件很贵重的礼物了，他像捧着宝贝一样把蛋糕捧到教授家里，西克教授完全惊呆了，他的双手都有一些颤抖，连忙叫来了老伴，共同接了过去，连“谢谢”二字都说不出来了。看到老师的快乐，季羡林忍住肚子里“咕噜”乱叫的饥饿，心里的感觉比吃了蛋糕还要舒服。

在美国兵进入哥廷根以后，炮火一停，季羡林就赶紧去看望西克教授。教授的夫人告诉季羡林，炮弹爆炸时，西克教授正在伏案读有关吐火罗文的书籍，窗子上的玻璃全都被震碎了，玻璃片落满了桌子，他却奇迹般地竟然没有受伤，想起来真让人后怕。

1945 年春末，战局有了极大的转机。德国方面已谈不上什么攻势，只有招架之势了。而德国人民，都在冥冥中等待着什么，果然，他们等待的事情到来了。在季羡林三天的日记里，便可一一反映出这一巨大的战事变化。

> 昨晚，到了那 Keller（种鲜菌的山洞）里，坐下。他们（指到这里来避难的德国人）都睡了。我无论如何也睡不着，里

面又冷，坐着又无依靠。好久以后，来了解除空袭警报。但他们都不走，所以我也只好陪着，腿冻得像冰，思绪万端，啼笑皆非……这样一直等到4点多，我们3个人才回到家里。一头躺倒，醒来已经9点多了。刚在吃早点，听到外面飞机声，而且是大的轰炸机……我们又慌作一团，提了东西就飞跑出去。飞机声震得满山颤动……警报解除，又回来，吃过晚饭，10点来了前警报。自己不想出去；但天空里隔一会一架飞机飞过，隔一会又一架，一直延续了3个钟头。自己的神经仿佛要爆炸似的。这简直是万剐凌迟的罪。快到两点警报才解除。（1945年4月6日）

早晨起来，吃过早点，进城去，想买一个面包。走了几家面包店，都没有。后来终于在一家买到了。出来到伤病医院去看Storck，谈了会就回家来。天空里盘旋着英美的侦察机。吃过午饭，又来了警报，就出去向那培植蘑菇的山洞里跑。幸而并不严重……我在太阳地里坐了一会，只是不敢回家，一直等到5点多，觉得不会再有什么事情了，才慢慢回家来。刚坐下不久，就听到飞机声，赶快向楼下跑，外面已响起了炸弹，然后听到警笛。走到街上，抬头看见天空里成排的飞机。丢过一次炸弹，我就趁空向前跑一段。到了一个Keller，去避了一次，又往上跑，终于跑到了那培植蘑菇的山洞。仍然是一批批炸弹往城里丢。我们所怕的大攻击终于来了。好久以后，外面静下来。我们出来，看到西城车站一带大火，浓烟直升入天空。装弹药的车被击中，汽油也被击中。大火里子弹响成一片，真可以说是伟观。8点前回到家来。吃过晚饭，在黑暗里坐了半天，心里极度不安，像热锅上的蚂蚁，终于还是带了东西，上山到那蘑菇洞去。（1945年4月7日）

Keller里非常冷，围了毯子，坐在那里，只是睡不着。我心里很奇怪，为什么有很多人在里面，而且接二连三地往里挤。后来听说，党部已经布告，妇孺都要离开哥廷根。我心里一惊，当然更不会再睡着了。好歹盼到天明，仓促回家吃点东西，往Keller里搬了一批书，又回去。远处炮声响得厉害。Keller里已经乱成一团。有的说，德国军队要守哥城；有

季羡林（右）在德国

的说，哥城预备投降。募地城里响了5分钟长的警笛，表示敌人已经快进城来。我心里又一惊，自己的命运同哥城的命运，就要在短期内决定了。炮声也觉得挨近了。Keller前面仓皇跑着德国打散的军队。隔了好久，外面忽然静下来。有的人出去看，已经看到美国坦克车。里面更乱了，谁都不敢出来，怕美国兵开枪。结果我同一位德国太太出来，找到一个美国兵，告诉他这情形。回去通知大家，才陆续出来。我心里很高兴，自己不能制止自己了，跑到一个坦克车前面，同美国兵聊起来。我忘记了这还是战争状态，炮口对着我。回到家已经3点了。忽然想到士心夫妇，以为他们给炸弹炸坏了，因为他们那一带炸得很厉害，又始终没有得到他们的消息。所以饭也吃不下去。不久以纲带了太太小孩子来。他们的房子被美国兵占据了。同他们谈了谈，心里乱成一团，又快乐，又兴奋，说不出应该怎样好。吃过晚饭，同以纲谈到夜深才睡。

哥廷根就这样解放了。（1945年4月8日）

这是季羡林在关键的几天里写的日记，从这几天那一小小的种蘑菇的山洞里的情景，就可以想见整个德国那时的状态，轰轰烈烈的战争，结束的时候，竟是那样仓促和不堪。这是一个极大的转折。也就是从此以后，哥廷根，不，应该说是整个德国，便在历史上揭开了新的一页。法西斯彻底完蛋了。他们当时的那种不可一世的嚣张气焰而今何在？季羡林的心里被兴奋所占据。战争结束了，尤其是非正义的战争结束了，这就表明祖国是有希望的，他也会有希望回到祖国了。

奇怪的是，德国的老百姓对此的反应却是平平淡淡的，他们甚至很少谈论这个问题，也好像当头挨了一棒，似乎清楚，又似乎糊涂。天地之间的转变实在是太大了，一个本来很有天才的民族，一个号称可以统领世界的民族，就这样糊里糊涂地在一夜之间沦为了战败国，成了任人宰割也人人皆恨的民族，想一想，你不能不承认，历史是公正的。

值得庆幸的是，美国兵进城以后，并没有像历史上的战胜国所做的那样“屠城”，从表面上来看，还似乎挺文明。大街上也从来没有出现过“山姆大叔”污辱德国人的事情。战胜国与战败国之间的关系也挺融洽，甚至有些德国女孩子还围着美国大兵转，还有一些祥和之气。

当然，美国兵也不是那么傻，他们到那里还是有一本账的，哥城的各类纳粹头子的名单他们都掌握着。他们按图索骥，就曾索到了季羡林住房对门的施米特先生家里。他的女儿是纳粹组织的一个头子，当时施米特不在家，施米特太太吓得浑身发抖，便过来叫季羡林去。季羡林只好过去，美国人很吃惊，问季羡林是做什么的，季羡林介绍自己是盟国来做翻译的。美国兵没有再说话，季羡林就当起了翻译。美国兵没有问多少话，态度中正平和，一点也没有凶狠的样子。反正那家的女儿已经躲了起来，当母亲的只说不知道，讯问也就结束了，从此美国大兵没有再来。

在美国兵进驻的时候，为了搞一些吃的，季羡林还冒过生命危险，被他自己称为“优胜记略”。有一天，不知从哪里传来了一个消息，说车站附近有一个美军进城时幸免于轰炸的德军罐头食品存贮仓库，里面堆满了牛肉和白糖罐头。现在被打开了，法国俘虏兵在里面忙活着，不知要干什么。为了满足好奇心，也是被罐头这两字吸引，季羡林就和同学张维赶到那里，想看个究竟。从老远就看到仓库的大门外挤满了德国人，男女老少都有。大门开着，有法国兵把守，没有哪个德国人敢向前走一步。

季羡林他们看前面没有空子可钻，便绕到了后门。后门一个人也没有，冷冷清清的，围墙又低，他们便一翻身，跳到了院子里面。院子里面库房林立，大都是平房，看起来都是作临时用的。院子里到处都撒满了米和白糖。他们在院子里遇到了一个法国人，他领着季羡林两位到了楼上，楼梯上也是白花花的一片，不知是米还是糖。据说，美国兵进城时，俄国和波兰的俘虏兵在这里抢掠过一次，所以美国当局便派法国兵来整顿秩序，制止俄国大兵的掠夺。法国兵把他们领到一间放牛肉罐头的屋子里，里面有的罐头堆得像山一样。他们大喜过望，正准备往带来的皮包里面装的时候，忽然来了一个身着破烂服装的法国兵。他问季羡林是干什么的，季羡林连忙拿出随身携带的护照，他看了一下护照，找到有法文的那一页，却忽然发现没有季羡林的签名，就好像捞到稻草一般，瞪大了眼睛质问季羡林。季羡林便翻到有英文签名的那一页，指给他看，这位法国兵也就没有什么话可说了。于是他表示季羡林他们可以随便拿，能拿多少就拿多少。他们二位如释重负，赶紧往皮包里装，皮包塞满了怀里又抱满，跳出栅栏，走回家去。回家的路上，天热，路远，拿的罐头又多，搞得浑身大汗。但当把这些战利品分到师友及房东的手里时，看到他们的快乐，季羡林也就感到太值得了。不过事后想起来就有一些后怕，在这兵荒马乱之时，真保不准什么情况下，法国兵对贸然闯进军需仓库拿罐头的人会开一枪。

在哥廷根，季羡林还替华侨打过官司。这都是一些居住在哥廷根以外的“青田商人”，他们都来自中国浙江的青田，多半都是偷渡过来的。在德国做一些小生意，其生活状态同吉卜赛人差不多。有一天，季羡林突然接到附近一座较大的城市卡塞尔地方法院的一个通知，命令他在某月某日到法院里出庭当翻译。如果不去，罚款 100 马克；如果去，便奖励翻译费 50 马克。季羡林知道德国人是很认真守法的，只好遵命前往。到了法庭才知道，是告青田商人。事不大，这些商人沿街叫卖，违反了德国的规定，他们又在货物上做了些手脚，被一些爱管闲事的太太们向法院告了状。但那个被告却矢口否认，说在德国人的眼里，中国人长得都一种模样，你有什么证据说明是他干的呢？几位法官听了大眼瞪小眼，无词以对，只好宣布退庭。一位警察对季羡林说："你们这些老乡真让我们伤脑筋，我们拿他们没有办法。我们是睁一只眼闭一只眼，没有人来告，我们就听之任之了，反正没有什么了不起的事。"季羡林听了便与他开玩笑，劝他把两只眼都闭上。他听了大笑，与季羡林握手道别。于是，这一群青田人拥着季羡林回到了他们的住处。这是一间大房子，这些做生意的青田人就都挤在一起，一般的留学生和使馆人员是从不到此来的。现在，他们中来了一位中国留学生，还是大学讲师，他们简直就像是捧来了金凤凰，并给季羡林搞了一顿丰盛的饭菜。他们都不提法庭上的事情，季羡林偶然提到，他们却说这是家常便饭，小事一桩。同他们德国人还能说实话吗？

打完了这场官司，这些青田商人成了季羡林的好朋友。季羡林回到哥廷根以后，还经常接到他们寄来的东西。寄过领带，还送过豆腐，倒是非常讲义气。

现在，战争是真的结束了，尽管在德国，在哥廷根，季羡林都已成为其中的一员，也有了自己的朋友，但回国的念头时时都在提醒着季羡林，他乡虽好，却不是久留之地。更何况，家中也经历了一场闻名世界的战争，不知家中如何，还怎么有心思在异邦住下去。更何况他已拿到了博士学位，不说学富五车，也有了一些知识，应该带回去，效力祖国。季羡林与在哥廷根的留学生商议了一下，决定到瑞士去，然后从那里回国。当时这是唯一的一条通向祖国的道路。

经过多方探询，得知到瑞士办签证要到汉诺威。于是，季羡林便与张维搭车赶到了汉诺威。但汉诺威的办事处说，没有瑞士来的邀请，便无法给季羡林他们签入境证。等于是白跑了一趟。

但回国的决心已下，无论是通过什么方式，他们是决意要走了。要告别哥廷根，对季羡林来说也是一种感情上的折磨，因为，从某种意义上来说，哥廷根已经成了他的第二故乡，要知道，他在这里住了整整10年啊。10年来，这里的一草一木，每一条街，每一座建筑，对他而言都有着一种特殊的意义，人间的大起大落，悲欢离合，他都在这小小的城市里有体验过，尤其是那些待他如再生父母的德国教师，更使他依依难舍。但是，难舍也得舍，此时此刻，任什么样的情感，都不能抵挡住一个游子的归家心切。

5. 游子的归心

1945年10月6日，季羡林等6名中国留学生乘吉普车奔赴瑞士。

这是一位英军上尉帮的忙。因为德国的交通全都被破坏了，要到瑞士，就必须自己找车。季羡林他们找到了盟军，由英军上尉安排，派了一辆吉普车，他们一行6人，才得以启程。同行的

季羡林在故乡的纪念馆

还有一位美军少校，他们原本没有机会去瑞士，这一次的陪同，无疑是给他们提供了一个绝好的机会。

当车子驶上著名的国家高速公路时，季羡林不由得回首望着即将离去的哥廷根。刚才忙着礼节上的告别，没有时间去读心中的篇章，此时一种欲说还休的怅然涌上心头，几句小诗不由得从心底流出：

留学德国已十霜，
归心日夜忆旧邦。
无端越境入瑞士，

客树回望成故乡。

毕竟，这一去不知道何时才能回来，而且，很有可能是永久的告别。还没等季羡林的离愁别绪铺张开来，车子却箭一般地驶向前方。前方，是回故乡的归途，归途再遥遥，却是一步比一步近了。于是，季羡林很快就把注意力集中在了眼前的路途上。

从 1945 年 10 月 7 日的日记，可以得知他们的行程：

8 点多开车，顺着国家公路向南开。路上没经过多少城市。连乡村都很少。因这一条汽车路大半取直线。在曼海姆城里走迷了路，绕了半天弯子，才又开出城去。这座大城也只剩了断瓦残垣。从海德堡旁边绕过，只看到远处一片青山。走进法国占领区，第一个令人注意的地方就是汽车渐渐少了。法国兵里面真正的法国人很少，大半是黑种人，也有黄种人。黄昏时候，到了德瑞边境。通过法国检查处，以为一帆风顺。到了瑞士边境，因为入境证成问题，交涉了半天，又回到德国勒纳赫，在一个专为法国军官预备的旅馆里住下。

第二天，他们一行，又来到了瑞士的边境上，又同瑞士使馆以及他们在瑞士的同学通了电话，以一种破釜沉舟的勇气继续做工作。还算幸运，瑞士方面有通知，放季羡林他们入境，但陪他们来的英国司机和美军少校却不能进。季羡林他们觉得很不好意思，只得把他们随身携带的中国小玩意送了他们一点，作为纪念。

到了瑞士，季羡林感到吃惊至极。他从来没有想到，瑞士的美丽是这样的，无法用语言来形容。他坐在火车上，凭窗瞭望像图画一样在窗前一闪而过的瑞士风光，就觉得有一种到了仙山琼阁的不真实感。是的，窗外的瑞士风光，其美妙、其神奇、其变幻莫测，都令人遐思，浮想联翩。“远山如黛，山巅积雪如银，倒映湖中，又氤氲成一团紫气，再衬托上湖畔的浓碧，形成了一种神奇的仙境。”向来喜欢自然风光的季羡林，自然是目不暇接，诗意盎然，完全沉浸在大自然的湖光山色中了。

在哥廷根饿怕了，季羡林身上总是带着几块黑面包，到了瑞士，他才感觉有了保障，便想将黑面包扔出去。没有想到，在火车上寻找了许多时候，都不能完成这小小的行动。因为，瑞士太干净了，干净到没有一块地方能让人扔一点垃圾。于是，最后的结局只能是季羡林拿着那块德国黑面包下了火车。

到了瑞士公使馆报到后，他们见到了政务参赞王家鸿博士，他也曾是留德的学生，于是与这一帮学生谈得也还融洽。他把10月份的救济费发给大家，并谈了一些国内情况。公使馆为了节约钱，将这帮来自德国的留学生介绍到离伯尔尼不远的弗里堡的一所天主教设立的公寓里住。当天晚上，他们就住进了公寓，并在此做了几个月的寓公。

弗里堡是一座很小的城市，人口只有几万人，但它居然拥有一所颇为著名的天主教大学，还有一个藏书很多的图书馆。在这座天主教开办的公寓里，就有一些生活场面带上了宗教的色彩。最突出的就是每吃一顿饭，饭前一定要祷告。即使你不是教徒，也要祷告。所以，每次吃饭前，吃饭的人都站在餐桌前，口中还念念有词，季羡林并不知道他们念的是什么，但也不得不陪站。

即使到了瑞士暂住，季羡林也总是表现出他的书卷气。在弗里堡短短的时间里，他便结识了许多学者，并成为朋友。有一位弗里茨·克思教授，原来是德国一所大学的历史教授。因为思想进步，反对纳粹，在德国待不下去了，便被迫来到瑞士，却又找不到工作。他的夫人在无可奈何的情况下只得给一位脾气极坏的神甫当保姆。教授精力充沛，为人豪爽。季羡林与这位落泊教授一见如故。有时几乎天天见面，共同翻译《论语》和《中庸》。他还有一个庞大的写作计划，要写一部长达几十卷的《世界历史》。季羡林便跟他开玩笑，说他幻想太多，教授只是一笑置之。教授也说季羡林批判太严格，季羡林也是笑笑便过。克思教授夫妇俩都很关心季羡林的生活。季羡林在德国几乎把所有的钱都花在了买书上，没有对自己的衣着过问过。在德国 11 年，他穿的还是出国前在中国买的大衣，又单薄又破烂，被他们俩称为小大衣。教授夫人还为季羡林补过几次大衣，也给季羡林织过毛衣。这一切都使季羡林感恩在心，他在日记里写道：

克思教授劝我无论如何要留下。我同他认识才不久，但我们之间却发生了几乎超过师生以上的感情，对他不免留恋。他也舍不得我走，我只是多情善感，当然有痛苦。不知为什么上天把我造成这样一个人？

应该说，亏了上天将季羡林造成了这样一位儒雅又不失刚健的中国儒生，才使他所遇见的大学者都能对他产生一种信任和期望，将自己的学识无私地传授给他，为中国的现代学术界培养了一位承上启下、承前启后的栋梁之材。季羡林的性格使他多多体验了一些人间情感，也为他自然而然寻到了许多个优秀的老师。

经克思教授的介绍，季羡林还认识了一位瑞士银行家兼学者萨拉赞。他是一位亿万富翁，但很爱学问，尤爱印度学。因此建立了一个有相当规模的印度学图书馆，欢迎学者使用他的图书。他住在巴塞尔，季羡林便辗转几次搭车去巴塞尔拜访他。季羡林同克思教授一起，去看了他收藏的印度图书，然后喝茶、谈话、吃点心，直叫人忘却一场波及世界的大战刚刚在身边结束。季羡林发现，好像欧洲的学者都很单纯，喜欢哪一种学问就是毫不含糊的喜欢，是可以拿出身家性命的喜欢，他们对学问的研究，没有敲门砖等功利的因素杂入，所以才能研究得那么纯粹，那么忘我。

尽管在瑞士比在德国生活上要好些，但他们来此的目的是从

1984 年 10 月，中国外国文学学会第二届年会留影

此地回国。回国在经济上也是大问题。他们几个留学生用了比较强硬的办法，从公使馆里要到了旅途费用。这还要归功于一次要钱的经验。那一次，是使馆里的一位参赞给他们透露了一点消息，说南京政府又汇来了几十万美元，专用作救济留学生之用，怂恿他们去要钱。结果留学生去的时候，那位管钱的公使支支吾吾，含糊其词。留学生们火了，直截了当地告诉他，国内已经汇来了美元，这一点他们完全知道，瞒也瞒不住。这时，这位公使马上就变了脸色，好像都紧张得出了汗。只见他下意识地拉开了抽屉，斜着眼睛往里面看。最后，他不得不答应给留学生们美元。打过这一次交道，他们从中获得了一个宝贵的经验，这就是对付南京派出来的外交官，硬比软更有效果。

1946 年 2 月 2 日，他们从日内瓦过境到法国。起初住的是大仓库，他们又用了瑞士的“硬”经验，换了一个差强人意的旅馆，并被获准乘船回国。2 月 8 日晚，他们乘上从法国开往越南的船。船名叫 NEA HELLAS，排水量 1.7 万吨，是当时很大的船。这艘船是英国所有，被法国租来运送法军到越南去镇压当地老百姓的。船上的所有管理人员都是英国人，而乘客几乎都是法国兵，8 名穿便衣的中国乘客很引人注目。留学生们分住在两个房间里。房间虽不豪华，但比较洁净，也还舒适，看起来，旅途还算顺利。

但上船不久，这种较顺的心情就被破坏了。有一天，这些留学生在最高层的甲板上观望海景。一位英国船员走过来，告诉他们说，只有头等舱的旅客才能走上最高层。留学生们大吃一惊，因为驻马赛的领事亲口答应他们买头等舱船票的。他们一直以为他们坐的就是头等舱，这才知道是被那位狐狸一样狡猾的领事给骗了。他们要的就是一口气，决定就是自己掏钱，也要住到头等舱，但是船长听了却一笑，不要他们交钱，特批这 8 位留学生可以到甲板上去。这是一个小小的胜利，但碰到英国人较真的地方，他们也就没辙了。英国人是讲究礼仪的，到船上的餐厅吃饭，必须穿上燕尾服。他们是一帮穷学生，平时也没有赴宴的机会，上哪里去弄燕尾服。虽然通过交涉，他们可以不穿燕尾服，但也得衣冠楚楚，西装革履。开始天气不热时还可以忍受，等到了红海，天气热得打赤膊还出汗，谁都不愿意去受那个“洋罪”了。于是，他们又同船上交涉，改为在房中用餐，才算躲过了这一磨难。

除此以外，船上的生活还是有声有色的。据留学生们旁观，船上至少有几千名法国兵，而且男女都有。加上法国人是可以把心托在手上交朋友的、开朗热情的人，因此，这些男女法国兵在船上的生活都很快乐。他们及时寻乐，男女之间打打闹闹，搂搂抱抱，没有人感到有什么不妥。只有到晚上的时候，会给人带来小小的不方便。有的时候，一不小心，就会踩着躲在阴暗角落里的一对法国男女。季羡林还在船上交了一位法国军官朋友。不知道他是什么军阶，知道了也没有什么影响，他瘦瘦的脸庞，高高的个子，一副和气的样子。因为能说英语，所以他与季羡林就很谈得来。他们经常在甲板上碰头，然后聊天，交谈，一起散步，谈各种各样的问题，几乎是无话不说。这位法国军官非常蔑视法国军队，说法国军队是官比兵多，大官比小官多。法国兵基本上是比较单纯的，没有很复杂的思想，只想着如何快乐。他们在晚上常常和英国船上的管理人员进行拳击比赛。这样的场面一般都很有意思。到了晚上，轮船最前面的甲板上，就是拳击的战场。这里离船舷只有两米远，而船下面几十米深的水里，是一片寂静，和船上的热闹形成了更加鲜明的对比。船上比拳击的小伙子们，玩得昏天黑地，全然忘却了这是在一个漫长的旅途中。

渐渐地，船驶到了红海上。以前，季羡林并不知道为什么称这海为红海。这一次，无意中找到了答案，有一段船上的日记是这样写的：

今天天气真热，汗流不止。吃过午饭，想休息一会，但热得躺不下，到最高甲板上去看，远处一片红浪，像一条血线。海水本来是黑绿的，只有这一条特别红，浪冲也冲不破。大概这就是红海名字的来源。我们今天也看到了飞鱼。

应该说，在红海里航行，能看到这条红线也是不容易的。有很多人路过红海，却并没有看到红线。这是因为季羡林十分喜欢大自然，经常到甲板上活动，才亲眼看见了这一条难以见到的红线。

船到西贡时，是1946年3月7日，整整走了一个月。登陆西贡，还有相当长的一段路要走，因为西贡并不直接靠海，还要在一条大河里走上几天。大河的两岸都是芦苇，眼前一片青翠，使走了一个月海路的旅人顿时有了一种重回人间的亲切感。登上大陆以后，更是让人有一种脚踏实地的兴奋感。一直晕晕乎乎的头脑，好像一踩着陆地，就顿时清醒起来，有的甚至清醒到又不清醒的地步，比如那位年轻的法国军官。季羡林是一个很重友情的人，虽然仅是轮船上的一些交往，他也把这位军官当作自己的朋友来看待，下船的时候，他本想去同法国军官告别，因为这一别，极大的可能就是永别。他好不容易在拥挤的人群中找到了年轻的军官，是怀着一颗向朋友永别的心去与他握手的，但这军官居然把头扭向另一边，避开与季羡林握手。季羡林开始很愕然，好像被人当头浇了一盆冷水，后来他找到了原因，觉得他也只能这样做了。因为越南是他们法国的殖民地，这位军官很清楚这一点，这是他们的势力范围，他必须摆出殖民主义者的架子，这才算够谱。他那颗一度在船上托在手上的心，便又收回去了。

西贡地处热带，热带的风光自然令季羡林很好奇。来的时候已经是当地的春末夏初了，骄阳似火，椰树如林，满眼都是热带植物的浓绿艳翠，好像有无穷的生命力就要从这浓绿中爆发出来。最令他吃惊的是一种像壁虎的小动物，到处都是，好像处处都是壁虎的家。有时用树枝抽打一下，它居然还变了颜色，不知这是不是就是那种传说中的变色龙。

越南人的服装是和他们的天气相一致的，尤其是妇女的打扮，更显现出了热带的服装特色。她们的服装有点像中国的旗袍，但都是用白绸子做的，唯一不同的是开衩很大，几乎一直到腋下。而很长的裙子底下又要穿一种绸子做的肥脚裤，这样上下都是肥大的，风一吹过来，浑身上下就像波浪一样起伏不停，远远走来，就像是一尊尊黑白分明的大理石女神雕像，唯一不同的是这尊雕像是会走动的。这样，满大街走动着女神的雕像，便给西贡增添了一种唯有东方才有的神韵。这是在欧洲的西方国家没有见到的。

西贡的华人不少，在大街上走动几乎到处可见中国人，商店的主人是中国人，商店的招牌是中国字，连买东西的都是中国人。中国人还在这里办了很多的小型工厂，最多的应该是碾米厂。吃的东西更不用说是以中国的东西为主了，有很大的酒楼，也有摆在集市上的小摊，大多是广东菜。这里还有几所华人中学和小学、华人报纸、华人医院、华人书店，几乎中国有的，在这里都能找到相应的东西。季羡林他们到来不久，就被当地的华人文化人知道了，他们热情地款待这些来自祖国的留学生，认为他们是华人的骄傲。他们请留学生给华人报纸写稿，请他们讲演，还无数次地请留学生们吃饭，非常热情。

后来才知道他们这样热情地招待留学生也有他们的理由。原因是这些华侨在西贡没有官场里的人，一般打官司总吃亏。留学生们到来后，能够经常地接触领事馆，便能跟领事馆的官员们说上话，后来留学生们真的带了几次话，也还管用，于是以后华侨们待留学生就更好了。留学生们对领事馆的态度，也是接受了在马赛的经验，以强硬为主。所以，他们一进旅馆，就又给领事馆一点颜色看。第一次吃饭时，他们看到使用的筷子是竹筷，就很不高兴，马上说："这不行，要马上换上象牙筷子。"这虽然近乎无理取闹，但对那些官僚很有用处，就连一向和气文雅的季羡林也不得不对他们厉害点，这样他们才肯老实。在季羡林的西贡日记里有这样的记载：

> 10点同他们到领事馆去见总领事，一直等到11点他才回去。一见面，态度非常不客气。我心里大火，向他顶了几句，

他反而和气了。这种官僚真没办法！

早晨6点起来，吃过早点，同虎文、士心、萧到领事馆，交涉定在大中华的舱位。老尹又想狡猾。看我们来势不善，终于答应了。

这里毕竟是离祖国很近了，而且也感受到了一些祖国的气息。比如，这里的华侨都十分关心祖国的抗战。他们来西贡的时候抗战已经胜利，但在抗战中出现的许多新生事物，仍然在此地保留着。《义勇军进行曲》是季羡林在西贡第一次听到的。刚刚听到这让人热血沸腾的曲子，很令季羡林兴奋不已。他从歌曲里面就强烈地感受到了中华民族的一种不可摧毁的气节和勇气。他深受鼓励，更是恨不得一步跨到祖国的土地上。

4月19日，他们离开西贡前往香港。这一次坐的船，是一条小船，虽然住的是头等舱，但因为小，起风浪的时候也照常受罪。加上这一次恰巧碰上了特大风暴，整个船都波动起来。小船忽而在天上，忽而又下到了地狱，使船上的人几乎都把苦胆吐了出来。不管怎么受罪，总有到头的时候，他们在千辛万苦之中，总算到了香港，到了祖国的土地上。

在香港，他们住在条件很差的一间客栈里，这是南京政府驻香港特派公署给找的。在这间小客栈里，住的都是社会底层的人员，有的是小贩，有的是失业者。小客栈被他们搞得乌烟瘴气。

而此时的香港，也颇有点土气，地少人多，没有一点文化气氛，走遍香港就没有发现一家书店，而街上的人却是摩肩接踵，熙熙攘攘。尤其是从那些鸽子窝一般的小房里，总是传出来大声地搓麻将的声音。

留学生们在香港又进行了一次同官员的斗争。这是回祖国大陆的最后一站了，但到上海的船票却迟迟不能订下来。于是他们又去跟特派员打交道。他们走进特派员的办公室时，特派员坐在一个巨大的办公桌后面，神情威严，一副凡人不理的官僚模样。留学生一看，心里就全明白了。他们决定要给特派员一点颜色瞧瞧。他不站起来，留学生们也不坐在他指定的座位上，而是一屁股坐在了他的办公桌上。事情马上有了转变，这位官僚马上站起身来，脸上也有了笑容，问题就这样轻易地解决了。

终于踏上回祖国大陆的最后一段路程了。1946 年 5 月 13 日，留学生们经过了近 8 个月的时间，终于上了开往上海的轮船。每一位留学生的心情都很激动，船上的人很多，有几百号人，都是中国人的面孔，虽然每一张脸都充满了疲惫，但对在国外漂流了 10 余年的留学生来说，都是很亲切的。季羡林此时的心情更是无法用语言来表达，祖国大陆就要出现在眼前了，当初告别祖国是为了学一身本领，回来好报效祖国，谁知这本来两年的求学路程，竟在一场战争的破坏下走了 11 年。一时间，这 11 年间的一切都像放电影一样哗哗地从眼前掠过，千头万绪，真是不知从哪里说起。人生能有几个11年？

11年前，季羡林还是一个少不更事、只有一腔热血的青年，一心一意想出国，一是为了救国，一是为了镀金；现在，11年在战火中度过来了，季羡林已是一位经过学术熏陶和战火洗礼的成年人了。尽管这战火是别国的战火，却像看见自家的战火一样使人更难受，因为一切都在猜测当中。季羡林在开往上海的船上，始终都是站在甲板上久久凝望着祖国大陆的方向。越近家门心越怯。他记得在欧洲时，他一遍又一遍地想象着有一天他能回国，当他见到祖国母亲时，他一定要跪下来，吻她，抚摸她，让眼泪流个够。现在，大陆就在眼前了，心里反而有了一种阴影，有了矛盾。在西贡和香港时，他们都听到了一些消息，充满了对南京政府的失望。他们听说，抗战胜利以后，南京政府的一些大员、中员和小员，靠裙带，靠后门，靠贿赂，靠一切不正当的手段，到处“劫收”，“劫收”房子，“劫收”地产，“劫收”美元，“劫收”一切值钱的东西。把个刚刚收复的国家搞得乌烟瘴气，其肮脏程度，就是《官场现形记》里也不能比。本来，在留学生的概念里，所谓的祖国，是由两部分组成的：一是山川大地，一是人。对山川大地，是永远爱的；但对这样的一些贪官污吏所代表的政府，能让人爱戴起来吗？这矛盾一直折磨了他一路。上海，祖国大陆，就在他的这种心情下进入了眼前。

对到上海的心情，季羡林有一则日记这样写道：

上海，这真是中国的地方了。自己去国 11 年，以前自己还想象再见祖国时的心情。现在真正地见了，但觉得异常陌生，一点温热的感觉都没有。难道是自己变了么？还是祖国变了呢？

就这样，季羡林怀着万分复杂的心情踏上了祖国大陆的土地。

十年一觉欧洲梦
赢得万斛别离情

祖国，母亲，你的游子终于回来了。

第五章

燕园春秋

1. 燕园新天地

季羡林到了上海后，生活暂时还没有着落，只得先在朋友家临时落脚。有很长的时间，季羡林是在好友克家的榻榻米上睡觉的，吃饭也是由朋友们轮流请。恰好此时季羡林的老师西谛也就是郑振铎先生在上海办刊物，季羡林便与同窗及好友克家、辛香一起到郑先生家。郑振铎见自己的学生已经学成回国，自然非常高兴，为了给学生庆贺，还让自己的老母亲亲自下厨房去做福建菜。交谈中，当季羡林提到郑先生所办的刊物已经被反动派盯住时，没有想到一向和蔼平和的郑先生怒气冲冲，声震屋瓦。季羡林看到了郑先生的另一面——疾恶如仇。

问到季羡林的打算，季羡林告诉老师，是应北京大学之聘，担任梵文副教授。郑振铎听了很是兴奋，认为季羡林到北大去讲梵文，简直是最理想的职业和最理想的地方。他对梵文学的喜好和重视也溢于言表。他仔细打量眼前这位昔日的学生，转眼间，那位生性有些腼腆的、不爱说话的学生，已经成长为英俊、儒雅的成年学人了。他欣赏的是季羡林的气质：温文尔雅中又透着一股执着。

提到季羡林能到北大去任教，就不能不提到季羡林的恩师陈寅恪先生。陈寅恪先生不仅是季羡林的大学老师，也是季羡林走上佛学治学道路的引路人。当年在清华大学，就是上了陈寅恪先生的“佛经翻译文学”而对佛经翻译及陈先生的治学方法产生了兴趣，并受到很大的影响。后来，季羡林到了德国哥廷根学习梵文，其老师瓦尔德施米特教授，同陈寅恪先生在柏林大学就是同学，同为吕德思教授的学生。这样，季羡林的中德两位老师都是出自一个老师的门下。严师出高徒，季羡林能够一举获得博士学位，而且还是稀有语种的博士，就不难理解了。1945 年，法西斯垮台了，战争也结束了。在季羡林正要准备回国时，他意外听到陈寅恪先生就在英国治眼病。于是，季羡林便给陈先生写了一封长信，向先生汇报了他在德国 10 年来的学习情况，并将自己在哥廷根科学院院刊及其他刊物上发表的一些论文寄给了先生。陈先生接到高足的来信自然很是高兴，尤其是看到季羡林在海外取得了这样大的成绩就更为激动，他马上就给季羡林写了一封长信，信中也介绍了他的近况，并说不久就要回国。就在这封信中，他告诉了季羡林一个意外的好消息，就是他想向北大校长胡适、代校长傅斯年、文学院院长汤用彤几位先生介绍季羡林去做教授。季羡林听了自然是喜出望外，他连忙给陈先生写信，表示了自己的感谢和心愿。

季羡林能到北大教梵文的消息，使郑振铎先生非常兴奋，他还曾在自己主办的杂志上专门开辟了一个“专号”，在“专号”的《题辞》中，他写道：

> 关于梵文学和中国文学的血脉相通之处，新近的研究呈现了空前的辉煌。北京大学成立了东方语言文学系，季羡林先生和金克木先生几位都是对梵文学有深刻研究的……在这个“专号”里，我们邀约了王重民先生、季羡林先生、万斯年先生、戈宝权先生和其他几位先生们写这个“专题”。我们相信，这个工作一定会给国内许多研究工作者以相当的感奋的。

原北大红楼，1946—1947 年季羡林曾在此居住

从这里可以看到郑先生对梵文学研究的重视程度。

再说季羡林在上海的时候，因为当时正值夏天，北京大学还没有开学，又听说陈寅恪先生要回到南京，加之季羡林的小学同学李长之也在南京，于是他便来到了南京。

南京的夏天酷热难耐，季羡林又住不起旅馆，只好借住在李长之工作的国立编译馆的办公室内。他们白天办公，季羡林就出去游荡，然后晚上回来，就睡在办公桌上。到了早晨，要一早就起，起来就要离开。于是，整个夏季，季羡林都在南京的鸡鸣寺、胭脂井、玄武湖上逛。风景虽好，季羡林却不是观景人。每天转悠，满脑子里想的只有一件事情，就是希望能早日安定下来，能有一间房，不，哪怕只有一张书桌就行，别的奢望，就一点也没有了。在南京台城上，看着郁郁葱葱的古柳，季羡林的心头不由得涌出了古人的诗：

江雨霏霏江草齐
六朝如梦鸟空啼
无情最是台城柳
依旧烟笼十里堤

此时此际，季羡林勾画着自己的理想，因而，在他的眼里，古柳还是很有情的，因为，在整个南京期间，陪他时间最多的就是台城的古柳了。

就在这时，陈寅恪先生已从英国回到了南京。季羡林便去看望已经阔别10多年的老师，谈了他在德国留学的情况。陈先生非常高兴，他叮嘱季羡林要去鸡鸣寺下的中央研究院去拜见北大代校长傅斯年先生，并特别嘱咐季羡林带上他用德文写的论文。这表现了陈先生对季羡林的扶持和关心。

同时，季羡林的同学长之告诉他，梁实秋先生全家也从重庆回到南京来了。梁先生也在国立编译馆工作。季羡林虽然并不认识梁实秋，但在读大学时读过梁先生的文章，很欣赏他的才情，因此，为人十分谦逊的季羡林，尽管不善交际，性格腼腆，也去拜访了梁实秋先生。见面以后，季羡林对梁实秋的人品和谈吐非常钦佩，没有什么繁文缛节，于是他们便成了朋友，梁实秋还在南京的一座大饭店里宴请了季羡林。

秋天到了，季羡林的学生生涯从此画上了句号。这一年的深秋，他从南京又回到上海，然后乘船到秦皇岛，再从秦皇岛乘火车回到了阔别12年的北京（当时称为北平）。到达北京时，已是晚上，学校也派了人到车站去接。正是深秋的季节，汽车在十里长街上行驶，凄风苦雨、街灯昏黄，季羡林不由得悲从中来。作为一个在海外游学10余年的学子，身处万里以外的异域，不知多少次在梦中描绘过重回祖国的欢悦情景。从来没有想到，真正回到祖国竟是这般凄苦清冷。

虽然有学术上的导师们提携他，但国家的一派昏乱给满腔热血、想要精诚报国的季羡林当头泼了一盆冷水。季羡林走在长安街上，心头又不由得涌上了两句诗：

西风凋碧树
落叶满长安

季羡林觉得，在他的内心深处，有一个比深秋更深的深秋。这使他因长年苦读，日益瘦削的脸上又增添了一种忧郁之情。

当时的北大，学校是在东城沙滩。到了学校后，他被安置在著名的红楼三层楼上。还在日寇占领时期，这座红楼学府曾被日寇的宪兵队住过，地下室就是他们行凶杀人的地方，传说到了晚上就有冤死的鬼叫之声。季羡林虽然是无神论者，但当时的红楼，整个楼上下五层，零零落落的，只住四五个人，再加上电灯昏暗，楼道的黑影里似乎就有一些令人毛骨悚然的说不出的怪魅，而季羡林一人竟然就安住在那里。那时的季羡林，刚刚回到祖国的怀抱，一心只有一个念头，就是尽快整理出头绪，好认真担负起教学任务。说到红楼的传说，季羡林也不是没有耳闻。有时，季羡林自己走过长长的走廊，只能听到自己的脚步声，令人有一种幻觉百出的恐怖感。其实，季羡林所恐怖的并不是传说中的“鬼”，而是假“鬼”，就是那些决不承认自己是“魔鬼”的国民党特务，以及由他们所雇来的天桥的打手们。因为当时的国民党正处于垂死挣扎的阶段，而号称北平解放区的北大便成了他们的眼中钉、肉中刺。红楼又是北大的屏障，更成了他们进攻的目标。他们白天收买打手到红楼附近来捣乱，晚上伺机寻衅挑事。渐渐红楼的人增多了，大家团结一致，有时晚上还用椅子把楼梯口堵住，防止特务进来骚扰。就在这样紧张的气氛中，季羡林在红楼住了很长的时间。

当然，白天的红楼，还是给季羡林带来一些希望的。因为住下来没几天，季羡林就去拜见了汤用彤先生。按照北大当时的规定，从海外得到博士学位回国的人，只能任副教授，要经过几年的时间，才能转为正教授。因此季羡林也理所当然是副教授了。对此，季羡林没有半点异议，按照他的谦逊的禀性，就连副教授，他也认为是太重用他了。大约过了一周的时间，汤先生突然告诉季羡林，他已被聘为正教授，兼东方语言文学系的系主任。这对季羡林来说，真是意想不到。毕竟这是北大破例的第一遭，季羡林当时就有些自嘲地认为，当副教授时间如此之短，这大概是世界纪录了。高兴当然是高兴，但他更知道这是老一辈学者对后辈年轻学人的鼓励和提携。因为当时能用外语在国外一流刊物上发表学术文章的博士的确微乎其微，也就是因为这一点，季羡林才得到了破格的提升。

后来，陈寅恪先生也到了北京。他仍然住在清华园，季羡林

季羡林在北大校园内的荷塘

听说后，立即去看望恩师。当时从北京城里到城外的清华园，是相当于一次小型旅行的，这倒还在其次，最主要的是沿途路过的地方全是农田，秋天的时候青纱帐起来，还经常有绿林人士在那里打劫，但这是去陈先生那里，对季羡林来说，再危险也是要去看望老师的。于是，在陈寅恪住清华园的 3 年时间里，季羡林是经常要冒着被打劫的危险去看望陈先生的。不仅如此，季羡林知道陈先生年老体弱，又最喜欢当年住在北京的天主教外国神甫亲手酿造的栅栏红葡萄酒，于是他便想尽一切办法到神甫们的静修院的地下室，去给老师买栅栏红葡萄酒。把酒送到了先生的手里，他心里也觉出了几分安慰。正如当年在哥城对待德国教授一样，季羡林不是一个甜言蜜语的学生，但他是把对老师的尊敬牢牢记在心里的有心的学生，他尽了他最大的能力，来给老师做一点事情，以此来表达他对老师的尊敬和爱戴。虽然仅仅是几瓶酒，但在当时也非同小可。不说当时的物价已经涨得要买东西就要拿比东西还要沉的钱券，就是清华园附近的那段农田小路上，也是充满了危险的。也许是季羡林的善心感动了上苍，他去了几次，居然能够安全到达，这也是一种奇迹了。

季羡林与陈寅恪先生的师生情一直是深厚的。有一年春天，中山公园里的藤萝开满了紫色的花朵，累累垂垂、紫气弥漫，招来了很多的游客与蜜蜂。季羡林，还有另几位陈先生的弟子，知道陈先生爱花，虽然现在患着眼疾，但据先生自己说，还能影影绰绰地看见一团影子；再加上时局混乱，到处都是有今天没明天的惊险，便想请先生出来散散心。征询先生的意见，先生慨然应允，于是学生们便将先生带到中山公园的深处，找一个茶桌，与先生共赏紫藤。那是在战乱岁月里一个最有意思的聚会，先生也玩得非常开心。

陈寅恪先生有很多美德在学生中被传颂。新中国成立前夕，是国民政府经济完全崩溃的时候。钱越来越不值钱，去买东西，往往要带几麻袋的钱。就连被称为“教授中的教授”的陈寅恪，也陷入了空前的困难当中，到了冬天，他连买煤取暖的钱也没有。季羡林看在眼里，急在心里，但当时他也没有办法。情急中，他把陈先生的这种情况告诉了当时的校长胡适先生。胡适先生对知识分子的爱护是有口皆碑的，当年他介绍王静庵先生到清华国学研究院去任教，一时传为佳话。陈寅恪先生（在王观堂先生挽词中）有几句诗：

鲁连黄鹞绩溪胡
独为神州惜大儒
学院遂闻传绝业
园林差喜适幽居

这首诗讲的就是胡适慧眼识王国维的事情。现在，要轮到适之先生再一次“独为神州惜大儒”了，而这位大儒，又恰恰是陈寅恪自己。胡适想送寅恪先生一笔数目较大的美元，陈先生却拒不接受。但人是不能冻死的，于是陈先生换了一个变通的办法，决定用卖掉藏书的办法来取得胡适的美元。胡适就派自己的汽车，让季羡林到陈寅恪家里去装了一车关于佛教和中亚古代语言的极为珍贵的西文书。陈先生只收了两千美元，这个数目在当时不是小数目，但与陈先生的书相比，还是微不足道的。在这一批书中，仅一部《圣彼得堡梵德大词典》当时的市价，就远远超过这个数目了。这一批书对陈先生来说，带有一种捐赠的性质。陈先生对金钱不苟取的狷介性格，也给季羡林留下了深刻的印象。

这三年当中，尽管季羡林已是北大当时最年轻的教授之一，他仍旧像读书时一样勤勤恳恳做学问，并不时地去请教陈先生。那时季羡林写了一篇论文《浮屠与佛》，写完之后，就拿去给陈先生，读给他听，想听听他的意见。没想到陈先生听了大为赞赏，他推介此文在《中央研究院史语所集刊》上发表。而这个刊物当时是最具权威性的，在这上面登文章，可谓“一登龙门，身价百增”，足见当时陈寅恪对季羡林的器重。

在北大任教授时，季羡林与胡适的接触也很多，对此他也有很深的印象。胡适是校长，季羡林是系主任，在一起开会和见面的机会很多。当时，印度尼赫鲁政府派来了一位访问教授觉月博士和六七位印度学生。胡适很关心这一批学生，经常要见见他们，还到他们的住处去看望。他把照顾这些学生的任务就交给了季羡林，所以，更使季羡林有机会从旁边观察胡适。季羡林通过观察，觉得胡适是一个极其矛盾的人，他既有政治野心，也有做学问的苦心。他是死死抓住学问不放的。一谈到他有兴趣的学术问题，比如说《水经注》《红楼梦》、神会和尚等，他便眉飞色舞，忘掉了一切，颇有一些书呆子的味道。季羡林认为，以蒋介石的流氓出身，一生就没有脱掉流氓的习气，他对胡适的利用实际上是玩于股掌之上的，但胡适对这一点并不清楚。曾经一度有传言，蒋介石要让胡适当总统。任何一个政治幼稚的知识分子都能看出他的欺骗性，但胡适却好像并不这样认为。当时他在北京的时间并不多，经常乘飞机来往于北京与南京之间，风尘仆仆，极为劳累，但看上去他却乐此不疲。季羡林当时对胡适的印象就是，他是一个异常聪明的糊涂人。

季羡林曾目睹过胡适利用他的一些关系来解救学生，他曾经亲自找过李宗仁，想利用李的势力让进步的学生获得自由。这是他有知识分子良知的一面。但另一方面，他也是心有别想。有一次，是在1948年的秋天，人民解放军已经对北京形成了一个大包围圈，蒋介石的末日就要来临了。那一天，季羡林有事去找胡适，正商量着，有一个人进来了，他告诉胡适说，解放区的广播电台昨天夜里有专门给胡适的一段广播，劝他不要跟着蒋介石集团逃跑，将来让他当北京大学校长和北京图书馆馆长。大家听了都很高兴，想看一看胡适的反应。只见他听了以后，既不激动，也不愉快，而是异常地平静，只微笑着说了一句："他们要我吗？"短短的五个字，就道出了他的心声。他的心里是充满了矛盾的，也是极为复杂的。

2. 故国梦重归

1947年的暑假，季羡林终于回到了阔别12年的故乡济南。其实，季羡林一回到祖国的怀抱，就想回去看看已阔别多年的亲人了。但当时是战争时期，所有的交通都已中断，没有火车通行。季羡林从上海回北京的这一段，还是绕道而行。因为可以乘船到秦皇岛，而秦皇岛通北京的铁路是由美国军队把守，所以只有绕道才能回到北京。一年后北京与济南通了飞机，季羡林才得以回家。

他从北京飞回济南，一进家门，物是人非，说不清的悲喜交加，使得讷于言辞的季羡林更是说不出话来。只见一位长相端正、麻利干练的中年妇女站在已经是衰老难辨的叔父身边。季羡林离家10余年，在战争期间又与家里失去了联系，对家里的情况所知甚少。只是知道，叔父是在他出国留学的那一年刚同婶婶结婚的。看到这位中年妇女与叔父的关系，以及与妻子德华的亲密程度，便知她就是那位麻利的婶婶了。

说到婶婶，经过几天与妻子德华、叔父的细聊，才知这十几年来他们受了不少苦。尤其是婶婶，几乎成了这个没有男劳力的家庭的栋梁。叔父脾气暴躁，且又多病，极难侍奉；德华温良老实，却没有大的主意。一双侄孙年幼无知，还要上学，怎么说，老季家的担子都落到了这位干练的婶婶身上。叔父失业没有经济来源的时候，几乎都是她一人在支撑着家庭。她摆过烟摊；到小市上去卖衣服家具；在日军的刺刀下去领混合面；骑着马到济南南乡里去勘查田地，充当地牙子，赚点钱供家用；靠自己幼时所学的中医知识，给人看病。她甚至可以用“少妻”的身份，对付难以对付的“老夫”。而且最为体现她的远见的是，在这样艰苦的生活环境下，她没有让侄孙女和侄孙子失学，一直把他们抚养成人。

季羡林看在眼里，记在心里。他不便当面向婶婶表示谢意，那也不是他的风格。何况，因为婶婶也是第一次见这个季家最有出息的侄子，双方都有一些生疏。等到假期完后回北京了，季羡林便给婶婶写了一封长信，用诚恳的语词对婶婶表示了感谢，称她为“老季家的功臣”。像季羡林这样名扬全省甚至全国的教授亲自写信给婶婶，自然令婶婶激动万分。于是，她与季羡林的关系就更为融洽了。季家因为婶婶的功德，便索性都称她为“老祖”。

季羡林的妻子德华，是中国最典型的贤妻良母。她虽不识字，

季承姐弟（后）大学时代与母亲（前右）的合影

却识大礼，一辈子勤勤恳恳，含辛茹苦，在上有公婆，下有幼子幼女，而丈夫又多年不在家的情况下，毫无怨言，一心一意照顾着这个家庭，的确是不容易的。这才使得季羡林能够安心在外读书，做学问。季羡林在几十年以后，德华去世后，就曾写过一篇《我的妻子》的散文，将他对妻子的感激之情用最朴实无华的文字表达了出来：

然而，在道德方面，她却是超一流的。上对公婆，她真正尽上了孝道，下对子女，她真正做到了慈母应做的一切；中对丈夫，她绝对忠诚、绝对服从、绝对爱护。她是一个极为难得的孝顺媳妇，贤妻良母。她对待任何人都是忠厚诚恳，从来没有说过半句闲话。她不会撒谎，我敢保证，她一辈子没有说过半句谎话，如果中国将来要修“二十几史”，而其中又有什么“妇女列传”或“闺秀列传”的话，她应该榜上有名。

回到北京后，季羡林的心彻底安定了下来。他要在最艰苦的时候，把时间挤回来，把学问做出来。对季羡林来说，他兴趣最大、用力最勤的是佛教梵文和吐火罗文的研究。由于在战争年代，缺少起码的资料，已无法进行，但季羡林并不气馁，他甚至提出一个口号，叫“有多大碗，吃多少饭”。意思是说，国内有什么资料，他就做什么研究工作。北大当时仅存的一些可供季羡林研究的，就是外国原文书籍。在这些外国文学中，季羡林仍旧最喜欢德国作家的作品。他尤其喜欢德国小说家安娜·西格斯的短篇小说，因为她的小说描写了反法西斯的斗争，这使季羡林回忆起那十几年在德国的战争岁月。就这样，季羡林的学术生涯便在战争的岁月里又开始了。他每天一早就从居住地翠花胡同到北大红楼去，总是在门口买些烤白薯，拿着它当早点上班，身着布衣布鞋，生活十分俭朴。那时，他才只有 38 岁，但正当壮年的季羡林，在做学问上却是心如静水，而唯静水才能流深。

有一次，季羡林的好朋友去看望他，发现他住的院子很大，很寂静阴森。院子里树木茂密，参天遮阳，还有残缺的石碑在各个角落耸立着。最为可怕的是，季羡林住的房子外面还放着一口棺木。朋友脱口问他："季先生，你一个人住在这里，不害怕吗？"季羡林却说："这正是我看书、工作的好地方，不会有人来打扰我。棺木，没有什么可怕的。"

原来，季羡林住的地方，是明朝东厂宦官审讯设私刑的地方，自然也是死人的地方。因此有棺木也就不足为奇了。季羡林安详地在院子里起居、做学问，被身边的朋友称之为"从容出入，望若神仙"。是的，对一般的人来说，一位敢于单独住在那样一个深宅大院中的高级知识分子，一定是参透了天人三界的；一位甘愿在近似古庙荒斋之处生活的人，一定是在寂静中有所追求的，但除了钻研学术，真想不出还能有别的什么了。

1948年的冬天，北京城外的炮火越来越响了。在隆隆炮声中，北大的教授们聚集在一起，庆祝北大50岁生日。他们聚集在沙滩红楼里，济济一堂，对未来的新生活充满了憧憬和向往。听着外面的炮声，有人不无幽默地说，这是助庆的鞭炮。他们中间，没有丝毫的兵临城下的恐慌感，反而有些迫不及待，期待着他们从未见过的解放军早些进城。那一天的报纸做了这样的报道：

> 平郊战火17日晨更趋炽烈，枪炮声又近又密。北大红楼屋顶只多添了一面五颜六色的校旗……全体脱帽中举行蔡先生铜像揭幕礼。白发白髯的老校友周养庵站在最前一列，双目充满热泪。蔡氏铜像也透过眼镜以深沉的目光注视着他的后人。汤用彤院长以轻微的声调说：“北大是戊戌政变的产物，到‘五四’阶段有了新的生机。存在五十周年以来，渡过了多少次难关。今天又是炮声不停，我们纪念北大，有无限感慨。这多灾多难的时候，北大是能继续渡过的，我们将勉力向着未来……”

从这一报道中便可看出当时北大教授的心情，国难当头，民族危机中，北大教授毫无疑问是选择坚守北大，坚守北平的。

1948年12月，胡适校长在庆祝完校庆后，就匆匆忙忙飞回了南京。不久，他便从南京派了一架飞机和一个名单，点名要北大的一些国宝级的教授随飞机回南京，然后再飞台湾。这个名单上有严复礼、陈寅恪、冯友兰、汤用彤等著名教授。陈寅恪是到了南京，但他坚决不去台湾；其他教授都没有走。因为此时，北大的教授们都对国民党失去了信心，没有人相信国民党，只有一个名单上并没有的毛致遂跟着飞机走了。据说当时胡适到南京机场去欢迎他的朋友们的到来，结果只来了两个人。胡适当时便放声大哭，因为要接的人都没有来。在这样一个关键时刻，北大的教授们都表现出了中国知识分子的爱国气节和志气。当时，在北京已经形成了两个解放区：一个是北大民主广场，一个是清华园。在北大的解放区，一些进步知识分子如许德衍、杨汉卿、范鸿等都发表演说，欢迎解放军解放北京，痛斥国民党的罪行。

1949 年的春天，人民解放军进入北京。进城的那一天，季羡林同北大的许多教授们，冒着北京春天的风沙，到学校不远处的东四牌楼去欢迎解放军。

解放军，对季羡林来说是个新名词，因为他以前从来没有见过。他的记忆里只有那些德国兵、美国兵、法国兵的影子在晃，但对解放军的名字，却是格外熟悉。在战争的年代，他不知多少次从报纸的字里行间读到他们胜利的消息。看到解放军雄赳赳气昂昂地开进北京城，他仿佛是碰见了久别重逢的亲人。他与身边的北京市民们一道鼓掌，欢迎解放军进城。当天下午，他到西城去看望一位朋友，走到什刹海桥上，正巧看见一位解放军战士正在那里站岗。只见那位解放军战士背着背包，全副武装，军帽下一双浓眉，两只眼睛炯炯发光。那一身洗得干干净净的黄军装，更衬托出解放军战士的可爱，表现出了一种解放、安全、稳定的象征意义。季羡林此时很像一位刚刚获得了新生的小学生，他很想用手去摸一摸战士的黄军装，他的心中奔涌着一种少有的兴奋。

虽然没有摸军装，但这时的季羡林，心情却是异样地激动。一个新的社会就要开始了，这对每一个中国人来说都是一件大事。就在这时，季羡林接到了一封从中南海寄出来的信。信的开头就说：

北京大学青年语言学会成立大会，左起依次为陈家厚、季羡林、朱德熙、叶蜚声、胡壮麟

你还记得当年在清华时的一个叫胡鼎新的同学吗？那就是我，今天的胡乔木。

季羡林当然记得胡乔木这个名字。最初认识胡乔木是在清华大学，当时季羡林还不到 20 岁，而胡乔木比季羡林还要小一岁。胡乔木是在历史系读书，当时他正在从事反国民党的地下活动，并创办了一个工友子弟夜校，约季羡林去上课。季羡林去上了几次课。有一天夜里，胡乔木在黑暗中坐在季羡林的床头，劝他参加革命活动。季羡林虽然对国民党深恶痛绝，也向往做革命青年，但他当时是一门心思想多念些书，以报答叔父养育之恩，了却接母亲出来享福的念头，加之他生性老实平稳，担心多做一些事情会有什么风险。所以，当时季羡林没有点头。胡乔木叹了一口气，离开了房间。第二天早晨，在洗手间里，季羡林发现他们的脸盆里有革命传单，是手抄油印的，以后也常常出现。他们心里都明白这是谁放的，但没有一个人向校方报告。

现在，胡乔木已是党内的领导了，季羡林自然是油然而生怀旧之情。胡乔木在信中告诉季羡林，现在形势顿变，国家需要大量的研究东方问题、通东方语文的人才。他问季羡林是否同意把南京东方语专、中央大学边政系一部分和边疆学院合并到北大来。季羡林当然同意了，为新中国培养更多的人才自然是件好事情。于是，有一段时间，季羡林主持的东语系，是北大最大的一个系，一时间熙熙攘攘，车马盈门，热闹非凡。

此后不久，胡乔木便到了季羡林住的翠花胡同去看他。他一进门就说：

东语系马坚教授写的几篇文章，毛先生很喜欢，请转告马教授。

这是胡乔木的细心，他知道这些教授们还不习惯说“毛主席”，所以便用了“毛先生”这一词儿。

新中国成立初期，北大给教授定级。对此类事情，季羡林最为淡泊，而他本来在北大的教授中，就是很年轻的。当时的北大，汇集了新中国众多著名的学者、教授，在这些教授当中，更显出了季羡林的年轻。但季羡林依然是布衣布鞋，就像他的先师陈寅恪一样，从外表上丝毫也看不出他是北大的一级教授。

这一时期，季羡林翻译了大量的文学作品，如德国作家安娜·西格斯的短篇小说，印度迦梨陀娑的《沙恭达罗》和《优哩婆湿》，《五卷书》和《佛本生故事》。他开始对中印关系史进行探索和研究，并为写《唐代中印关系史》做好资料上的准备。

新中国刚刚成立，百废待兴，季羡林的社会活动很多。对一些社会活动，季羡林都是有叫必到。不管是这学会，那协会，这理事会，那委员会，几乎是每天都有会。有一次开会时，周扬便笑着对这些大学者们说："国民党的税多，共产党的会多。"经常与季羡林在会上才能见面的冯至就套用了李后主的一首词说："春花秋月何时了？开会知多少！"他们当然没有任何恶意，只是有时碰见的次数太多，而借以自嘲罢了。

对于季羡林来说，他本不是一个活动家，更加之性格内向，不善言谈，对于社交应该是一窍不通，也多亏了这名目繁多的各种会议，使他无形中得以会见各种想见的朋友。比如，他与冯至的友谊，几乎就穿插在新中国成立后的各种会议中间。比如《世界文学》编委会，中国作家协会，全国人民代表大会，国务院学位委员会，《中国大百科全书·外国文学卷》编委会，等等，使季羡林在开会期间能够享受到与朋友们聚谈的乐趣。

季羡林这一时期精神饱满，兴趣广泛。他喜欢古人字画，并开始收藏字画。在他的办公室书架上，放着一卷卷古今名人字画。旧书店又常派人送来古籍善本书，以供季羡林选购，他完全承继了他的导师陈寅恪的风格。而在他的东语系办公室里，却是"谈笑有鸿儒，往来无白丁"，著名文学评论家郑振铎，翻译家曹葆华，记者肖离、金风，甚至还有外国专家，都在他的办公室里坐过。

1951年，新中国准备派出第一个大型的出国代表团——赴印缅文化代表团。季羡林的学友胡乔木问他愿不愿意参加，季羡林当然是喜出望外。他是研究印度古代文化的，却没有到过印度，这本身就是一件遗憾的事情。现在有了如此良机，季羡林自然是很高兴的。

因为是新中国开国后第一个比较大型的出访代表团，团员中就颇有一些声誉卓著、有代表性的学者，文学家和艺术家。丁西林任团长，成员有郑振铎、陈翰笙、钱伟长、吴作人、常书鸿、张骏祥、周小燕、冯友兰等，秘书长是刘白羽。因为是第一个团，周恩来总理十分关心，他亲自过问组团的工作，亲自审查出国展览的图片。整个1951年的夏天，代表团都在做准备工作，尤其是代表团要搜集和拍摄能反映新中国气象的图片，这些图片最后都被汇总在故宫的一个大殿里，满满的一屋子，最后请周总理审批。那一个夏天真是紧张而又兴奋。

国庆节时，代表团先到广州，将讲稿和其他文件都译为英文，做好最后的准备工作。而这个时候，广州也刚刚解放，国民党的飞机有时还来骚扰，特务活动也时有所闻。代表团的成员出门，都要有便衣怀藏手枪跟随，以便暗中加以保护。但是，出门再危险，季羡林也不能不去拜访自己的恩师陈寅恪。

季羡林到了岭南大学陈寅恪先生家，师生见面自是非常高兴，陈师母也亲自下厨招待寅恪先生的得意门生。陈寅恪的眼病已很厉害，只能看到眼前白色的东西。也正是因为陈寅恪只能看见白色的东西，据说是陈毅和当时担任广东省第一领导人的陶铸同志，命人在陈先生的楼前草地上铺了一条白色的小路，路旁全是绿草，碧绿与雪白相映照，以供陈先生散步专用。季羡林从此件小事中，

1991 年 8 月，在由北京大学东方语言文学系等单位举办的“庆祝季羡林教授八十华诞”祝寿会上，冯至教授同季羡林握手祝贺

看出了党和国家对老知识分子的尊敬和关心。

这次访问长达四五个月，给季羡林留下了深刻的印象。全团十几个人马不停蹄，跋山涉水，几乎是一天换一个新地方，脑子里也天天都有新印象，眼前也时时有新光景。尤其是团内的人员，更是关系融洽，热闹非凡。其中最活跃的是郑振铎先生，虽然年纪已大，但声音洪亮，性格又活跃，喜欢同人抬杠，更给代表团带来很多欢乐。而在代表团里，喜欢抬杠的大有人在，于是便成立了一个抬杠协会，简称杠协，并选举郑振铎做杠协会长，一时间团里笑声盈盈，“杠”业发达。

与郑振铎风格不同的是冯友兰先生。冯先生看上去很威严，说话有点口吃，但有时也说点笑话，是一个颇懂幽默的人。于是，郑振铎开玩笑的对象就常常是冯友兰先生。他常常喊冯先生为“大胡子”。有一次，理发师正在给冯先生刮脸，郑振铎站在一旁起哄，连声对理发师高呼：“把他的络腮胡子刮掉！”理发师一时不知所措，一失手，真把胡子刮掉了一块。这时周围的人便都大笑起来，而郑振铎笑得最厉害。但冯先生却是微微一笑，神色不变，表现出一派君子风度。

从印、缅访问回来后，恰逢抗美援朝开始，全国响起了一片声援和支持的口号。对于知识分子来说，并无别的能力，季羡林又不善喊口号，更无余财，只有尽自己的所能，献笔墨、献心血以表爱国热忱。季羡林找到了一本关于越南的外文资料，与系里的年轻教师一起翻译。季羡林是主译，他一面详细阅读，琢磨内容，一面口译，让年轻教授一一笔录，把译出来的资料稿费，捐献给国家，以表示对国家的支持。这也是季羡林的性格所决定的、特殊的参与政治的方式。

这一段时间，由于是新中国成立初期，各种运动接踵而来，“三反五反”“思想改造运动”，等等。每次运动一来，季羡林作为东语系的系主任，都要以身作则，带头检查自己。对于季羡林来说，新中国的一切政治运动，他都是第一次经历。知识分子面对当时的运动，最本能也是最普遍的反应就是以诚相待，不少人在这些运动中或吐露真言，或积极参加，鲜有知识分子能够洞察到运动背后的政治背景。季羡林的自我检查和自我批判总是“老三样”：智育第一，业务至上，“修正主义”。检查的时候，是诚心诚意这样检讨自己，但运动完了甚至在运动当中，季羡林却仍旧是这样坚持做了下来。他身为东语系系主任，不得不带头参加运动，但他的天性就是本分做学问的学人，除了读书和做学术研究，不会任何政治投机。

大段的时间被用来搞运动了，但季羡林一心还惦记着自己的学术研究。白天是各种各样的会议，晚上也还有不断的社会活动。季羡林只得利用早晨的时间，搞一些自己的学术研究。就在20世纪50年代一个政治运动接一个政治运动出现的政治空气下，季羡林写了大量的学术文章，并翻译了许多外国文学作品。这一时期，他翻译并出版的著作有：

译自德文的卡尔·马克思著《论印度》（1951）；
译自德文的德国《安娜·西格斯短篇小说集》（1955）；
译自梵文的印度迦梨陀娑的著名剧本《沙恭达罗》（1956）；
论文集《中印文化关系史论丛》（1957）；
《印度简史》（1957）；
《1857—1859印度民族起义》（1958）；
译自梵文的印度古代寓言故事集《五卷书》（1959）；
译自梵文的印度迦梨陀娑的剧本《优哩婆湿》（1962）；等等。

1992年10月13日，与北京大学东方语言文学系梵文班师生交流

还有一些在学术上很有突破性的学术论文，如：

《中国纸和造纸法输入印度的时间和地点问题》（1954）；

《吐火罗语的发现与考释及其在中印文化交流中的作用》（1955）；

《原始佛教的语言问题》（1956）；

《试论1857—1859印度大起义的起因性质和影响》（1957）；

《原始佛教的历史起源问题》（1965）；等等。

这些学术专著和学术文章，几乎都是在每一天的黎明时分，季羡林在书桌前完成的。当时季羡林既是东语系系主任，又是学校工会分会的主席，还在社会上身兼数职，不但社会活动频繁，仅是系里的行政事务，便头绪纷繁，耗时费神。季羡林是利用起一切可以利用的时间，分秒必争，在闹中求静，在忙里偷“闲”，一点一点累积而成的。对季羡林来说，出国十一载，就是为了能学一些知识，回来报效祖国。新中国的成立，对刚回到祖国怀抱的季羡林是一个希望，他希望能够尽快尽早地把自己的研究所得系统地整理出来。他常对他的助手们说，时不我予，稍纵即逝。一方面，是百废待兴的新中国的建设，各种运动也应接不暇；一方面，又是各种需要开拓研究的科研项目，季羡林只得靠早晨的时间，来继续自己的学术研究。这本是身不由己的行政工作逼季羡林想出的治学方法，却不想从此以后竟成了季羡林坚持近几十年的生活方式，以后无论是在什么情况下，季羡林的主要学术著作，都是在这个最安静的时间里写出来的。

1956 年，是季羡林在记忆中最值得纪念的一年。

这一年，季羡林在三个方面获得了最高的荣誉，一是被评为北京大学的一级教授；二是任中国科学院哲学社会科学部委员；还有一项更为重要，季羡林光荣地加入了中国共产党。

被评为“一级教授”，颇有点传奇色彩，但季羡林知道，这与他最尊敬的汤用彤先生是分不开的。

提起季羡林与汤用彤先生的关系，话还得从头说起。当年季羡林从德国留学回来，在先师陈寅恪先生的推荐下，季羡林得以到北大任教。

刚到北大，季羡林便在阴法鲁的陪同下去见了当时任文学院院长的汤用彤先生，这是他第一次见汤用彤先生。汤先生也留美多年，学贯中西，但仍然是身着灰布长衫，脚踏圆口布鞋，看上去就像一位苗圃老农，没有半点教授和大师的架子，季羡林心中不由涌上崇敬，浑身感到温暖。对没有架子的大师尤其感到一种亲切，这大概也与他自身的朴厚性格有关吧。几十年以后，季羡林成为世界著名学者、东方鸿儒的时候，他给人的第一印象是没有架子，以至于甚至有人见到季羡林说“你不是季羡林”，就是因为他没有架子，像一个普通的中国老人。他在内心深处，就是没有架子的纯朴性情。

晚上，汤用彤先生设家宴接待刚来北大的季羡林，汤师母也是一样慈祥有加，纯朴待客。季羡林就是在这种温厚的情怀中，开始了他的北大新生活。

过了一个星期，汤先生就来告诉季羡林，他已经被聘为北京大学正教授兼新成立的东方语言文学系系主任，并且还兼文科研究所的导师。当时，季羡林只是一个刚刚30多岁的、名不见经传的大小伙子，能得到这样大的关照和荣誉，确实使他受宠若惊。他心里明镜一样清楚，这是因为他的背后有一个人，这是汤先生对他的垂青和提携。这样的一种恩情，季羡林一直记在心里，并成为他 50 多年来一直在北大努力工作的激励。

1947 年，汤先生开“魏晋玄学”课时，季羡林去做了旁听生，上了一整年的课，而且每堂课都工整地做了听课笔记，巨细不遗。当时，一位教授听另外一位教授讲课，是少有的，而且一上就是一整年，从中可见季羡林对汤先生的崇敬。

到了 1956 年，全国评定教授工资，季羡林又被评上了“一级教授”。当时，评“一级教授”是十分严格的。比如，中文系教授吴组缃是全国著名的小说家、《红楼梦》研究专家、中国作家协会书记处书记，都才被定为“二级教授”。有的省份，只有一个“一级教授”，有的连一个也没有，可见“一级教授”评定之难。以季羡林的经历和年纪，在北大被评为“一级教授”，也是一个不大不小的“奇迹”。于是，就有几个教授，出于善意的介乎可理解与不可理解之间的心理，背后送给了季羡林一个绰号，叫“一级”。只要见季羡林走进食堂，就有人窃窃私语，会心而笑：“‘一级’来了。”

季羡林心里当然清楚，自己的年龄和造诣是比不上一些教授的。也许是他的运气比较好，有一个人一直在提携他，这个人就是汤用彤先生。

他清楚地知道，自己在名利上已是顶峰了，虽然这与自己实际上的水准相比是另外一回事。对一个学者来说，这并不一定就是好事。他在心里暗暗决定，生也有涯，学而无涯。他不会辜负北大、师长以及国家和人民给予他的这些荣誉的。他只有一个目标了，这就是永不回头地向学术高峰攀登。

当然，在这一年，在季羡林的政治生命中，也有一件值得记载的事情，就是他光荣地加入了中国共产党，成为中国共产党党员。对一个参加革命工作的人来说，入党也许并不是多么了不起的事情，入党与参加革命工作就像是一对双胞胎，两者缺一不可。但对一个高级知识分子来说，尤其是在新中国成立初期，对一个国外留学回来的大学教授来说，入党是一件政治生活中的大事。这就意味着你是一个在组织里的人，今后你的学术、你的政治生命都要交给党的事业了。没有一种成熟的政治理念，没有对党和国家的信任，是不会选择这种奉献的。季羡林从那个时候起，他已经把自己当成了国家的人、党的人。这样的一种政治觉悟，这样的爱国爱党之心，对他以后的政治立场的坚持和研究学问的孜孜不倦，都有着重要的影响。

1960 年，北京大学东语系招收第一批梵文巴利文专业学生，由季羡林和金克木教授亲自授课。在德国留学学到的知识，终于能够派上用场，这使季羡林很兴奋。要打破那种梵语研究在德国的局面，就必须培养出自己的人才。他是严格按照他的博士导师德国教授瓦尔德施米特的方式来教的。这是一种典型的德国式的教学方法，源于德国 19 世纪伟大的东方语言学家埃瓦尔德，这位学者曾说过：

教语言犹如教游泳，把学生带到游泳池旁，把他往水里一推，不是学会游泳，就是淹死，后者的可能是微乎其微的。

季羡林在培养学生方面，就是按照埃瓦尔德的方法严格要求的。梵语是印度古代语言，在长期的语言发展中，形成了丰富的语汇和复杂的语法。每个名词有 8 个格，3 个数，24 种语尾变化。每个动词也按照各种时态和语态，变化繁多。而这些语法变化，学习者想要掌握它们的规律，还必须死记硬背。否则，连梵文字典都不会查。季羡林在讲课中，在布置学生做的作业中，始终严格要求他们认准每个名词和动词的变化形态，最忌讳瞎蒙瞎猜。

1947 年与北京大学东语系马坚教授合影，右为季羡林

他读解一首古典梵文诗，犹如组装一台机器，大部件和小零件都要安装得准确到位，这样机器才能运转正常，而梵文诗的理解也就游刃有余了。这样严格的语言训练使梵文巴利文专业的学生受益匪浅。中国的第一代梵巴专业的学生就是在这样严格的训练中培养的。

由于梵语是印度语，西方学者对这方面的研究比较深入，所以许多研究著作，包括字典和工具书，很多是用英语写的。要想借鉴和继承前人的研究成果，就必须掌握英语。季羡林根据自己的学习体会，非常重视这个问题。东语系其他各个专业的英语课，都是只学两年。唯独梵文巴利文专业的学生，在季羡林的强调下，英语课始终没有停修。他亲自聘请英语教师，为梵巴班的学生单独开课。

季羡林也并非学究式地教学生学习梵语，他十分注意培养学生们将来的研究志向和兴趣。在梵语教学中，他安排学生们选读各种类型的梵语文学作品，如史诗、往世书、故事文学、古典梵语叙事诗和戏剧，等等。这些都在无形之中，给梵巴班的学生们增强了研究的决心和信心。

季羡林对学生的厚爱完全承继了他的德国教授们的传统，也与他的为人处世的纯朴品格有关。学校里就曾流传着一个有关季羡林替学生看行李的佳话：有一年，新生到北大报到，堆了一地行李，又没有人看管。正巧旁边走过来一个身穿普通中山服的老人，样子亲切和蔼，很像一个看管大门的，有一学生便走上前说："老同志，给我看一会儿。"季羡林很痛快地说"好"，就给学生看着，看完了，也没说什么。直到开学后，季羡林到主席台讲话，那学生才发现自己的那堆行李是被一位著名学者和副校长看管的。

季羡林长期独自在北大教书、生活。因为叔父年事已高，不能来北京，妻子和老祖以及孩子只好陪叔父住在济南。季羡林便同单身的年轻教师一样，中午到学校食堂吃饭，吃完饭即回办公室读书，从来不睡午觉。办公室的书桌上，一边是一些行政上的杂乱文件，另一边便是季羡林摊在桌上的、他正在读或研究的书籍。他从来不会掩饰自己，他正在研究什么、写什么文章、读什么书，凡是来到他的办公室的人只要看一下他的办公桌就一目了然。在那样一个运动年代，很少有人这样坦白地向公众袒露自己的研究项目，而季羡林却从来没有想过要如何遮掩，更没有想过如何保护自己。除了他的梵语及佛学研究，他一心惦记着的是他的学生。

有一年，新生们刚到学校报到，系办公室的一位老师跑来对学生们说，没有带脸盆的同学可以到系办公室去领，系主任季羡林教授为资助一些农村来的学生，用自己的钱买了几十只脸盆。其实，季羡林的家庭并不宽裕，他还要供养济南的一大家子。而叔父身体有病，就更是需要季羡林的资助。而季羡林自己，走在北大的校园中，不认识的人见到他，绝不会想到他是留洋10多年的洋博士、名教授，无论他担任多少职务——北大副校长、系主任、研究所所长，季羡林永远是一身旧中山服、布鞋，手里经常提的是个圆筒形上缀两条带的旧书包。

1955 年，季羡林的叔父在济南病故。又过了几年，季羡林才结束了单身生活，将婶婶老祖和妻子德华及一双儿女接到了北京。此时，他已经 52 岁。可以说，季羡林一生中有一半以上的时间是过着苦行僧般的学人生活，而凭着他朴厚的人品和作为知识分子的正直，他以自己的方式，为北大的学生和同事们树起了一代师表。

3. 山雨欲来风满楼

1966 年春夏之交，身为北京大学东语系系主任的季羡林和本系部分教工正在南口镇北的一个小山村参加“社教”运动。

实际上，季羡林早于 1965 年的秋天，在开完了“国际饭店会议”以后，就奉命到了京郊的南口村，担任这个村的“社教”队的副队长，分管党政工作。在这之前，已经在全国范围内掀起了一场惊心动魄的“社会主义教育运动”。季羡林同北大的所有教授一样，人人过关，人人“洗澡”之后，才奉命到农村搞“社会主义教育运动”。

这是一个小小的山村，风景秀丽，村民纯朴。据当地的老百姓讲，在铁路修建以前，这里曾经十分繁华，大街上有许多店铺，还时常在当街上卧着上百头的骆驼，小酒馆里不时传出乡民们喝酒划拳的热闹声。但铁路一通，街上的店铺便被拆掉了，热闹自然销声匿迹，跟随而来的也只能是荒凉的滋生了。

本来，地处僻远的南口村，应该是远离政治旋涡的，但在那样一个时代，是不能有一块地方不受政治的影响的。1965 年的冬天，开始有风刮起。风的来源是姚文元的一篇文章：《评新编历史剧〈海瑞罢官〉》。这篇文章实际上是授意炮制的，矛头直接对准吴晗。虽然表面上还在讨论历史剧《海瑞罢官》，却颇有一种“山雨欲来风满楼”之势。一些单纯的知识分子，凭着自己的良知，对《海瑞罢官》这一历史剧谈出了自己的观点，本来不过是一场学术之争，但他们的政治生命从此便受到了影响。对于季羡林来说，他当然也同大多数知识分子一样，认为这篇文章是歪曲事实，因为他并没有看出《海瑞罢官》与“三家村”、彭德怀有什么瓜葛。虽然历经几次运动，季羡林却仍保持着他耿直坦率的品德，他不隐瞒自己的观点，在工作队也畅谈自己的看法。他丝毫没有嗅出这篇文章后面的政治气味。

但是，在工作队里，曾经有一件小事引起过季羡林的注意。在南口搞“社教”的工作队，是由来自不同单位的人组成的。有一位公安总队来的陈同志，是老公安，人很随和，与季羡林相处很好，几乎无话不说，但他却有一个习惯令季羡林大惑不解。这位陈公安，无论收到什么信，看完之后，总是一把火烧了。这同季羡林的习惯正相反，季羡林有收藏信件的习惯，不但保留了一切来信，就是一些小收条纸片，也都完好地保留着。当然，这习惯也为季羡林几乎带来了灭顶之灾已是后话。但在那个时候，在南口这个看来充满淳朴民风的乡村里，这样的举止未免多少有些怪诞。于是，便有了季羡林与陈公安的一段对话：

“你为什么要烧掉呢？”

“不留痕迹。”

“撕掉丢在茅坑里不就行了吗？”

“不行！仍然可能留下痕迹。”

1947—1952年，季羡林曾在此卷内的北京大学文科研究所居住

“你过分小心了。”

“不是，干我们这一行的深知其中的利害。一个人说不定什么时候就会碰到点子上。一碰上，你就吃不了兜着走。”

听了陈公安的此番话，季羡林真是大吃一惊，他不知道陈公安所说的那个“点”是种什么点，因为他这样的“痕迹”真是太多了。在家里，就在他的书桌下面，几箱子都是几十年留下来的“痕迹”。但他转念又一想，他从不反党、反社会主义，没有参加任何反动组织，“反革命”的帽子是无论如何也戴不到他头上的，便没有引起更多的反思。

此时的南口，从表面上看，与往常没有什么不同。一年四季递次而来，播种时播种，收获时收获，虽然从报纸上也知道了一些消息，知道有一场大的运动正在酝酿。但在乡村搞“社教”的老师们仍旧认为不过是“社教运动”的继续而已，南口村还是保持在按部就班的秩序中。

1966年5月，已是春末夏初了，政治运动的风声已随着天气的升温而越来越紧。中央接二连三地发出一些文件，如“5·16通知”之类。到了6月1日，忽然在中央人民广播电台播出了关于“一张马列主义大字报”的报道，还附上了至高无上的领袖的赞美。这才引起南口“社教”群众的一点议论，但也仅是泛泛而谈，因为不知就里，也就没有像此时在北大校园内那样已分化成激烈的两派。显然，在南口村的上空，雷声已经响了起来。

6月4日，“大雨”终于下来了。在南口搞“社教”的老师们突然接到了学校的命令：立即返校，参加革命。大家没有多想，简单收拾了一点已经不能再简单的行李，也就是一床被褥、一个脸盆，顺手一卷，便都挤上了学校派去的大汽车。季羡林和其他人一起，挤在车上，心里多少有一些嘀咕，但他毕竟没有复杂的政治经历，也并没有多少担心。只是身边的东语系的党总支书记，一直是沉默不语，从他紧皱的眉头上看，他仿佛已经有了些预感。

一个多小时以后，汽车开到了燕园。一进校园，季羡林一时不敢相信自己的眼睛，这哪里是北京大学，简直就是一个大庙会。校内所有的林荫大道上，横七竖八，到处都是大大小小的汽车，自行车更是多得一眼望不到边。校内挤满了各种人等，形形色色，说不出是学生、教师，还是院工。大家挤过来挤过去，每个人的脸上挂着莫名的兴奋、紧张，不知在忙些什么。这样，汽车根本就行不进去了，车上的人们只好下车步行。一下车，他们便被挤到了人群中，迎面而来的便是铺天盖地的大字报。

果然不出所料，那位党总支书记的预感被验证了。他一下车，就被一群革命小将“劫”走了，不知道到什么地方去了。在以后的几年时间里，季羡林就再也没有见过他。季羡林走到外文楼时，便看到墙上贴满了批判他的大字报，称他为“牧羊书记”，有些事情无中生有、诬蔑造谣，说他是“陆平的黑班底”保皇派、走资本主义道路的急先锋。总之，从此便没有再见过这位党总支书记的身影，直到有一天，季羡林进了牛棚，才在牛棚里发现了他。

季羡林此时穿过拥挤的前来参加“文化大革命”的人群，带着简单的行李回到家中。他的两位年纪已大的老婶和老伴见他安全回来，都很高兴。虽然没有人在学校大门口“接”他，但季羡林知道，自己也是难过这一关的。虽然他目前还是一个自由人，虽然刚刚回来的路上发现他的大字报并不多，但是，逃不脱的，季羡林对自己说。

既然还是个自由人，就应该去看看到底给自己贴了什么样的大字报。至少，也好知道自己在革命小将的眼里到底犯了什么错误，有什么罪行，做到心中有数。季羡林便在校园里走动着，看着贴给别人当然也有贴给自己的大字报。在贴给季羡林的大字报中，其中有一张季羡林看了特别不以为然。这是一篇批判季羡林的散文《春满燕园》的大字报。《春满燕园》是季羡林发表在1955年的一篇相当轰动的散文，是歌颂北大的春天的，当时深受学校大学生的喜欢。那时，季羡林无论在学业上、工作上还是在政治进步上，都有一种饱满热情，对党和社会主义的热爱，都倾尽在这篇歌颂北大的散文里面。但在大字报里，季羡林笔下的春天却象征着资本主义；歌颂春天，就是歌颂资本主义。这样的理解真是令人哭笑不得，季羡林永远也搞不明白：为什么古今中外的人士无不欢迎的、象征生命昭苏的、明媚的春天会单单是资本主义的象征呢？

想不通，也觉得憋气，季羡林不由自主地“哼”了一声。“哼”者无心，听者有意，在后来批斗季羡林的时候，这也成了一条罪大恶极的罪状。

此时，北大的“热闹”气氛又升了一格。这时不但北京市的革命群众都涌到北大来参加运动，就连全国的红卫兵小将，也都纷纷到北大“朝圣”和“取经”来了。一时间，北大校园像一个巨大的集市，各地口音，各种打扮的人都有。每个人的脸上都洋溢着一种莫名的兴奋，亢奋的情绪把北大整个校园都燃烧了起来。所有来北大的人都兴奋了，这种兴奋，在季羡林看来，已经超出了能理解的范畴。比如：北大的红卫兵小将们就发明了一种给走资派脖子上挂木牌的批斗方式。每一个被红卫兵小将戴上走资派“帽子”的人，脖子上都要挂上一只大大的木牌，上面写着“打倒 ×××”的字样，还要把“×××”颠倒过来写，再打上一个大叉。后来，从单个的批斗“牛鬼蛇神”发展到了大规模的批斗。6 月 18 日，在北大学生宿舍 29 楼东侧一个颇高的台阶上，开始了第一次盛大的批斗大会。对这样的大会，季羡林自然还是自觉不去的，因为他知道自己是一尊泥菩萨。他只坐在家中，便已听到批斗会场上传来的阵阵口号声，人声鼎沸。可以想象，当时的场面有多么火爆。后来果然听说，每带上一个“鬼”，台下就一阵口号声，呼完口号便一脚将“鬼”踢到台下去，场面非常“壮观”。

外语楼，1952 年起季羡林即在此工作

虽然季羡林暂时还没有被戴上“帽子”，但他自己却随时都在准备着“对号入座”。因为，他自己心里也很清楚，那个不知道什么罪名的“帽子”，就像悬挂在头顶上的一把利剑，摇摇欲坠，随时都有可能落下来。落下来是肯定的，但哪一天落则是一桩悬案。于是，“对号入座”，考虑自己应该得哪一种“帽子”就成了当时季羡林必温常温的功课。经过苦苦思索，季羡林认为有两顶“帽子”对他是现成的：一个是走资派，一个是反动学术权威。因为在当时，凡是当一点儿小官的，就是走资本主义道路的当权派，季羡林是系主任，自然可以套用；而他又是全北大第一批“一级教授”，可谓是北大的学术权威，于是也是想当然的资产阶级学术权威。对这两个“帽子”，季羡林认为自己是“合适”的，问题是，这两种“帽子”，是属于什么矛盾？

这是一个原则性的问题，即使不懂政治、不研究政治的季羡林，也深知这里面的分寸和界线。当时所有的报纸杂志都在强调，要正确区分和处理这两类不同性质的矛盾。如果是人民内部矛盾，那可以用比较温和的帮助的态度去解决；如果是敌我之间的矛盾，那就对不起，革命不是请客吃饭，就要斗争，就要批判，就要打翻在地，再踏上一万只脚。

季羡林是绝不会认为自己是反动的、资产阶级的，但不知道在革命群众的眼中，对他是怎么定性的。他只知道，暂时还没有人公开训斥他，更没有人打他，系主任也没有明令被罢免，但权力和印把子在不知不觉之间滑掉了。有几次小小的突然袭击，也会让他忙乱一阵子的。

比如，有一次，季羡林在浏览大字报时，突然在外文楼的布告栏里发现贴着一张告示，上面写着：

“勒令季羡林交出人民币三千元！”

这张小小的告示，在季羡林的名字前面未加任何定语，这使季羡林略有“失望”。但他不敢怠慢小将们的命令，虽然三千元钱是一个不小的数目，也赶紧取出钱，诚惶诚恐地送到学生宿舍指定的房间，还要满面笑容地把钱呈上。只见几个学生的脸上都有点怪物相，不动不笑，好像是看见一个魔鬼。对于这帮学生来说，他们的确像是看见了魔鬼，因为他们当中，肯定没有一个人见过这样多的钱。一定是这一笔钱将他们的神经定住了，而且，谁也不敢接受这样一笔对他们来说堪为巨额的非正常钱财。所以，他们才有了那样一种令季羡林看起来恐怖的表情。过了一个令人紧张的空白时间，他们对季羡林说：

“你拿回去吧！”

季羡林自然也只好遵旨从命了。

还有一次，季羡林正在家里看书，突然门外传来了激烈的敲门声。在季羡林正紧张地为自己“对号入座”的时期，这样的敲门声几乎要给季羡林划出了界线，也可想而知季羡林的紧张心情。季羡林赶忙去开了门，只见闯进来了几个青年学生，他们声称是来“破四旧”的。关于“四旧”的概念，季羡林自己也不清楚，只好把裁决权交给了红卫兵小将。小将们粗野地闯进屋内，每人穿着不知从哪里搞来的颜色深浅不一、规模有大有小的杂牌军装，四处打量着季羡林房间里的陈设。季羡林房间的桌子上、墙上、床上都摆满了各种各样的小摆设，这些东西大多是季羡林外出开会时带回来的比较有地方色彩的纪念品，比如像惠山的泥人塑像大阿福等。这些小纪念品在红卫兵小将的眼睛里都是属于“四旧”，都是应该破坏和扫除的。这样，凡是红卫兵小将认为是“四旧”的东西，季羡林便必须马上拿掉或者砸掉。半个小时之内，便把房间里所有带有“美学”意义的都扫除了。红卫兵小将们看看已经没了他们要扫的“四旧”，便又重新打量起季羡林的房间。他们又发现了新目标，他们居然能细心地发现季羡林挂在墙上的领袖像上没有灰尘！他们便推断是季羡林刚挂上去的，便痛斥季羡林敬领袖不虔诚。而实际上，季羡林也的确是刚刚挂上去的。但这是绝对不能承认的，季羡林便机智地答曰：

“正是由于我敬神虔诚，时时勤拂拭，所以才没有灰尘。”

其实，在季羡林的心里，有一个极为叛逆的想法：要想“破四旧”，地球上最旧的东西无疑是地球本身，被破的对象，地球应首当其冲。顺理成章地讲，为什么不允许把地球破旧呢？但这种想法只能是在季羡林的内心深处滚动着而已，他是不再像以前

北京大学50周年校庆留念

那样顺口发表自己的观点了。再说，自己的身份到现在也还没有被明确地肯定，革命群众还时不时地找他开个批判会，批判他的智育第一、业务至上，他们把这些都称之为“修正主义”。而因为季羡林是东语系的系主任，因此使东语系也受到牵连，其最突出的问题就是智育第一、业务至上。对此季羡林可是一个“老运动分子”了。新中国成立后的历届政治运动，季羡林都是做的此类检查，而每次都能顺利过关。但同时季羡林又是一个“死不改悔”者，检查完了，关一过，他却仍然搞他的“修正主义”。也正是无论多么紧张的行政事务，无论多么激烈的批判，他都是在实际上坚持他的“修正主义”，从而才在业务上始终能够不断积累、不断建树。

1967年的上半年，对季羡林来说，是相对平静的一年。一位同季羡林关系不错的红卫兵小将偷偷告诉他，说他看到了工作组的内部文件，季羡林是被排在“临界线”上的人。所谓“临界线”，就是被排在敌我矛盾与人民内部矛盾中间那一条界线的人民这一边。再往前走一步，就堕入敌我矛盾那一边了。季羡林听了又惊又喜，禁不住为自己捏了一把汗。因为这样的处境就好像是站在了泰山上阴阳界那一条生死白线上一样，向前走上一寸，就会堕入万丈悬崖下的黑龙潭中了。

后来开始了全国大串联，北大作为“文化大革命”的发源地，也自然成了“朝圣”的“圣地”。每天通过大串联到北大来“朝圣”的，比前一时期增加了许多倍。各系对这帮“客人”的到来还要竭尽全力地招待好，服务好。作为“临界线”上的季羡林，为了不使自己再往前跨越，便昼夜值班，竭尽全力给予照顾。他同系里其他老师一起，从家里抱出棉被，每天推着水瓶，为“客人”打开水。季羡林看到这些远来的“客人”缺少脸盆，便自己掏腰包，一买就是20只。那些崭新的脸盆，在灯光下闪烁着搪瓷的光泽，让季羡林看在眼里，喜在心上。

还有一件让季羡林心里乐开了花的事情，这就是当时的海淀区人民代表的选举。“文革”以前，季羡林担任过几届全国政协委员，一届北京市人大代表，也参加过几次海淀区人大代表选举。现在，季羡林仍旧是作为人民的一员而参加选举的，这使他感到骄傲。尤其是在红榜上看到自己的名字时，季羡林觉得那三个字简直熠熠生辉得令他眼花。在投票的那一天，季羡林特意换上了新衣服，站在了人民之中，手里的红红的选票像有千斤一般重。而季羡林的心里，真是幸福至极，不可言表。

麦收的时候，东语系的革命师生奉命在军宣队率领下到南苑附近的一个村庄里去协助麦收。由于是天天下雨，因而也制造了许多麻烦。特别是在夜里，一下雨，师生们就要爬起身跑到场里给麦子盖雨布。季羡林在这样的劳动中自然是积极性很高，白天背很多的麦子，晚上下雨救场时又比谁都跑得快，自然受到了系里的表扬。

但好景不长，很快就到了 1967 年的夏秋之交。

其实，这时的矛盾激化，是一个必然的结果。虽然从表面上看，是季羡林自己跳出来的；但从事情的发展来看，除了这样一个结果，也没有别的结果了。

事情还得从远处说起，也还得从一位大名鼎鼎的“老佛爷”说起。

“老佛爷”就是当时在全国闻名的聂元梓。她因为那一张“第一张马列主义大字报”的签名，而得到了当时中央某一些人的别有用心的支持，便在北大飞黄腾达起来。她本人是“三八式”老干部，先是在经济系担任系副主任，后来又调到了哲学系，担任党总支书记。此人平时不甘寂寞，好出风头。因了那一张大字报而突然飞黄腾达，成了北大第一个群众组织“新北大公社”的负责人。

虽然此人是“三八式”干部，却极没有水平，人品低劣。她每次上台讲话，总会讲错话，出些娄子，闹点笑话。在北大关于“老佛爷”出的笑话流传过许多，就连她那一派的人也替她捏着一把汗。她对待学生尤其狠毒，专横跋扈。虽然她在三十年代就参加了革命，是延安抗大的学员，但她在“文化大革命”初期的表现实在有些反常。以至于后来她的反对派便写打油诗说她是“三十年代的女英雄，六十年代的红卫兵”。聂元梓这一人物的出现，实际上是因了政治的需要。因为当年聂元梓因犯过错误曾受到学校党委的批判，便一直怀恨在心。康生的老婆曹轶欧亲临北大搞“调查研究”，在聂元梓身上找到了突破口，炮制出了那张题为“宋硕、陆平、彭佩云究竟在‘文化革命’中干了些什么”的被称为“全国第一张马列主义的大字报”。当时宋硕是北京市委大学部部长，陆平是北大校长兼党委书记，彭佩云是党委副书记。签名的共7个人，其中聂元梓职位最高，于是也就成了第一个签字的人。

她之所以很快就被人称为“老佛爷”，是因为她身上的确有慈禧太后的作风。她把一切反对她或者向她提意见的同志和群众组织都打为“反革命”，在学校实行白色恐怖，对广大干部和群众实行镇压政策。渐渐地，北大的一些群众便不能忍受这个既无水平又无品行的女人，在以她为首的“新北大公社”这一组织之外，又成立了大大小小的许多革命组织。这些革命组织的名字都有一个共同的特点，就是都来自毛泽东的诗词。有“缚苍龙”战斗队，有“九天揽月”战斗队，还有“跃上葱茏”战斗队。只要是诗词中能够单独拿出来用的，都被用光了。后来，这些个组织逐渐合并、联合，最后终于汇成了北大的两大组织：一个是正宗的、老牌的、掌权的“新北大公社”，一个是汇集众流、反抗“新北大公社”的“井冈山”。一个在朝，一个在野。在朝派和在野派自然是对立的，因而，所谓的“派”系斗争便从这里分野出来。

虽然，从表面上看，两派都是打的“保卫江青同志”的旗帜，都是积极的“左”派，但实际上，他们执行的都是一条极“左”

季羡林（左）与北大曹靖华（中）、傅光同志（右）合影

的路线，打、砸、抢、抄，不分彼此，大家都干。尤其是“新北大公社”派，就像患上了迫害狂，以打人为乐事，以打得凶狠为目的。他们打人的武器都颇具匠心，用自行车链条，外面包上胶皮，这种武器打人虽不动声色，却重创在身。两个组织最大的区别就是：“新北大公社”掌握北大的大权，横行霸道，作威作福；而“井冈山”则始终处在被压迫的地位，容易引起一般群众的同情。尤其是“新北大公社”的人，在“老佛爷”的指挥下，耀武扬威，不可一世。他们财大气粗，把昂贵的钢管锯断，把一头磨尖，做成长矛，用来对付手无寸铁的“井冈山”。“井冈山”的人也不肯示弱，也胡乱拼凑了一些武器。这样，两派交手频繁，相互械斗。

曾经有过一名外边来看热闹的中学生，恰逢两派交锋的混乱场面，便无缘无故地惨死在“新北大公社”的长矛之下。

虽然两派斗争的火药味极大，但在本质上仍是一帮青年学生的盲动。这就使他们的一些活动极尽儿戏，在两派的你死我活的斗争中出现了令人哭笑不得的事情。比如有一次，两派正在大饭厅里召开大会进行辩论，唇枪舌剑，充满了火药气味。两派的群众也高呼口号，助威壮势，气氛十分紧张。正在双方辩论到了紧要关头，忽然从大饭厅的大木梁上，“嘭”的一声，掉下来一串破鞋。所有北大的学生都知道“老佛爷”的绰号就是“破鞋”。在这样一个双方都急红了眼的时刻，从天而降一堆破鞋，其场面的滑稽可笑可想而知。大家先是愣了一下，但马上就转为哈哈大笑，双方的辩论便自然论不下去了。以后在“井冈山”组织占领的学生宿舍的窗子外面，也还出现过这样成串的破鞋。

也有一些场面让人看在眼里，疼在心里，季羡林就参加过这样一场两派的大辩论。两派的主要领导人坐在台上，群众坐在台下。领导人都被称为“勤务员”。就在“井冈山”的“勤务员”中，居然端坐着一位老人，他是著名的流体力学专家、相对论专家，是一个很有正义感的老学者，在群众中有相当高的威信。他如何参加了“井冈山”，季羡林并不知道，只是断断续续地从别人嘴里听说，他因为不满那位“老佛爷”的所作所为，而逐渐流露出偏袒“井冈山”的情绪。于是，“新北大公社”就组织群众，向他围攻；有的还找上门去，有的打电话谩骂、恫吓。逼得这位老先生大有被逼上梁山，揭竿而起之意。然而，他被“井冈山”的群众选为“总勤务员”之一。季羡林远远看着这位白发老人坐在一帮斗红了眼的学生之间，心中一阵悲凉。他很清楚，老学者绝无沽名钓誉之意，就像他本人一样，哪一派组织都不感兴趣。但形势就是这样逼人，他自己也不能肯定他的未来是怎样的。不管怎样，季羡林在心里铁定决心，不参加任何一派，做一个逍遥派。反正学校里已经“停课闹革命”，教授们不用教书，更无须写文章，有兴趣就看看大字报，听听辩论会，日子也好打发。

但对一个有思想有情感有良知的知识分子来说，是不可能麻木不仁于政治运动之外的。尤其是季羡林，在北大当了20年的系主任，也担任过全校的工会主席，在社会上也担任过一些比较重要的社会职务，如全国政协委员、北京市人大代表等。季羡林的性格又很犟，他的性格并不外露，但是非分明，正义感强，这就决定了季羡林不可能做一个彻底的逍遥派，而是必须站在急风暴雨之中。

对那位“新北大公社”的女头领，季羡林越来越反感。他并不是出自什么派性，而是出自一个朴素的道理。他一直认为，对待群众的态度如何，是判断一个领导人的重要的尺度，是判断他是否执行革命路线的重要标准。季羡林反感“老佛爷”的独断专横。她本来就不学无术、智商很低，说十句话一准有九句半是错的。

但她目空一切，发号施令，对于所有胆敢反对她的人采取残酷镇压的手段，停职停薪，给小鞋穿，严重的，则任意宣布“打倒”，使对方立即成为敌人。她也确实无故伤害了许多人。这一切季羡林看在眼里，不平在心上，他毕竟是一个是非分明、爱憎分明的知识分子；他可以不去做政治“宣言”，但他不会违背自己的良心违心地去拥护“老佛爷”。

就在季羡林态度“中立”、观点“沉默”的时候，北大的两派势力也在打季羡林的主意，想要拉季羡林这样一个有学问、有威信的老教授加入自己的组织，以壮大自己的势力。他们都组织了所谓的干部学习班，这个学习班实际上是他们两派争取势力的选拔点。在学习班上参加了学习的人，就是可以争取的对象，季羡林便成了两派学习班都争取的对象。“井冈山”的人动员他参加他们的学习班，“新北大公社”的人动员季羡林参加他们的学习班。季羡林对此考虑和观察了很久，他是一个学习班都不愿意参加的。但如果他就此宣布去“井冈山”参加学习班，就使他的处境更加恶劣，因为当时毕竟是“新北大公社”掌握大权，得罪了他们，后果不堪设想。季羡林本意是不参加任何一个，又加上家里还有两位年老又厚道的妇道人家，还是以安全为上，最后选择了“新北大公社”的学习班。反正两派的学习宗旨，从表面上来看，也看不出什么差别来，都是拥护伟大领袖，都在竭尽全力地向领袖夫人表忠心，尤其是对江青的吹捧，达到了惊人的程度。

两派贴出了很多的大字报，像比赛一般说尽了吹捧的话，把个江青吹捧得像圣母一样。对于江青，季羡林曾听过她在北大做的一次报告，只觉得她语无伦次，讲话不得要领，守着全校的师生，讲她自己家里的里长外短，等等。她远兜远转，怎么也转不到如何捍卫毛泽东思想上面来。但出于对领袖毛主席的忠心和热爱，季羡林并不往深处想。

但渐渐地，季羡林对两派的观点，已明确无误地传达到两派的组织里去了。其实，对于一个不阿谀奉承的人来说，他对是非的判断总是清楚地写在他的脸上、言行上的。季羡林对“新北大公社”派决不吐露一句奉承，对“井冈山”的学生也决不采取漠视态度，这就是旗帜鲜明的政治告白。这便给季羡林招来了麻烦。两派的信徒，特别是学生，采用了车轮战术来拉季羡林。“新北大公社”的学生找到季羡林家，明确地告诉他说：

“你不能参加‘井冈山’！”

有的干脆就对他提出警告：

“当心你的脑袋！”

还有的也向他家里打电话，劝说季羡林，警告他；有的甜言蜜语，有的大声怒斥，花样繁多，频率很高。季羡林发现，他的处境已与他所见到的老教授完全一样了。

季羡林有些不耐烦了。他本来是一个倔脾气，因为有清醒的认识才保持了中立。但对“新北大公社”的威逼和对“老佛爷”

的不满，使他有些冲动。他是那种你越来逼我，我越不买你账的人，经过“新北大公社”的逼攻，他想，干脆“下海”算了。当然，其中的危险，他是一清二楚的。于是，他在日记中写道：

为了保卫毛主席的革命路线，虽粉身碎骨，在所不辞！

就这样，季羡林被逼上了“井冈山”。

“井冈山”的学生们很高兴，能把这样一位在全校享有威望的老教授拉到组织里来，便可证明他们的组织是大得人心的。他们立即选季羡林为“井冈山”九纵（东语系）的“勤务员”。

豁出去上了“山”，季羡林的心静了下来。因为明确了自己的态度，就无须再为参加或不参加的问题而大伤脑筋了。但同时也给季羡林带来了很大的危险性，这就是来自“新北大公社”的敌意。

“老佛爷”本来也是要拉季羡林的，但看到季羡林加入了“井冈山”，自然很是恼火。以她的一贯凶狠毒辣的作风，是绝对不会轻饶季羡林的。季羡林心中倒很坦然，他想尽管他过去长时间不在国内，对共产党不了解，但他却从来没有参加过国民党或任何其他反动组织。为了弥补抗日战争时期他不在国内的“过失”，他一直是勤勤恳恳为党工作，热爱祖国，积极参加一切党领导的政治运动。他在政治上一直是红色的，历史上也是“清白”的。

他觉得“新北大公社”没有理由会“揪”他。

但季羡林也清楚地知道他是在走钢丝，随时都有可能跌下来。再加上流言很多，一会儿说要“揪”季羡林，一会儿又说要抄他的家，使他听也不是，不听也不是。1967 年夏天到秋天，季羡林几乎每一周都要在日记里写上一句：

暴风雨在我头上盘旋。

这一年的夏天和秋天，季羡林都是在一种惴惴不安中度过的。可谓是炎炎的长夏，惨淡的冷秋。冥冥中季羡林总是觉得，自己是躲不过这一场风暴的。

4. 生与死的淬炼

1967 年 11 月 30 日深夜，盘旋在季羡林头上的暴风雨终于发作了。

那一天，季羡林服了安眠药正在沉睡，忽然听到门外有汽车声，接着就是一阵异常激烈的打门声。他还来不及思索，连忙披衣起来，门一开便闯进来六七条大汉，都是东语系的学生，也都是“老佛爷”的铁杆信徒，只见他们人人手持大木棒，威风凛凛、面带寒霜。季羡林一下就明白发生了什么事情。该来的终归是要来的，对此，季羡林毫不吃惊。“好汉不吃眼前亏”，季羡林知道任何辩论都是毫无意义的，还不如就看着事态是如何发展下去的。

这样，季羡林还没有来得及穿衣服，就被赶到了厨房里去。他的年近古稀的婶母和他的老伴，也同样被赶到了那里。此时正是深夜风寒，厨房里穿过刺骨的过堂风，全家三口人都被这风裹着，人人浑身打战。他们被禁止讲话，甚至连彼此相互看上一眼也不允许，因为大木棒的影子就在眼前晃着。季羡林沉默着，心中的怒火已经到了极致。然而，面对一群已丧失了起码的善良天性的人们，任何感情的涌起都是没有意义的。

眼睛虽然是看着地下，但耳朵却听到了屋子里乒乓作响的声音，声音之大足以震醒了全楼。季羡林虽然没有看见那些大汉们是怎样在那一大一小的房间里乱翻，但他仿佛得到了佛经上所说的天眼通，透过几层墙壁，便能看到那些“小将们”正在挪动床桌，翻箱倒柜。在他们的眼里，所有的东西都是天敌，愿意砸烂什么，就砸烂什么；愿意踢碎什么，就踢碎什么。遇到锁着的东西，他们把开锁的手段一律简化，不用钥匙，而用斧凿，咔嚓一声，铁断木飞。季羡林多年来从国外及其他地方收集的小工艺品、小古董之类的摆设，在顷刻之间便灰飞烟灭，季羡林听得只一阵心悸，心如刀割。

季羡林（左二）与婶母（右三）、夫人（右二）、儿、女和孙女合影

楼上砸完以后，一位姓王的学泰语的学生来找季羡林要楼下的钥匙。原来这位学生以前到过季羡林家，知道他的藏书都在楼下。季羡林知道碰到了内行，只得把钥匙交了出来。这些“小将”还不算完，又逼季羡林交出记载着朋友们地址的小本本，以便进行“瓜蔓抄”，可见他们的抄家经验是多么老到。

季羡林蜷曲在厨房里，心里面如同打翻了的五味瓶，酸、甜、苦、辣、咸，什么滋味都有。他感觉他已出离了愤怒，出离了悲凉，出离了恐惧。他觉得他们在厨房中如同三只小小的蚂蚁，别人手指一动，他们就会变为灰尘。季羡林甚至都产生了错觉，不知道这是人的世界，还是鬼的世界。就这样，终于听到门外忽然静了下来，两个手持大棒的彪形大汉，也在转瞬间消失不见了。

他们回到屋子，屋子里成了一堆垃圾。桌子、椅子，只要能打翻的东西，都被打翻了。那一些小摆设、小古董，只要能打碎的，都被打碎了。地面堆满了书架子上掉下来的书和从抽屉里丢出来的文件。季羡林辛辛苦苦几十年积累起来的科研资料，一半被掳走，一半散落在地上。睡觉的床被彻底翻过，被子里有一个非常结实的暖水袋，也被什么扎破，水洒湿了一床。看到这幅景象，三个人都变成了木雕泥塑，没有语言，没有情感，更没有思维，如同植物人一般。

季羡林的潜意识还在活动。他想到了当时极为流行的一种说法：好人打好人是误会；坏人打好人是锻炼；好人打坏人是应该；坏人打坏人是内讧。他不知道来抄家的人是好人还是坏人，但坚信自己是好人。于是，好不容易熬到了天明，他便骑自行车到“井冈山”总部去了。他还存在一丝幻想，要从“自己的组织”里得到一种说法。

车子骑到校园里，北大所有的高音喇叭都放开了，一遍又一遍地高呼“打倒季羡林”，并历数他的“罪行”。季羡林就这样骑着自行车，在天空中弥漫着“打倒季羡林”的声音里，来到了“井冈山”总部。

总部的人早已知道了情况。他们一方面派摄影师到季羡林家进行现场拍摄，另一方面已经决定要调查季羡林的历史。这些当然是以后知道的事情。对于季羡林的处境，“井冈山”领导表面上表示同情，但季羡林已经感觉到他们怀疑的态度。就这样，一夜之间，季羡林由人民变成了“反革命分子”，没有任何手续，没有任何证据，说一声“打倒”，就被打倒了。东语系的公社命令季羡林：必须待在家里，只许规规矩矩，不许乱说乱动。过了三四天以后，两个臂戴红袖章的公社红卫兵，雄赳赳、气昂昂地闯进了他们以前的系主任、如今的“反革命”家里，把季羡林押解到外文楼去受审。季羡林看着自己在此当了 20 多年系主任的外文系大楼，心中真是百感俱生。他做梦也没有想到自己从国外回来，抱着为国献力的雄心和诚意，如今竟成为一帮“学生”的阶下囚，世事如白云苍狗，不可思议！

第一次审讯，还让季羡林坐下。但季羡林已是憋了一肚子气，又自认自己没有“辫子”和“尾巴”，还同审讯者硬顶。他心里是在说：“捉虎容易放虎难，我看你们将来怎样放我？”所以，季羡林说话的声音很大，态度强硬，有时还使审讯的小将面露窘相。然而小将们也逐渐强硬起来，因为他们已掌握了季羡林的“底”。

所谓的“底”有三个。第一个是一只竹篮子，里面装着烧掉一半的一些信件。小将们说这是季羡林想焚信灭迹的铁证。说他烧的全是一些极端重要的、含有重大机密的信件，但实际的情况却是这样的：季羡林原来住四间房子，“文革”开始时，季羡林自觉地退出两大间，让楼下住的一位老友上来住，楼下的房子便被迫交给一个无巧不沾的、自命“出身”很好的西语系公社的女职员。由于房子减了一多半，积存的信件又太多，于是季羡林便想烧掉一些，以减轻空间的负担。本来，大白天烧信件，就说明烧者心中并没有鬼，但烧信时一位革命小将劝阻了季羡林，他就把没有烧完的装在了一只竹篮中。这就是季羡林的“罪证”之一。

第二个“罪证”是一把菜刀，是抄家的时候从季羡林婶母枕头下搜出来的。这本是婶母为安全起见所采取的自卫措施。因为在“文革”兴起后，社会治安极坏，传说坏人闯入家门抢劫，进门先奔厨房搜寻菜刀，威胁主人。季羡林的婶母年老胆小，每夜都把菜刀藏在自己枕下，以免被坏人搜到。而到了审讯者的嘴里，这把菜刀便变成从季羡林的枕下搜出来的，是准备杀红卫兵的，罪行何其大也。

第三个“罪证”更是不得了，是一张石印的蒋介石和宋美龄的照片。这是一件偶然的历史存物，是季羡林在德国留学时一位留学生送给他的。季羡林压根就对蒋介石没有过好印象，一直认为他是一个政治流氓。但不幸的是，季羡林有一个好收集信件的习惯，别人给他的信件，甚至片纸只字，他都保留起来。于是审讯者硬说，季羡林保留这一张照片是想在国民党反攻大陆成功后邀功请赏的。

这三条“罪证”季羡林都一一加以解释，但每解释一条，便被认为是态度恶劣、顽抗抵罪。这些“莫须有”的罪名一一摆开，又似乎铁证如山。季羡林对自己是百分之百的自信，但对面前的“革命家”们，却失去了信心，因为对手不是可以讲道理的人。人一旦丧失了讲道理的底线，还有什么可以说明白的呢？

季羡林感到了紧张。

他连夜失眠。白天神经紧张到最高限度，恭候提审，晚上枕在枕头上，辗转反侧，睁大眼睛，等候天明。季羡林觉得自己的前途是前所未有的黑暗，而且，他简直不知道这黑暗能否过去。他白天黑夜都在噩梦中。在乱梦迷离中，他一会儿看到那一把菜刀，觉得有什么人正用那一把刀砍他，于是不禁一身冷汗，蓦然醒来；一会儿又看到那一只装满了烧掉一半信件的篮子，那篮子忽然着起火来，火光熊熊，正在燃向身边，又是一身冷汗，蓦然醒来；过了一会儿，又看见了蒋介石和宋美龄的照片，蒋介石张开血盆大口，露出了满嘴的獠牙，正想咬他，而宋美龄则变成了一个美女蛇，于是季羡林又出了一身更大的冷汗，霍地从梦中跳了出来。

这哪里是人过的日子？！

最可怕的还不是这些，而是环顾眼前，展望未来。

未来简直无法想象，而眼前已是坠入陷阱，一片黑暗。因为季羡林旗帜鲜明地反对“老佛爷”，这无异于是捅了马蜂窝。不但是被公社“打倒了”，就连“井冈山”的人也争先恐后，落井下石。他们也派人来押解他们的“勤务员”去受审，此时季羡林才知道，他们不过是一丘之貉，难兄难弟罢了。

最让季羡林伤心的是他的两个所谓“及门弟子”。其中之一是贫下中农出身，又是“烈属”，政治身份是红得不能再红了，但他的学习却并不怎么样。季羡林当初为了贯彻党的“阶级路线”，硬是把他留下来当了他的助教。而另一个也是同样的好出身，低智商，一直到毕业也没有进入梵文的门。为了“不让一个阶级弟兄掉队”，季羡林便在课堂上给他吃偏饭，多向他提问题。但这一切“老师心”却在两位学生的眼里成了“阶级报复”。他们一边对季羡林动手动脚，一边高声扬言：“不做资产阶级知识分子的金童玉女。”

这是对季羡林的致命的打击。付出了强烈爱心的人尚且如此

1955 年，北大领导及部分系主任与先进班的代表合影，三排右七为季羡林

回报他，更何况他人？！一年多来，季羡林看多了斗争走资派的场面——“语录盈耳，口号震天；拳打脚踢，耳光相间；谩骂凌辱，背曲腰弯；批斗完了，一声‘滚蛋’。”季羡林每每看到此，便胆战心惊。不是害怕，而是对这种对人格的凌辱的不堪。想想现在，便可想而知他的不远的未来。未来，对季羡林来说无非是两种选择：一是忍受一切；一是离开这一切，离开这个世界。对于第一条，季羡林是绝对办不到的；思来想去，也只有走第二条道路了。

对于这一条选择，季羡林反倒容易接受，而且一旦决定下来，心情也平静下来了，并且是异常平静，异常清醒。因为一个人到了连死都不怕的地步，什么也就都能承受了。剩下的只是清醒地、技术地考虑实现这个决定的手段和步骤了。

这一夜，季羡林想了许多，首先想到的是“文化大革命”开始以来北大自杀的教授和干部。有一段时间，自杀的教授和干部几乎一天有一人，都是不堪于学生的批斗而“畏罪自杀”的。他们当中有历史系的教授汪某人，有中文系的党总支书记程某某，不是吃安眠药，就是喝敌敌畏。还有的是从很高的楼上跳下来，有的到铁道上卧轨。这些死法对季羡林来说，都成了一种冷静的选择手段，他的思绪还不由得延伸到了50年代，延伸到了中国古代。他想到了屈原，那一位投汨罗江而死的爱国诗人，最终也没能完成“路漫漫其修远兮，吾将上下而求索”的光荣使命，投江自尽，以不让自己的爱心生生破碎。还有项羽，是在四面楚歌中自刎而死。对此种死法，季羡林想一想都会摇头，一向忠厚善良的他，是绝不会采取这样一种原始的自杀方式的。

就这样，季羡林古今中外地回溯着历史上所有采取自杀方式的人物，并沉浸在此，幻化成自己的身影，屡屡替代，又屡屡不能完成。他冷静地分析、比较着每一种自杀手段的利弊，权衡着自己的承受能力和可能成功的把握，就像在研究一种特殊的技术。谁也不会想到，一个学问高深、满腹经纶的学者竟以这种做学问的方式，在选择把自己送往死亡之路的途径。仅从这一事实本身，便可想而知“文化大革命”对一代知识分子摧残的程度。

思来想去，季羡林决定还是用服安眠药的自杀方式比较符合他的想法。决心既然已经下了，便可以考虑行动的时间和地点了。对于季羡林来说，时间是越快越好，最好是立即就执行。谁也无法保证下一个时刻将会发生些什么，那个时候，你就是想死也可能死不成。死的地方也尽可能远一些，对这一问题季羡林考虑得很具体。如果在家里服安眠药，早晨一起床，家里的两位老太太看到季羡林直挺挺地躺在床上，她们即使不被吓死，也必然被吓昏。季羡林一生都是为别人过多考虑，就是现在要离世而去了，他也要考虑到活着的人的状态，想到自己死后尸体要抬出去，那一间房子谁还敢住呢？不行，不行，季羡林马上否决了在屋里自杀。

地点，自然就想到了校外，但这里面同样存在着一些具体的问题。比如，以季羡林自己的愿望，他的第一选择自然是西山。

因为西山山深林密，风光秀丽。如果能在死前来到这里，猎猎松涛、淙淙泉水，头枕松针、仰视碧空，然后亲手将自己宝贵的生命灭掉，想来也颇有诗意。这是季羡林最理想的自杀之地，但问题是那个地方比较远，如果走在路上被红卫兵小将截获，那可就要吃不了兜着走了，这个地方不行；季羡林又想到了颐和园，那里是以往名人们自杀常选择的地方，王国维就是在这里投水自尽的。但也有问题，一旦在游人很多的游园里被发现，把游兴正浓的君子仕女惊吓走了，这也不是季羡林所愿意的，同样否掉。想来想去，季羡林想到了住处后面只有一条马路之隔的圆明园。因是荒凉废弃之地，这里有很大的苇坑，正是初冬季节，芦花正茂，人走进去，就会被芦苇们包融起来，真正地投身到了大自然。季羡林想到自己走到芦苇深处，天当被，地当床，把安眠药一服，就地一躺，自己的目的便能立即达到，既干净又利索。想到这里，季羡林觉得非常满意，高兴得简直想手之舞之，足之蹈之。

事到如此，季羡林的内心十分平静，平静得连自己也感到害怕。照理说，一个人决定自己结束自己的生命是非常困难的，情感上也应大起大落。古人江淹说：“自古皆有死，莫不饮恨而吞声。”季羡林却觉得自己一没有饮恨，二没有吞声，只是处在一种超乎寻常的平静中。在平静中，季羡林唯一感到对不起的，是陪他担惊受怕的年迈的婶母，以及在风风雨雨中无怨无悔地陪他度过了40年的老伴，还有许许多多对他怀有深情厚谊的亲戚和朋友。想来想去，他想只能默默说一句："到那边再会了。"于是，季羡林把仅有的几张存款单，平平淡淡地递给了婶母和老伴，强抑制住心中的悲伤，心里在默默地说着："可怜的老人，今后你们就靠这一点生活下去吧！不是我狠心，也不是我自私，茫茫宇宙，就只给我留下这样一条独木桥了，我有什么办法呢？"

季羡林的婶母和老伴仿佛也明白了季羡林的心思，她们也什么都没说，默默地接过存单，并不去多问一句。季羡林安排好了后事便开始集中他手中的安眠药。由于季羡林半生都患神经衰弱失眠症，这是长期脑力劳动的后遗症。因此他手中中西安眠药有很多，也深通安眠药的疗效。从集中在手的药的情况来看，中西兼备，药丸药水都有。季羡林为此也制订了一个万无一失的服药计划，以丸打头，以水冲下，保证会一举成功。他找来了一个布袋子，把安眠药统统装在里面，准备走出门去，在楼后爬过墙头，再过一条小河和一条马路，前面就到圆明园。

一切都准备就绪，只等季羡林迈步出门……

就在这关键时刻，门上响起了十分激烈的敲门声。季羡林知道，这又是红卫兵降临了。开了门，果然不出所料，闯进来了三个学生，雄赳赳，气昂昂，臂章闪着耀眼的红光。他们是来押解季羡林到什么地方去进行批斗的。

在这种情况下，季羡林深知自己是毫无发言的权力的。他觉得自己就像一头任人宰割的牲畜，没有一点人的尊严。他趁红卫兵小将还没有注意到什么，立即偷偷地放下那只装着安眠药的袋子，“俯首帖耳”地跟着出来了。家里的两位老太太在这种不正常的日子里似乎也习惯了，刚刚接过男主人手中的存折，又眼睁睁地看着他被几个不明事理的学生带走，不敢问也不敢言。

这一路上，几个红卫兵小将边走边训斥。他们说季羡林态度恶劣，竟敢还嘴，而季羡林被夹在几个学生之中，不敢抬头，也不敢看别人，只是看着地面默默走着。他觉得自己就像是鲁迅小说《示众》里的示众者一样，被别人指指点点，自己也无心去听。不知道走了多久，他便被押到了目的地。季羡林低头看到地面，便知道这是大饭厅，是全校最大的室内聚会场所。他从后门走进去，走到了一间小屋子里，发现那里已经有了几个“囚犯”，都像达摩老祖一样，面壁而立，闭目思过。季羡林不敢看任何人，也不知道他们是谁。马上就有人命令季羡林也要这样面壁而立。因为耳朵还没有被堵上，于是听到了一些熙熙攘攘的声音。突然，在一片嘈杂的声音里，季羡林听到了一声清脆的耳光声，但仔细一体味，好像自己的脸上并没有什么感觉，便知道这是响在别的“囚犯”脸上的。季羡林刚刚宽慰一点，马上又听到了一声更为清脆的耳光声，声音近在眼前，而季羡林的脸上立即火辣辣的。毫无疑问，这一巴掌是打自己的。没容季羡林多想，他的背上又是重重的一拳，腿上也是重重的一脚。他还听到了一些谩骂之声。事到如此，季羡林的神经高度紧张起来，尤其是耳朵的神经，听着随时可能在自己身上发出的一些响声，准备承受着拳打脚踢，他知道，他刚刚承受的都只能算是序曲，压轴戏还在后面呢。

果然如此。只听空中传来了一声断喝：

“把季羡林押上来！”

便走上来两位红卫兵，一手抓住他的手臂，一手拧着他的背，就这样季羡林被押上了批斗台。耳边还不断传来对身体的要求声：

“弯腰！”

“低头！”

“往下弯！”

“再往下弯！”

季羡林在这种不断加码的非人的要求下实在站不住了，只好将双手扶在膝盖上，但马上招来了一拳，还加上一脚：

“不许用手扶膝盖！”

此时的季羡林，身体的承受能力似乎已经到了极限，他双手悬在空中，全身的重力都压到了腿上，腿真有点承受不住了。但承受不了也得承受，因为身边有一丝不苟的红卫兵在监督着你。

这时，主席台上有人讲话了。讲的是什么，季羡林根本就没有心思去听，他只是知道了今天批斗的主角并不是他，他只是被押来“陪斗”的。他不知道那位“主斗”的老同志站在什么地方，只是不断地听到清脆的耳光声、剧烈的脚踢声、沉重的拳头声。而季羡林自己虽然在“陪斗”，但也已经是浑身酸痛得无法忍受了。他觉得自己眼前冒金星，满脸都是汗，但仍旧是咬紧了牙关，一遍又一遍地告诫自己：

“要忍住，要忍住，你无论如何也不能倒下去，否则，那后果就不堪设想了。”

正在咬牙坚持着，忽然，不知从哪个方向，一口浓痰啪的一声吐在了季羡林的脸上。季羡林只感到心中一阵冰凉，“士可杀，不可辱”，如今，辱也被辱过了，还会有什么？他觉得整个世界，不，整个宇宙已经悄悄地在他身后退去，他觉得，这安静的大饭厅里只有他一个人存在。

又是一阵震天的口号声。接着季羡林就被人掐住脖子，反剪双手，押出了会场，押上了一辆敞篷车。他明白，这是要出去“示众”了。他什么也看不见，什么也不敢看，只是本能地感觉到马路两旁挤满了人。有人用石头向季羡林身上扔，季羡林觉得就好像一千只手在他的头顶上挥动，有一千只脚在他的腿上踢，还有一千张嘴在向他吐着唾沫。季羡林被斗得头昏脑涨，糊里糊涂。过了不知多久，也不知车开到了什么地方，突然有一个人用脚把季羡林从卡车上踹了下来，季羡林被这飞来的一脚踹得晕头转向。刚刚爬起来，又有一个工人走上前来，对着他的脸，猛击一掌，他的鼻子和嘴里立即流出了鲜血。这是对季羡林的最后招待，季羡林的嘴里和鼻子里的鲜血都往下淌，连他自己也没有了思想，就像一块行尸走肉一样不知所措。只听头上一声“滚蛋”，他知道今天的戏总算完了。

此时，季羡林这才发现，头上的帽子早已经丢了，脚上的鞋也只剩下了一只。他就这样一瘸一拐地走回了家。家里的两位老太太见此情况大吃一惊，但又马上转惊为喜，毕竟他是活着回来了。

这是季羡林挨的第一次斗，但这第一次批斗，却在无意中救了季羡林一命。经过这一次急风暴雨似的批斗，季羡林无论是皮肉还是灵魂，都得到了一次血的洗礼，他想：“这样残酷的批斗原来也是可以忍受得住的呀！有此一斗，以后还有什么可怕的呢？还是活下去吧！”就这样，因为意外的一场“陪斗”，使季羡林在千钧一发的时刻救了自己一命。真是不敢想象，如果红卫兵小将再晚来半个小时，恐怕这个世界上，早就没有了一个叫季羡林的中国老教授。

既然下定决心活下去，季羡林便做好了准备，准备迎接更残酷更激烈的批斗。果然如此，没隔几天，季羡林便从“陪斗”变成了“主斗”的对象。他站在他已站过 20 多年的讲台上，过去他是作为系主任站在这里的，而如今他却成了“历史反革命”“资产阶级反动学术权威”，甚至是“国民党残渣余孽”。这些“帽子”是随心所欲随时被加戴的，季羡林已经学会了充耳不闻。他斜眼看了看主席台桌子上摆着的三件东西：一是明晃晃一把菜刀；一是装着烧焦的旧信件的竹篮子；一是画了红叉的蒋介石和宋美龄的照片。这几项“罪证”，把季羡林着实吓了一跳，因为对于不明真相的群众来说，有了这三样物证，就等于宣判了季羡林的“死刑”。季羡林两眼一闭，豁出去了，一个人连死都不怕了，其他又能算得了什么呢？

一切无法想象的批斗都进行了，一直批到季羡林浑身上下都是血和汗，这一场血的洗礼才告结束。以后，类似这种血的洗礼，每隔几天就要来上一次，对季羡林来说，也是“曾经沧海难为水”，有了几次以后，也就习以为常了。他还在批斗中发明了一套锻炼身体的方法。这种锻炼不是一般的体育锻炼，而是特殊的锻炼，是专门锻炼双腿的。因为批斗时的主要姿势是坐喷气式，要能够坚持坐两三个小时而不倒，否则，在不该倒下时倒下了，那就是故意捣乱，就要得到一顿臭打。季羡林此时已是年近花甲的老人，本来身体便瘦弱，经不起这样的折腾，坐喷气式坐到半个小时以后，就会感到腰酸腿痛，浑身出汗；到了后来，身子直晃悠，脑袋在发晕，眼前发黑，耳朵轰鸣。这时他只能咬紧牙关，实在坚持不下时，也背一背《毛主席语录》：“下定决心，不怕牺牲，排除万难，去争取胜利。”这里的潜台词是：“下定决心，不怕皮痛，排除万难，去争取不要倒下。”这样一背，有时还挺起作用。

为了彻底解决坐喷气式的难题，季羡林下决心搞一个长远规划，他像钻研自己的梵文那样得出一条经验，那就是要锻炼双腿。他下

季羡林一生勤奋，治学严谨

定决心，每天站在阳台上进行锻炼。每天早晨，季羡林就走到阳台上，低头弯腰，手不扶膝盖，完全是自觉自愿地坐喷气式。他边弯着腰，边在心里数着数，来计算时间，一直到眼花流汗不能坚持为止。这大约是古今中外最为奇特的一种体育锻炼了，而其锻炼的目的是为了能抵挡住来自同类人的折磨，真是天下奇观，闻所未闻。

又过了一段时间，季羡林又被派去劳改。季羡林与其他被批斗的老教授一起，每天早晨 8 点到指定的地方集合，在一个工人的监督下去干杂活。12 点回家，下午 2 点再去，晚上 6 点回家。劳动的地方很多，工种也变化多样，有时候是一天换一个地方。这虽然比坐喷气式好了一点，但每天干活时还总是提心吊胆地担心又要被红卫兵小将们提审去批斗。这样的提审是每时每刻都可能发生的。而每次劳动结束时，季羡林都不敢走阳关大道，而是像一只见不得阳光的蝙蝠，专往阴暗的小路上走。这不是说季羡林从心理上要改造自己，而是阳关大道太不安全了。那些戴着红袖章、手持长矛的红卫兵小将，三五成群，雄赳赳气昂昂地走在大路上，如果碰上季羡林这样面带菜色一看就是“黑帮”分子的人物，一时心血来潮，打一巴掌踢一脚，是太寻常的事了。而跟这些人，是没有任何道理可讲的。所以，只有贴着墙边走阴湿的小路。这样行走的结果，也有意外发生。

有一天，季羡林被押解着去拆席棚。那些横在地上的木板上还有残留的钉子，季羡林一不小心踏在了上面，一寸长的钉子直刺脚心，一拔出钉子，立即血流如注。见到这种情况，带队的人不但对此毫不关心，而且勃然大怒，说：“你们这些人简直就是没用的废物。”他还算发了点慈悲，对季羡林说：“滚蛋吧！”季羡林便拖着伤脚，一瘸一拐地走回家来。回到家也没有别的办法，只能是采用祖传的老办法，用开水把伤口烫上一烫，抹点红药水，用纱布包了起来，下午还要继续去干活。

1968 年 5 月 4 日，季羡林又同一大批“黑帮”分子从家中被押解到了煤厂。所谓的“煤厂”，是贮有煤炭的地方，由一群工人管理，而这些人又都是拥护“老佛爷”的。他们对付起那些文弱书生，简直是不在话下。所以，凡是在“煤厂”劳改过的“走资派”，一提到煤厂，不寒而栗，谈虎色变，就像是提起了国民党的白公馆和渣滓洞一样。这一次来煤厂的“黑帮”，都是一批“罪大恶极”的人，其中有被“第一张马列主义大字报”点了名的陆平和彭佩云等。他们每一个人的脖子上都被戴上了一块十几斤重的大木板，上面写着各自的名字。接下来仍旧是规模浩大的批斗，不过这次批斗是加了码了。季羡林只知道戴着这大木板数到了几千，还没有结束。而等到一场批斗下来，季羡林浑身已经成了一块没有知觉的僵肉。他被人像拖一只死狗一样拖着走，拖来拖去，一直拖到季羡林没有了知觉。这一次的批斗，对季羡林来说是三生难忘，他对剩下来的日子已经毫无希望，对那些在批斗中以折磨人为乐的人的人性已经出奇地愤怒，并感到惊诧：人何至于达到如此凶残的地步！

这样的日子难道没有头吗？

还没有到头。

由于心理的负担、身体的疲劳，再加上学校大批斗时的摧残，在去北大分校太平庄劳动的时候，季羡林病了。睾丸肿得像小皮球一样大，两腿不能并拢起来，连站都困难，更不用说走路了。押解人员见季羡林实在不能去栽秧，就安排他在院子里拣砖头石块，扔到院子外面去。季羡林只好裂开双腿，趴在地上，把砖石拣到一起，然后再爬着扔到院子外面。就这样干了两天，押解人员见季羡林实在病得厉害，便让他自己到部队医院去治疗，但让他首先要报告自己的身份。到了医院后，军医开始很热情地要搀扶季羡林，季羡林却高声说着:“报告！我是黑帮！”就这一句话，一下使医生的脸上晴转阴，还忙不迭地说着：“走吧，走吧！”

就这样，作为“黑帮”的季羡林，连看病的资格都没有，是硬撑着反而不治而愈了。

5. 牛棚里的见闻

从太平庄回来后，“黑帮”们就被召到了外文楼和民主楼后面的三排平房那里，红卫兵要他们自己动手，修建“牛棚”，然后再请君入瓮，让他们自己住进去。

“牛棚”的格局是，东面以民主楼为屏障，南面以外文楼为屏障，西面空阔的地方和北面没有建筑的地方都用苇席搭成墙壁，遮了起来。外文楼与民主楼之间的空阔处，也用苇席围起，建成了“牛棚”的大门。所谓的“牛”们，被分配住在平房里，男女分居，每屋 20 人左右，每个人只有躺在能容身之地。而且地面久已荒废，地上湿气霉味直冲鼻子。

在建造“牛棚”的整个过程中，所有的老教授、“黑帮”分子们都是埋头苦干，勤勤恳恳。与一般热火朝天的劳动场面唯一不同的是，这里面没有笑声，连低声说话的声音都没有。因为参加劳动的每一个人都知道自己的身份，而且监改人员手中都有木棒，谁还敢忘乎所以。

“牛”们搬进“牛棚”时，每一间屋里都贴着一张“劳改人员守则”，但没几天，又换上了“劳改罪犯守则”，把“人员”改为“罪犯”，便说明了“牛”们的法律地位。守则每一项的规定都很严，与坐牢没有什么区别。季羡林却苦中偷乐，给“牛棚”作了一首“歪诗”：

大院建成
乾坤底定
言顺名正
天下太平

劳动中的季羡林

“牛棚”的生活是早晨6点起床，早了或晚了都不允许。只听一声铃响，穿衣出屋，第一件事情就是绕着院子跑步。监改人员站在院子正中，发号施令。

跑完步，到院子里的自来水龙头那里

去洗脸漱口。洗漱完，便排队到第二食堂去吃早饭。走在路上，一百多人的队伍浩浩荡荡，但每一个人都是垂头丧气，如丧考妣。因为他们被命令：走在路上时，谁也不许抬头。如果有人无意中违反了，背上马上就是一拳或者被踢上一脚。到了食堂，也只许买窝头和咸菜，油饼以上的“细粮”是绝对禁止买的。当时“劳动罪犯”的生活费是每月16元5角钱，家属是12元5角。买完饭，便在食堂外面的树底下蹲着用餐。无论是中饭、晚饭，都是窝头、咸菜。曾在德国饿过肚子又经历过“三年困难时期”的季羡林，又第三次经历了挨饿之苦。只是这一次不同的是，在饥饿之外还增加了强度很大的劳动和极紧张的精神压力，并且皮肉之苦会随时落到头上。

在“牛棚”的生活里，每天最重要的一件事情是无论如何也不能忘记的，这就是在出发劳动之前，“牛”们必须到树干上悬挂的黑板前，抄录今天要背诵的“最高指示”，这指示往往相当长。每一个“罪犯”，今天不管是干什么活，到哪里去干活，都必须背得滚瓜烂熟。任何监管人员，不管在什么场合下，都有可能让你背诵。如果背错一个字，轻则一个耳光，重则是更严厉的惩罚。有时，如果“罪犯”被叫到办公室去，先喊一声“报告”，然后垂首肃立，监管人员便提一段语录的第一句，你必须接下去把整段背完。如果背错一个字，则大加惩罚。曾经有一位地球物理系的老教授，由于年纪实在太老了，脑子始终记不住“最高指示”，于是每天都被打得鼻青脸肿。这实在是红卫兵小将们自己发明出的“革命”手段，其实他们自己也都背不过。因为精神高度紧张，有时季羡林也会把语录背错。连季羡林都知道背错了，但监改人员并没有听出来，而是一挥手：“走吧！”

在“牛棚”里的劳动是随时都要变换的。季羡林运过煤块，搬过石头，挖过稻田，还曾经跟着一位工人到学生宿舍去修理地下水管，也还修过房子，成了无所不能的杂务工。

到了晚上，还有一道难过的关，这就是“晚间训话”。

每天晚上，吃过晚饭，照例要全体“罪犯”集合，地点是在两排平房之间的小院子里。每天总有一个监改人员站在队列前面训话。训话的内容每天不同，但都没有什么道理可讲，就是要折磨人的。训话者每天的主要折磨内容就是抓“小辫子”。“小辫子”的来源有两处：一个是白天劳动时的一些芝麻绿豆大的小事；一个是他们每天的书面汇报中的一些所谓“问题”。其实，劳改的“罪犯”们每天都在兢兢业业地干活，谁还敢出问题？但只要监管人员看你不顺眼，他就可以随意给你安个“小辫子”，好修理修理你。

最令季羡林难以忘怀的是这样一件事。

有一位西语系的归国华侨教授，年龄早过了花甲，而且重病在身，躺在床上起不来。不知道他是怎么被弄到“黑帮”大院里来的。他重病在身，行将就木，根本就不能劳动，连吃饭都起不来，监管人员就让他躺在床上“改造”。他住的房子门外，就是晚间训话“罪犯”的地方。但每一次点名，他都能听到自己的名字。此时就从屋中木板床上传来一声轻微的“到”，声音微弱、颤抖、苍老、凄凉，令人听了都会灵魂战栗。每一个人听到这世界上独一无二的应到声，都忍不住要哭出声来。

如果在晚间训话中被抓了“小辫子”，就被另册出队，被罚站通宵。有一次，季羡林半夜出来方便，在黑暗中看到院子里一些树下都有一个人影，笔直地站在那里，抬起两只胳臂，向前做拥抱状。实际上拥抱的只是空气，什么东西也没有。这些朋友们不知道已经站了多长时间，但这时大家都知道是彼此不能说话的。季羡林连忙悄悄地回到屋里，夜里做梦，梦到的都是一些拥抱空虚的人。

在“牛棚”里，还有离奇的一些规定。比如：走路不许抬头，坐着不许跷二郎腿。这样久而久之，“罪犯”们便失去了笑的本领。这些人长年在紧张的体力压迫和精神压迫下，能够一天下来不挨打已是幸事，哪里还有心思去笑。渐渐地，就是遇到了可笑的事和可笑的人，他们也都麻木了，失去了笑的神经。

当然，事情也并非就此完了。那些“新北大公社”的人在背后还在加紧活动，搞季羡林的黑材料。因为季羡林是得罪了“老佛爷”，于是就有一帮她的亲信下力气要把季羡林往死里整。

整人要有证据，他们便到季羡林的老家去调查他的“历史罪行”。他们觉得季羡林能够在新中国成立前留学德国，念了那么多的书，肯定是出身于大地主家庭，至少也应该是富农。但是官庄的村民告诉来调查的人说："如果讲苦大仇深要诉苦的话，季羡林应是第一名。"这才把"外调"人员的念头给断了。

季羡林自己也要应付许多的"外调"人员。这些人员三六九等，很不相同。有的只留下被调查的人的姓名，季羡林写完后，便交给监改人员转走。有的要当面面谈，有态度好的，也有野蛮粗暴的。有一次，山东大学派来了两个"外调"人员，一定要和季羡林面谈，于是季羡林便被带进了审讯室。他们调查的是季羡林同山东大学一位北京籍的国文教授的关系，季羡林便由此而获知了这位同仁的遭际。奇怪的是，本来季羡林是"新北大公社"的"罪犯"，可一瞬间，他又变成了山东大学的"罪犯"，他们不但用乡音谩骂季羡林，而且还动手打季羡林，不但要季羡林交代他同那位山东大学教授的"黑"关系，还要向他们交代季羡林自己的"罪行"。其逻辑之混乱，来势之凶猛，令季羡林这位久经疆场的老"罪犯"也不知所措，浑身上下流满了汗。最后，连北大的监改人员都看不下去了，觉得他们实在有点过分，干脆出面干涉，这才使这两位窜越省界来批斗的"老乡"勉强收兵。

在"牛棚"里，也时常有些"花絮"出现，一旦有这种现象出现，就说明又有人要遭殃了。有一天，在晚间训话时，一位国内外知名的图书馆学家和敦煌学家，被监管人员叫出队外，马上就有一记清脆响亮的耳光声在他脸上响起，接着又是拳打脚踢，一直把他打倒在地，跪在那里。原来是他用粗糙的手纸来写思想汇报，被送到了监管人员手中。这位教授不知是出于一时糊涂，手边没有书写的纸而只有使用手纸，还是他吃了豹子心老虎胆，有意嘲弄这一帮趾高气扬的小将们。总之，他使“牛棚”里的“棚友们”大开了眼界，并解了一些心头之气。

东语系还有一个教蒙古语的教员，为人耿直，表里如一。“文化大革命”刚开始时，不知是什么人诬陷，说她是国民党三青团的骨干分子。这都是捕风捉影的无稽之谈，根本没有证据。在最初被勒令劳动时，还只有季羡林和另一位教授。可是有一天，忽然这一位女教员也去了。季羡林就有点困惑不解，便问她是不是系革委会命令她去的？她回答不是。“既然不是，你为什么自己来呢？”“人家说我有罪，我就有了有罪的感觉。因此自动自愿地来参加劳动改造了。”

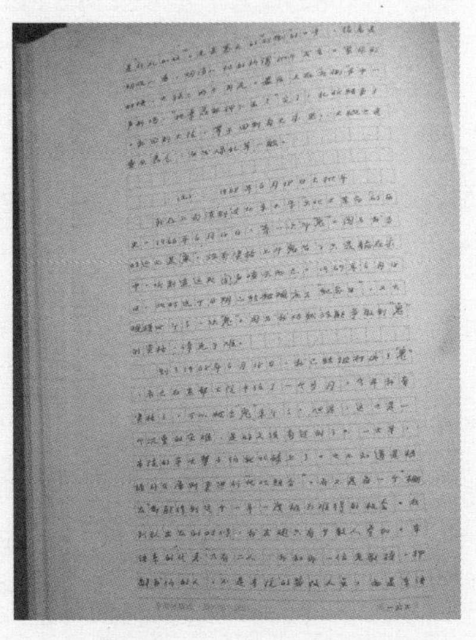
《牛棚杂忆》手稿关于批斗的描述

后来，进“牛棚”的时候，开始也是没有她的。但是，忽然有一天的傍晚，从“黑帮”大院门外连推带搡地推进一个新的“棚友”来，季羡林一看，正是那位自觉“革命”的女教员。一位牢头问她：

“你叫什么名字？”

“××华。”

“哪一个‘华’呀？”

“中华民国的‘华’。”

这一下等于捅了马蜂窝。这位女教师立即被戴上了“现行反革命分子”的“帽子”，拳足交加，被打倒在地。不知是哪一个牢头出的一个歪主意，把她带到了一棵树下。这棵树长得有点奇特：有一枝从主干上长出来的支干，是歪着长的。她被命令站在这个支干下面，最初头顶碰到树干。牢头便向她下令：

“向前一步走。”

她遵令向前走了一步。此时她的头必须向后仰。又下了一个口令：

“向前一步走！”

此时的树干越来越低，不但头必须向后仰，连身子也必须仰了。但是，仍来了一个口令：

“向前一步走！”

此时树干已极低，她的腰仰着弯不下去，而口令也不再发下去。她就保持着这种姿势，连一分钟也不到就软瘫在地。剩下的情况自然是好不了，拳打脚踢，全然不顾这是位女教师，她的这种倒下完全是人为的结果。

季羡林自己也遇到过非常阴险的审问。有天晚上，已经响过熄灯睡觉的铃了，季羡林突然听到在民主楼后面拐角的地方有人高喊："季羡林！"季羡林听到以后，连忙用上两条腿的力量，用超常的速度跑到前面的大院里，只见生物系一位姓张的学生正坐在那里，右手把着脚丫子，开口问道：

"你怎么同特务机关有联系呀？"

"我没有联系。"

"你怎么说江青同志给'新北大公社'扎吗啡针呀？"

"那只是一个形象的说法。"

"你有几个老婆呀？"

季羡林大吃一惊，连忙敬谨回禀：

"我没有几个老婆。"

这样一问一答，"交谈"了几句后，他又说：

"我今天晚上对你很仁慈！"

季羡林想了想，的确是"仁慈"。可是，到了第二天晚上，季羡林正准备睡觉时，晴天霹雳一般，只听有人大吼一声："季羡林！"季羡林赶紧跑到了院子里，还是这位姓张的学生，正怒气冲冲地站在那里：

"喊你为什么不出来？你耳朵聋了吗？"

季羡林刚刚觉得有点不妙，还没来得及再想下去，就感到脸上和头上蓦地一热，一阵用胶皮裹着的自行车链条作武器打下来的暴风骤雨，铺天盖地地落到了他的身上。不是全身，而是仅限于最要害的头部。季羡林的脑袋顿时嗡嗡地响，眼前直冒金星，但他还不敢躲闪，笔直地站在那里，一任那钝痛到火辣到麻木到失去感觉。就在好像浑身上下裹了一层铁甲的时候，耳边遥远地传来了一声“滚蛋”，季羡林连忙回到了“牛棚”。

到了“牛棚”，季羡林赶紧对自己查了查身体。眼睛被打肿了，但还能睁开；五官没有一处不流血，但张了张嘴，牙齿还在；四肢被打木了，但骨骼还没有断掉。季羡林放下了心，还好，都是外伤。这对他来说还算是福音了。否则，就是打断了腿，也不会饶过你，就是爬着出去，也绝不会给你少上一课的。而第二天，还得照样谈话，照样背语录。

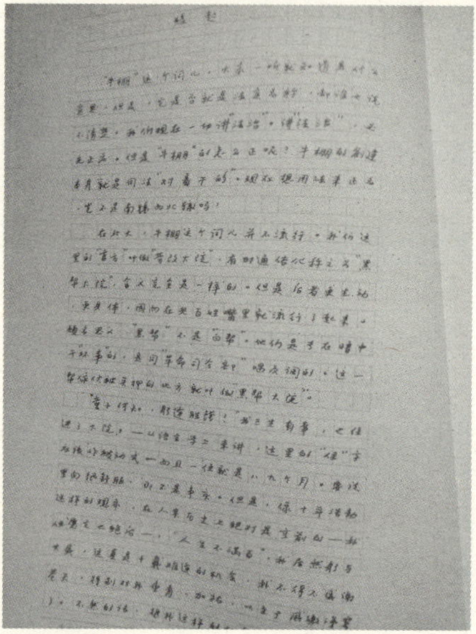

《牛棚杂忆》手稿——缘起

转眼间已经进入冬季了。牢房里也装上了炉子，生了火，但牢房里的人也越来越少了。原来是

“新北大公社”革委会改变了对待“劳改罪犯”的“政策”，不再集中，而要实行分散，把各系所处的“罪犯”分回各自的单位。这样，东语系就将季羡林转移到了外文楼去。“罪犯”们被分配到二楼北面的缅甸语教研室里，都是在地上打地铺。靠窗子有一张大桌子，牢头们就睡在上面，居高临下，好监督“罪犯”，而“罪犯”好像又增多了不少。

季羡林在新的牢房态度仍是“恶劣”，这惹怒了一帮学生，还有前来支“左”的解放军。有一天，一位解放军战士来问季羡林一个问题，季羡林见到军人也是这样蛮不讲理，便很生气，告诉他：“我的全部日记都已经被抄出来了，一定会放在外文楼某一间屋子里。你派一个人查一查那一天的日记，最多只用五分钟，问题就可以全部弄明白了。”这一下使这位军人勃然大怒，说季羡林态度极端恶劣，继续批斗。

这一次是在楼里游斗。楼里已经贴满了“打倒季羡林”的大字报，现在，他又被卡住脖子，拧住胳臂，推推搡搡，押进楼去。楼道本来就很狭窄，又加上挤满了学生，季羡林感觉真是落到了一个人的海洋，耳朵里听的是口号，头上、身上挨的是拳头。后来，便换个教研室批，但这与以前在“牛棚”的批斗相比，还是轻多了。季羡林经历了那么多的批斗锻炼，如这般批斗，已经是小巫见大巫了。这样，季羡林干脆把两个耳朵都关闭了起来，“任凭风浪起，稳坐钓鱼台”。这样的批斗对季羡林来说，反而产生了“被批斗的积极性”。他甚至还爱上了这种批斗。他觉得这样也很开心，你在那里“义正词严”，我这里关上耳朵，镇定养神。就这样，季羡林的批斗常是以“态度恶劣”始，又以“态度恶劣”终。第一个“恶劣”救了季羡林的命，第二个“态度恶劣”养了他的神，这可真是一份意外的收获。

到了 1969 年，季羡林便进入了“半解放”的状态。这一年的农历春节前，系革命委员会突然通知季羡林，说他可以回家了。于是，季羡林回到了离开已近一年的家。

回到家的季羡林，实际上头上还顶着一顶“帽子”，前途也仍然渺茫，而外来的压力也仍旧存在。有一天，季羡林刚刚起床，就听到楼下家属委员会的一个小头目在高声昭告全楼：“季羡林放回来了。大家都要注意他呀！”这让季羡林听了心里难免有点别扭，知道自己这是被交给“群众监督”了。从此，他仿佛就变成了瘟神或艾滋病患者，没有人敢接触了。就这样，季羡林在“群众监督”中度过了一段略为平静的时期。

但在相对平静的生活中，也有过一些小小的波澜，首先是党费的问题。在季羡林到了“黑帮”大院的时候，党费是肯定不能交的，因为那时他是“罪犯”，哪里还敢交党费。而且他还自己不能领每月的生活费，都是季羡林的婶母代劳。她每个月到外文楼东语系办公室去领全家三口人 40 多元的生活费。当然，作为“黑帮”的家属，她听了不少奚落的话。但就是在这种情况下，她还担心季羡林丢掉了党票，仍然按月交纳党费。东语系不知道哪一位党组织的干部居然也敢收下，而没有向“黑帮”大院通报。季羡林的婶母后来还告诉他，一位姓袁的老同志，不但对她没有奚落，而且还偷偷地小声对她说：“把钱收好！走路要小心！”这短短的一句话，在那个日子里，犹如冰天雪地中的一丝温暖。

但到了40楼后，就该季羡林自己交党费了。但季羡林觉得自己不好交党费，便耽误了一些时间。于是，系里的领导便找季羡林谈话，问他：“为什么不按时交党费？”季羡林真诚地对他说：“等到支部决定开除我出党的时候，我一定会把所有拖欠的党费一文不少地交上，然后离开。”其实，就连季羡林自己也没有信心，他认为留在党内已经是完全不可能了。

“半解放”的日子没有多久，季羡林就进入了“完全解放”的阶段。这时，时间已经是1970年的农历春节了。漫漫长夜，总算有了一点希望。虽然季羡林的“问题”依然是没有解决，但已比进“牛棚”受管制要轻松许多了。季羡林被分配在一楼进口处左边朝外有大玻璃窗子极小的一间房子里，也就是35楼的门房。季羡林的差事就是当门房，第一个任务是守着门房；第二个任务是传呼电话；第三个任务是收发信件和报纸。

对完成这三个任务，季羡林认为也难也不难。领导虽然有话，说不要让闲杂人员进入楼内。而本系的教职员工都是“老同志”了，季羡林都认识。高年级学生也认个八九不离十。新学生则不清楚，对此季羡林无能为力，只好索性一概不管，听之任之；对于电话，则是有电话就接，没有电话就闲坐着，也很好对付；第三个任务，更是容易了，就是送报送信。若是来了报纸，季羡林就上楼送到办公室。若是来了信，就收下，放在玻璃窗外的窗台上，让收信者自己挑取。这三项任务都是很好完成的，日子很容易就打发过去了，季羡林每天 8 点从 13 公寓走到 35 楼，12 点回家；下午 2 点再去，6 点回家，每天坐足了 8 个小时，步行十几里路。一方面是精神上的彻底休息，一方面是体力上的加强锻炼。这两方面对季羡林来说都是急需的。由于长达 3 年多的批斗、“牛棚”生活，季羡林的精神压力太大了，甚至马上就要到了崩溃的程度；而在体力上，一遍又一遍的肉体折磨也使季羡林的身体承受力达到了极限，再批斗下去，就会彻底垮掉。而这时的“完全解放”，等于是把季羡林送到了养老院。他既无教学工作，也没有科研任务。没有哪一个人敢给他写信，更没有哪个人敢来拜访他。外来的干扰一点都没有，季羡林自己也十分欣赏这种“不可接触者”的生活，并陶醉其间，其乐融融。

第六章

空谷足音

1. 玉汝于成译“天书”

对于刚刚解放的季羡林来说，这段时间是精神和体力的休养生息。然而，对一个习惯了舞文弄墨的人来说，一旦有时间有精力，让他过一种不动脑筋而虚度光阴的生活，则无异于宣判了他的死刑。在当门房的轻松的日子里，每天每天，他大部分的时间是一个人孤独地待在大玻璃窗子内，瞪眼瞅着出出进进的人，看的时间久了，季羡林觉得很无聊。

“不为无益之事，何以遣有涯之生？”一个阳光明媚的下午，季羡林望着被太阳晒得白花花的世界，脑子里涌上了古人的这两句话。他觉得他现在的脑子灵活，身体健康，就这样盯着时间在自己身边一点一点走过，实在是极大的浪费。虽然刚刚过去的“牛棚”生活想起来便让人不寒而栗，但它们似乎已经远去了。自己毕竟是一个留过学还有点用处的人，为何不找点“无益之事”来干一干呢？总比像现在这样坐在大玻璃房子里虚度光阴要好些吧！

刚刚脱离苦海的季羡林，还是仍旧不改他知识分子不读书便不能继日的习惯，而且，他的思维定式也总是在舞文弄墨的范围中转。让他学打麻将、打扑克，真比当年让他学吐火罗文还难，因为他对这些游戏是完全不感兴趣。

新中国成立初期的季羡林

到底可以做些什么事情呢？季羡林看着在他眼前进进出出的学生们，脑子在不停地选择着。按说，在这样一个没有人过问的环境里，写文章是最好的。可写什么呢？很显然，季羡林想写的学术文章是被批判的，想写的“牛棚日记”不写也罢，若写便一定是真话连篇、怒气冲天，这根本就不可能写。况且，他自己也丝毫没有写文章的心境，许多事情如鲠在喉，一写就是错，还不如一字不提。想来想去，只能做一件比较费力而又有机械性的脑力劳动，这就是翻译了。

翻译东西是需要大量的时间和耐力的，而季羡林思量自己的职业——“门房”，看来也有长久的时间了。所以，他想，是不能翻译原文短而容易的；最好是翻译原文长而困难的，这样可以避免经常要考虑挑选原文的麻烦。即使不会一劳永逸，也会“一劳永逸”的。季羡林之所以想到翻译是一件“无益之事”，是因为他觉得像他这种人的译作是永远也不会有出版社肯出版的。翻译了而又不能出版，当然是“无益”的了。

什么作品是又长又难翻译的呢?

下午的阳光透过明亮的玻璃，照在了季羡林睿智的脸庞上。阳光下，不到60岁的季羡林此时已是白发苍苍。那是大批斗和“牛棚”生活给他折磨的印记，那些个不眠而又痛苦的夜晚，任谁也会在瞬间苍老起来。但季羡林的眼睛是明亮的，他正在紧张地搜寻着可以捕捉到的讯息。在文学的海洋里，历史的文化宝藏实在太多，每每徜徉其间，季羡林都会感到一种“吾生也有涯，而知也无涯”的紧迫感。他知道自己来到这个世界上的使命，就像屈原那样，“路漫漫其修远兮，吾将上下而求索”。那是要在学海里遨游一番的。名和利都是虚的，只有踏踏实实地搞一点研究，做一点学问，才是实的。以前，繁忙的行政工作再忙，他都没有放下学术研究。而现在，有大把大把的时光，怎能就这样让它们在自己的身边白白流过。

当然，选择的范围也只是在他所熟悉的领域。以前，季羡林翻译过几本印度文学名著，曾被某一些“左”派称作“黑货”与“毒品”。既然选择也还是在这些范围中，自己又把这种翻译看作是“无益之作”，那干脆就选择历史最久远、篇幅最大的文学名著吧。

想着想着，季羡林的眼前一亮，四个金光闪闪的大字出现在他的眼前：罗摩衍那。

《罗摩衍那》是蜚声世界文坛的印度两大史诗之一。它与《摩诃婆罗多》并称为印度古代两大史诗，在印度文学史上和世界文学史上，占有崇高的地位，并对印度文学以及东南亚一些国家的文学，产生过巨大的影响。在过去的两千多年中，它被称为“最初的诗”，作者蚁垤也被称为“最初的诗人”。它还成为印度古典文学的伟大典范，以及创作取材的丰富源泉。仅仅是这一部史诗，在以前的印度文学中，有人模拟，有人改编，有人缩写，有人袭用，简直是错综复杂，令人眼花缭乱。随着时光流逝和社会向前发展，各时代的统治阶级都想利用《罗摩衍那》的威名来宣传自己的政治观点和宗教信仰，并借以达到维护本阶级利益的目的。比如：12世纪的迦尔诃那写的《王河》里讲到，克什米尔的一个国王被诅咒变成了蛇，只有他在一天之内让人朗诵全部《罗摩衍那》，他才能恢复人形。可见《罗摩衍那》已经成了这些最高统治者的护身圣书了。许多杰出的古典诗人，如迦梨陀娑、薄婆菩提等，也都从《罗摩衍那》取材。据精校本的编校统计，《罗摩衍那》共有两千多种手写本，有50多种梵文注释，可见梵文原本的《罗摩衍那》影响之深广。

在近代，地方文学语言兴起以后，《罗摩衍那》又多次被翻译，被改写。12世纪，出现了泰米尔文译本；15世纪，出现了孟加拉文的《罗摩衍那》；16世纪下半叶，有名的杜尔西·达斯写了《罗摩事迹之湖》，这不是翻译，而是创作。这一部书产生了极其巨大的影响，是印度文学的古典名著。从此以后，用地方文学语言进行的翻译和改写，就风起云涌，直到今天，并无停止，几乎所有的印度语言都介绍了《罗摩衍那》。

《罗摩衍那》的影响还不仅仅限于印度国内，从比较早的时候起，它就被传出国去，被译成了许多外国语言，外国也有不少文学作品是根据里面的故事改编或改写的。很早就出现了古爪哇文的译本。在我国新疆发现的古代语言残卷中，有古和阗文的《罗摩衍那》。

后来，梵文原本的《罗摩衍那》也传到了欧洲。1843—1867年，意大利学者高瑞西乌就编校出版了德文译本，不是全译。1847—1858年，意大利文译本出版了。1854—1858年，法文译本出版了。1870—1874年，英文译本出版了。1892—1894年，英文译本出版了，全译和节译都有。德国诗人吕克特还根据《罗摩衍那》的一部分，写成了诗，在当时曾广泛流传。到了现在，据说俄文和日文也都有了《罗摩衍那》的译本。而美国有一个专门的学会，集中人力来翻译和研究《罗摩衍那》。总而言之，由于《罗摩衍那》的文学地位，它对世界文学的贡献以及它的文化价值，是足够值得花大气力把它翻译成中文的。即使不能出版，留给后人做研究用，也是太值得了。

季羡林的眼睛更亮了，因为他知道他有足够的时间和精力来完成一项工程巨大的翻译工作。说它工程巨大是毫不夸张的，这一部史诗够长的了，精校本还有约两万颂，每颂译为四行（有一些颂更长），至少有八万多诗行，足够他忙几年的。

但接下来的难题就是找译本。这一部史诗的梵文原本，在国内只能找到旧的版本。季羡林在一份资料中曾经看到，印度新出了一部精校本，是继《摩诃婆罗多》精校本后的另一个伟大的成就，颇受到国际上梵文学者的好评，但此书国内没有。季羡林便抱着有一搭无一搭的心情，向东语系图书室的管理员提出了请求，请他通过国际书店向印度去订购梵文精校本《罗摩衍那》。按照季羡林的想法，百分之九十九是订不到的；即使订到，也要拖上一年两年。好在那个时间对季羡林来说，最多的就是时间。所以，要等一两年也就一两年吧，季羡林没有抱多大的希望。

但是奇迹就是在没有希望的时候产生的。过了不到两个月，七大本装订精美的梵文原著，居然整整齐齐地排在那里。起初季羡林简直不敢相信自己的眼睛，他一时吃惊得说不出话来。一时间，他觉得这几本大书在他眼前熠熠生辉。这是他在“文革”这几年中最大的喜事了。他觉得他那早已干涸了的心灵，通过这几本大书，又注满了生命之水，使他满眼都是绿色的生机。几年里，已经失去了笑的神经的季羡林，第一次露出发自内心的笑容。这笑容里满含着一个中国知识分子对文明的向往和对知识的渴求。任何人看到了一个年近花甲的知识老人，在几大册文化典籍面前露出的笑容，都会为之深深感动的。

目标定下来以后，剩下的就是向目标进军了。

但季羡林当时的身份和任务是看门，当门房。再高兴，再兴奋，季羡林也没有失去警惕性，他要时刻记住自己的身份，哪里又敢公然把厚书搬到玻璃大窗的门房去读呢？残酷的政治折磨也使他有了一些“政治觉悟”，使他不会轻易地做一些透明度很高的事情了。怎么办呢？

“天无绝人之路”，情急中，季羡林想出了一个“妥善”的办法。《罗摩衍那》原文是诗体，而季羡林一向给自己定下一个原则，就是诗必须有韵，那么，庞大的《罗摩衍那》就不能仅翻译成散文，还要讲究押韵。但要什么样的诗体呢？这里就颇费斟酌。季羡林认为，流行的白话诗，没有定于一尊的体裁或者格律，诗人们各行其是。但所有的形式，季羡林都觉得不恰当。如果用所谓的马雅可夫斯基体，译这种古老的史诗显然是风马牛不相及，根本用不上。完全用旧诗来译，也有困难，一是不能做到“信”，一是别人看不懂。经过反复考虑，季羡林决定译成顺口溜似的民歌体。每行字数不要相差太多，押大体上能够上口的韵。他认为鲁迅先生谈的那几条关于新诗的意见，是完全正确而又可行的。鲁迅说：

我以为内容且不说，新诗先要有节调，押大致相近的韵，给大家容易记，又顺口，唱得出来。但白话要押韵而又自然，是颇不容易的，我自己实在不会做，只好发议论。

但“万事开头难”，解决了译文文体，接下来就是一个漫长的翻译长征了。按原著的篇幅计算，这几卷本的《罗摩衍那》有三百多万字。白天，季羡林是完全不能干的，剩下的便只有晚上的一点时间。而又要把诗文译成带韵脚的诗，找到恰当的韵脚，还不要太过重复，也不是一件容易的事情。季羡林想出了两全其美的办法，这就是用晚上在家的时间，仔细阅读原文，把梵文诗句译成白话散文，第二天早晨，在到35楼上班的路上，在上班

书房中的季羡林

以后看门、传呼电话、收发信件的间隙中，把散文改成诗，改成押韵而且每句字数基本相同的诗。这样，一次翻译，等于变成了两种译文。先翻译成散文，再翻译成诗文。于是，季羡林在特殊的日子里发明出了特殊的翻译方式。他往往先把译文潦潦草草地写在纸上，揣在口袋里。在门房看门时，闲坐无事，就把纸片拿出来，读上一遍，再推敲、琢磨。

当然，在当时，季羡林对自己能否坚持把这三百万字的诗文译出来还有点犯嘀咕。但他记起从前读唐慧立的《大慈恩寺三藏法师传·卷十》，其中有这样一段记载：

> 麟德元年春正月朔，一日翻经大德及玉华寺众，殷勤启请翻《大宝积经》。法师见众情专至，俯仰翻数行讫，便摄（收）梵本，停住告众曰："此经部轴与《大般若》同，玄奘自量气力不复办此。"

季羡林想，不管怎么说，从气力上来看，是可以完成此次长征的，但从心情上却不能这样要求。在他看来，如果他能译出全书的一半，就很满意了，也算不虚度下半辈子了。

分析完自己的实力后，季羡林便眼瞪虚空，心悬诗中，一心扑在《罗摩衍那》的翻译上。从表面上看，季羡林面无表情，神情还有些呆滞，显示出眼不清耳不聪的半衰老状态，而在实际上，他的大脑中正在进行激烈的“健脑”运动，词汇库在不断地翻转着，转换功能也在不断地将翻译的词语换成各种朗朗上口的韵脚。一项大的翻译工程就在无声无息之中悄悄展开，就像闻名中外的地道战一样，所有的工作都是在地下展开的。绝不会有人看出季羡林在干什么，只是偶尔会有人感到这位学贯中西的东语系前系主任实在是有些木讷，任谁向他投去任何目光，也不会使他有所反应。

其实，季羡林是有所反应的，只是心思不在人上，那个年月，又能有几个人注意呢，自己顾自己还来不及呢。季羡林只是对周围的大自然有反应而已。有时，默默的翻译累了时，他偶一抬头，会看到门两旁的海棠花正在怒放，红得百分之百，开放得毫不拘束，就像畅游在印度古诗中的心情，姹紫嫣红、一派春光。

正在季羡林“躲进门房成一统，管他春夏与秋冬”的时候，一个小小的插曲又对季羡林的翻译工作造成了干扰。

那是一天下午，季羡林习惯性地低头翻译一段便抬头向门外看看，他在时刻提醒自己要保持高度的警惕性。但在习惯性的张望中，他忽然看到左门外专门供贴大字报用的临时搭起的席棚上贴出了很多张用黄纸写成的大字报，下面还有几十位东语系教员签的名，内容是批判“5·16”分子的。季羡林对这类内容本是毫不关心的，但也许就是命运的安排，他突然想活动一下筋骨，看看到底写了些什么名堂。这一看真是大吃一惊，原来这大字报是冲季羡林来的。

接受上一次因看大字报“哼”了一声便被小将抓住把柄的教训，季羡林一声不响地回到了自己的门房。这一天的翻译是无法进行了。他也要用别人的眼光来分析自己，究竟哪个地方是可以和“5·16”分子联系起来的。一般人都有一个常识，这就是所谓的“5·16”组织是由出身好的青年人所组成的，季羡林想自己一非青年，二又“出身不好”，哪里会有资格参加“5·16”组织。想来想去，大约是因为自己每日严肃端坐、目不旁视，给人以心有阴谋之嫌吧。但如果不端坐，能去与革命小将聊天不成？眼睛乱瞅，又会有人说是刺探情报了。想来想去，还是以不变应万变，静观事态发展。但那几日的翻译工作是不敢再继续了，万一有一天被人瞅见了，又要加一新的罪名。

这事情后来便无声无息地消失了。原来这“5·16”组织只是个“莫须有”的组织，可怜天下一批人也被戴上过“莫须有”的罪名。

这件小插曲过了之后，时序推移，不知不觉又过了几年。眼看着桌子下面的译文草稿越堆越高，眼前的长征路也越来越接近目标了，此时的季羡林，几乎已经忘记了眼前的日子是怎么度过的，只是一张纸片一张纸片地翻译着《罗摩衍那》，全身心地投入到了古印度诗的海洋里。

四年过去了，转眼就是1976年了。季羡林此时也恢复了组织生活，一件更重要的事情就在季羡林的漫漫翻译日子里发生了，

“四人帮”被粉碎了，“文化大革命”结束了。新的日子和新的生活，更加振奋了季羡林的精神。他觉得他的眼前都被那远处的光辉照耀得一片灿烂。那七卷本的《罗摩衍那》此时就像一颗夜明珠一样，愈发夺目辉煌。苍天不负有心人，季羡林长吁了一口气，苦难总算到头了，知识分子也有用武之地了。

一个偶然的机会，人民文学出版社的编辑得知了季羡林正在翻译《罗摩衍那》。他们找到季羡林，并告诉季羡林他们准备出版这套书。这对季羡林来说，真是喜出望外。他最初是没有打算要出版此书的，但看到了国家新的局面，看到了知识正在重新被重视，他开始修改他的翻译计划，决心把全书译完出版。

而在此时，一些文学界学术界的朋友们也知道了此事，有的甚至并没有与季羡林见过面，但当大家得知他在翻译《罗摩衍那》，都给季羡林写信鼓励，共享盛举。已经有多少年了，季羡林不再收到亲友们的来信，初收到这些来信时，他感到有些不知所措。但当理解了朋友们的厚望时，他又以双倍的精力投身到了巨大的翻译工程中。

与此同时，恢复了政治生命的季羡林，又担任起了许多行政职务。先是恢复了他东方语言文学系系主任的职务，不久后，1978 年，在他 67 岁高龄时，他又担任了北京大学副校长、北京大学与中国社会科学院合办的南亚研究所所长，以及北京大学南亚研究所所长等行政职务。在繁忙的行政事务之余，季羡林便利

季羡林（左）1987年11月在北大校园与日本著名梵文学者中村元博士（右）合影

用晨起的时间，分秒必争地加速完成《罗摩衍那》的翻译工作。而季羡林从解放时就习惯了在紧张的工作中抓紧时间搞学问的工作方式，在别人看来是非常矛盾的事情，而到了他这里便成了一种可以相互调剂的好方式。用他的话来说，干一件工作疲倦了，就换一件，这就等于休息。打一个比方来说，换一件工作，就好像是把脑筋这一把刀子重磨了一次，一磨就锋利。再换回来，等于又磨了一次，仍然是一磨就锋利。《罗摩衍那》就是季羡林用这种翻来覆去磨过的刀子翻译完毕的。

当然，翻译《罗摩衍那》本身就是一件有意义的事情。尽管这一部书长得惊人，但主题思想却很简单，一言以蔽之，不外是正义战胜邪恶，磨难产生幸福。随着对《罗摩衍那》翻译的加深，季羡林对史无前例的“文化大革命”的混乱，也有了清晰的认识。他逐渐认识到，这样的一场“革命”，实际上也是一件邪恶的东西，同《罗摩衍那》中十头魔王所作所为同属一个范畴，二者在最后都被挫败了。《罗摩衍那》的主人公罗摩是一个理想人物，他经受了无数的挫折与磨难，最后终于胜利，终于享受到与爱妻团圆的幸福。于是，一边翻译《罗摩衍那》，季羡林一边用罗摩的境遇来鼓励自己。罗摩的胜利不时给季羡林带来一些安慰，给他那枯燥的工作增添了一些生气，也给他的内心注入了活力。季羡林也在这漫长的工作中体会到了难以言说的幸福。

这些幸福都是伴随在翻译中对困难的克服而来的。

翻译《罗摩衍那》，季羡林遇到了不少困难。

首先是内容问题。如前面所述，这一部浩浩大史诗，虽然如汪洋大海，但故事情节并不复杂，只需要比较短的篇幅，就可以叙述清楚，而且还会紧凑生动，更具有感人的力量。然而印度古代民间艺人，还有作者蚁垤，竟然用了这样长的篇幅，费了这样大量的辞藻，其结果在一个异类民族看来就显得拖沓、重复、平板、单调；真正动人的章节是并不多的。对此，季羡林也曾怀疑过那种印度人会整夜整夜地听人诵读全部《罗摩衍那》的说法。但作为一个翻译者，其使命就是介绍一种别样的民族民间文化，因而故事情节再简单、叙述再冗长也得恪守原意将它们原样翻译过来。这对季羡林来说也是一件苦事。

其次是体裁问题。因为《罗摩衍那》被称作史诗，也就是“原始的诗”，因此就必须译为诗体。但季羡林认为，既然是诗，就必然应该有诗意，而实际上《罗摩衍那》却并非如此。《罗摩衍那》整个故事描绘纯真爱情的悲欢离合，曲折细致，应该说是很有诗意的。书中的一些章节，比如描绘自然景色，叙述离情别绪，以及恋人间的临风相忆、对月长叹，诗意是极其浓烈的，艺术手法也达到很高水平。但还有大多数的篇章却是平铺直叙，了无变化，有的甚至叠床架层，重复可厌。更令季羡林难以忍受的是把一些人名、国名、树名、花名、兵器名、器具名，堆砌在一起，韵律是合的，一个音节也不少，不能否认不是诗，但季羡林却感到这样的诗是没有“诗意”的。而要忠实于原文，季羡林便只好硬着头皮，把这一堆古里古怪、佶屈聱牙的名字一个一个地忠实地译成汉文。有时候还要搜肠刮肚，想找到一个合适的韵脚。严复说：“一名之立，旬月踟蹰。”季羡林却把自己比喻成“一脚（韵脚也）之找，失神落魄”，其痛苦无以言表。而最令季羡林伤心的是，他用力最勤，包括脑力与体力都用力的地方，却正是读者连看也不看的地方。他们每每看到这里，就会跳越过去。随着翻译工作的进展，对诗体的翻译，季羡林越来越觉得有问题。他觉得，他使用的那种每行字数差不多的诗体，还不够理想；还不如干脆译成七言绝句，少数五言绝句式的顺口溜，这样也许更接近中国的民歌。而译到第六篇下半部时，他又毅然改了。有时译得腻味了便想毅然停笔，不再翻译下去。季羡林虽然不是一个专业翻译家，但他却有相当长的翻译历史。大学时译过英国散文和美国小说，新中国成立后翻译过德国短篇小说、古典梵文和巴利文以及吐火罗文的文学作品，还曾译过俄文论文，不过却从来没有像译《罗摩衍那》这样有过腻味和别扭之感。但无论如何，总是不想半途而废，他不能让它成为断了尾巴的蜻蜓。再说，干一件事情不干到底，也不是季羡林的风格，更不像他的性格。因此，无论是多么不顺，他还是坚持译完了全书。

德国19世纪抒情诗人吕克特曾写过几句关于《罗摩衍那》的诗：

> 这样富于幻想的丑怪，这样不拘形式的激昂而滔若悬河般的辞令。
>
> 像《罗摩衍那》显示给你的，荷马无疑曾教给你藐视它；可是这样高尚的心术和这样深沉的情感，《伊里亚特》却不能显示给你。

季羡林认为，吕克特这个意见非常有趣，认为他可能是把古希腊荷马史诗同印度古代史诗对比的第一个欧洲诗人，他似乎也厌恶《罗摩衍那》那种拖沓繁复的文体，但他提出了两点荷马史诗所缺少的东西：一点是“高尚的心术”，一点是“深沉的情感”。这对季羡林很有启发。正是这两点感动了季羡林，使他在翻译《罗摩衍那》时享受到了精神上的幸福。

就这样，翻译《罗摩衍那》总共花费了10年时间。季羡林每天早起用功，夜晚修订，听过了三千多次晨鸡的啼鸣，把眼睛熬成了严重的白内障，更多的是经历过无数次心情的波动，用尽了无数瓶墨水，终于把这部皇皇巨著译完了。

这时，时间已是1980年了。

1980年，当《罗摩衍那》的汉译文第一篇终于印刷精美、装帧富丽地摆在季羡林的桌前时，季羡林觉着心中的幸福是10年辛苦的最大回报。后来，又出版了第二篇、第三篇、第四篇。当然，祝贺和赞美也接踵而来，有人说这是中国翻译史上的一件大事。1980年夏天季羡林访问日本时，便带去了几本第一篇，送给对《罗摩衍那》有兴趣的日本朋友，并征求他们的批评意见。自然，受到了日本同行的高度赞赏。后来，季羡林又访问西德，也带去了几本第一篇。季羡林却万万没有想到，他的老师瓦尔德施米特教授似乎有点责怪他不务正业，只见教授板着脸，很严肃地说：

我们是搞佛教研究的，你怎么弄起这个来了，你应该继续搞你的佛典语言研究嘛！

季羡林是了解老师的心情的，他是希望自己在佛教研究方面能多做些成绩，但他并不清楚他的学生是在一种什么气氛下搞的这套翻译巨著。在那种政治气氛和环境下，能够斗胆去翻译外国名著，这本身就是一条可以置于死地的罪状。哪里还敢搞与“佛”字有联系的东西，更何况哪里又有资料可提供给他。这在一个没有文化的10年时间里，简直就是一件奇迹。

1986年，季羡林又一次访问日本。这时，《罗摩衍那》已经全部出版完了。在东京，以东京大学名誉教授中村元博士为首的一些日本学者为季羡林布置了一次演讲会，季羡林讲的题目是《和平与文化》。在致开幕词时，中村元把季羡林送给他的八大本汉译《罗摩衍那》提到会上，向大家展示。他称道说，世界名著《罗摩衍那》外文译本完整的，在过去一百多年内只有英文，汉文译本是第二个全译本，有重要意义。日本、美国、苏联等国都有人在翻译，汉译本对日本译本会有极大的鼓励作用和参考作用。

当然，对这两种不同的意见，季羡林有着清醒的认识，他一如既往地保持着自己的态度，再多的赞誉也不昏头，再厉害的批评也不心怀戚戚，但只要是他定下的目标，他会埋头苦干，按既定的目标继续奋斗的。

2. 未觉池塘春草梦

“未觉池塘春草梦，阶前桐叶已秋声。”经过了10年的倒退岁月，回眸一看，季羡林在不知不觉当中已迈入了人生的晚秋岁月。对此，他已经没有时间再发感慨了，他从来不肯停歇的大脑更加快速地运转起来。因为他自己已经意识到，他学术的最好的时光是从现在才开始的。

确实是，年轻的时候因为求学，他远离祖国，海外漂流10余年；回国后，要精诚报国，又遇到了战争岁月。为了弥补自己在全国人民都抗战的岁月里没有在中国的遗憾，季羡林从一解放开始就全身心地投入社会主义建设中。对季羡林来说，只要是党

季羡林（左）与日本梵文学者三友量顺博士（右）合影

号召的、国家需要的，就是为社会主义建设做贡献。“文革”以前，他和许多知识分子一样，将全部精力投入了各种运动中，对学术研究自然要靠自己从行政事务中挤时间来钻研了。

“文革”以后，拨乱反正，科学的春天使一切文化领域生机盎然。季羡林觉得，自己就好像是刚刚开始自己的学术生涯一样，所有的准备、所有的积蓄都在等待着这个时机，等待着这个播种与收获同步的季节。

除了继续翻译《罗摩衍那》以外，季羡林同时开始了许多年一直在内心徘徊的学术课题。

同时，他也仍不改初衷，继续按照国家的需要，承担起繁忙的行政事务以及参与众多的社会活动。

1980 年，季羡林有了一次难得的机会，回到了他的第二故乡——哥廷根，这是他以前所不曾想过的。经过了 35 年的漫长岁月，他又回到了这个距离祖国几万里的小城来。

坐在从汉堡到哥廷根的火车上，他简直不敢相信就在眼前的事实。这难道是一个梦吗？他频频问着自己。一时间，他的眼前就像过电影一样，过去 30 多年从来没有想到的人，一下子都在眼前一一掠过。那些他尊敬的老师，那像母亲一样的女房东，还有那个风姿绰约、温婉如玉的女孩子伊姆加德，以及哥廷根那窄窄的街道、街道两旁的铺子、城东小山的密林、密林深处的小咖啡馆、黄叶丛中的小鹿，等等，都快速地涌现在他的眼前，霎时间，影像纷乱，头绪万千，他激动得直感到火车太慢。

火车一到哥廷根，季羡林马上跳了下来，脚一踏上哥廷根的土地，脑海里就自然地闪现出那一首倒背如流的古诗来：

少小离家老大回
乡音无改鬓毛衰
儿童相见不相识
笑问客从何处来

对他来说，这座只有10来万人的德国小城，在他的心灵深处早已成为第二故乡了。因为他曾在这里度过了整整10年，是人生风华正茂的10年。在这里，他快乐过，苦恼过，追求过，幻灭过，动摇过，坚持过。这座小城决定了季羡林一生要走的道路，他能成为今天中国的著名学者，其学术基础就是在这座小城里奠基的。

重返第二故乡，心中自然是思绪万端，感情上也有一种无法解释的重压，30多年前的一切，一股脑涌在季羡林的脑海里，他感到有些喘不过气来。小城没有变，市政厅前广场上矗立的有名的抱鹅女郎的铜像，同35年前一模一样，还有一群鸽子也仍然像从前一样在铜像周围徘徊，悠然自得。季羡林觉得仿佛昨天才离开这里今天又回来一般地熟稔。广场周围的大小铺子都没有变，那几家著名的餐馆，还有那两家书店，都在原地继续开张着。但，毕竟物是人非了，至少再一次来访问的人已是七旬老人了。更不要说，那些老人的故交了。

季羡林首先去了他住了整整10年的房子。他知道，他那母亲一般的女房东欧朴尔太太早已离开了人世，但房子还存在，那一条整洁的街道依旧整洁如新。从前他经常看到一些老太太用肥皂来洗刷人行道，现在这人行道仍然像是刚被洗刷过似的，躺下去打一个滚，绝不会沾上一点尘土。季羡林走到他住过的房子外面，抬头向上看，看到三楼那一间他曾住过的房间的窗户外，仍然同以前一样摆满了红红绿绿的花草。当然，这些花草已不是出自房东太太的手了。房子的主人，也一定换成了他人。人、物全非了。人、物全非了。

非常庆幸的是，几十年来季羡林最希望还能见到的人，最希望他们还能活着的人，他的"博士父亲"瓦尔德施米特教授和夫人居然都还健在。教授已经是83岁高龄，夫人比他更高寿，是86岁。一别35年，今天重又会面，真有相见如梦之感。教授夫妇已经住到了养老院，他们见到了学生季羡林，显然非常激动。季羡林心里也百感交集，一时说不出话来，师生情胜过父子情，这种深厚的感情是常人无法理解的。他们围坐在不太亮的电灯下，正如杜甫的诗句所描写的：

人生不相见

动如参与商

今夕复何夕

共此灯烛光

在这烛光里，季羡林的思绪一下回到了45年前。45年前师生最初在哥廷根见面，然后是10年剧烈动荡的岁月，中间插上了一个第二次世界大战，也没有能过上几天好日子。季羡林还记得，在最初的几年，他每次到他们家去吃晚饭时，教授那个十几岁的独生儿子都在座。有一次，教授同儿子开玩笑："家里有一个中国客人，你明天到学校去又可以张扬吹嘘一番了。"但就是这个被教授调侃的儿子，在大战爆发后，被征从军，一年冬天，战死在了北欧战场上。这对教授夫妇的打击，是无法形容的。不久，教授也被征从军。由于他已预订好了剧院的票，到了冬天，剧院开演，他不在家，每周一次陪教授夫人看戏的任务，就落到了季羡林的肩上。深夜，每次演出结束后，季羡林都要走很长的路，把师母送到他们山下林边的家中，然后再摸黑走回自己的住处。在很长的时间内，他们那一座漂亮的三层楼房里，只住着教授夫人一人。

而现在，分手了35年后，他们又一次见面了。35年前，一个是莘莘学子，一个是才华横溢的学者，而今，却都是白发苍苍的老人了，令人不得不感叹时光的流逝和岁月的无情。他们见面

1992 年 11 月，季羡林荣获印度瓦纳西梵文大学授予的最高荣誉奖“褒扬奖”

的地方不是教授的房子，而是在一所豪华的养老院里。原来，老教授已经把房子赠给了哥廷根大学印度学和佛教研究所，把汽车卖掉，搬到这一所养老院里来了。季羡林刚刚走进养老院时，就看见教授已经端端正正地坐在了圈椅上。他可能已经等了很久，正望眼欲穿呢。他瞪着慈祥昏花的双目瞧着季羡林，仿佛是在看久别的儿子，那目光仿佛要把眼前的季羡林吞吃下去。握手时，他的手有点颤抖。他的夫人更是老态龙钟，耳朵聋，头摇摆不停，同 30 多年前完全判若两人。师母还专门为季羡林烹制了当年在她家常吃的德国食品。两位老人齐声说：“让我们好好地聊一聊老哥廷根的老生活吧！”他们现在也只能用回忆来填充日常生活了。季羡林问老教授还要不要中国关于佛教的书，他反问学生："那些东西对我还有什么用呢？"季羡林又问他正在写什么东西。他说："我想整理一下以前的旧稿；我想，不久就要打住了！"

季羡林听了，心里陡然凄凉起来。老教授毕生勤奋，著作等身，名扬四海，受人尊敬，但老年就是这样寂寞度过吗？今天，显然因为季羡林的到来，给了他们极大的快乐。一旦他离开了这里，他们又将怎样呢？可是，他又不可能永远在这里待下去啊。季羡林想尽量多待些时候，但毕竟还是要告辞的。老教授带着乞求的目光说："才 10 点多钟，时间还早嘛！"季羡林只好重又坐下。最后到了深夜，季羡林只好狠狠心，向他们说了声"晚安"，站起来，告辞出门。老教授一直把他送下楼，送到汽车旁边，样子是难舍难分。季羡林此时已明确地意识到，这是他们最后一次见面了。但是，为了安慰老师，或者欺骗他，也是为了安慰自己难舍难分的心，他脱口说了句："过一两年，我再回来看你！"这声音，在夜里显得格外刺耳、凄凉，连他自己也听出了其中的空荡和虚无，但这一切又是出自真诚。这真诚感动了老教授，他的脸上现出了笑容："你可是答应了我了，过一两年再回来！"

季羡林听了，心中真是悲怆至极，他实在不能再说什么，他含着眼泪，进了汽车。汽车开走时，回头看看老教授还站在那里，一动也不动，就像是一尊雕像。

过了两天，季羡林离开了哥廷根。同来的时候一样，他的眼前又是面影迷离，错综纷杂。这几天见到的一切人和物，都一一奔涌在眼前，但在这些面影中，有一个特别清晰、特别具体、特别突出的，那就是教授的雕像。这雕像一直在季羡林的脑海里停留了许久、许久。看到了教授老年后不能再继续事业的情景，季羡林更加珍惜眼前的时光，他下决心要把“文革”期间以及以前的时间夺回来，要分秒必争，要把自己的全部精力，投入到学术研究上去。

早在1978年，当《中国大百科全书》筹备工作开始时，季羡林便出任《外国文学卷》编辑委员会的副主任委员。那时他还在翻译《罗摩衍那》，本身又有教学和研究任务，还身兼北京大学多种要职，但他却义不容辞地又兼任了南亚文学编写组的主编。各种繁杂的事情虽然很多，但他从不推脱，工作人员每每找他，他都乐于帮忙，甚至连一些琐碎的小事也乐于帮助解决。

1980年编委会在莫干山开会，季羡林便力主编写工作不能停顿或放慢，事实证明，季羡林的这一主张是富有远见的。在刚刚粉碎“四人帮”，百废待兴的形势下，只有尽快地抓紧时机才能抢先完工。1982年9月下旬，《外国文学卷》（两册）相继出版，季羡林便写了一篇七千多字的文章加以评论，他对当时编辑大百科全书的方针和编写方法都做了肯定，特别从外国文学研究队伍的成长着眼，他说：

> 出版这样一部巨著，这件事本身就是对我国外国文学研究的一个重大贡献。因为这是一部连插图在内共达三百六十万字的大著作，印刷装帧都是国内一流的。参加编辑和写作的来自全国很多地方。大学与科研机构相结合，专业与业余相结合，老中青相结合。这真是空前的壮举，值得大书特书的。这同时又是我国外国文学研究队伍的一次大检阅，也是从来没有的。

1982年10月，季羡林又应邀与吕叔湘等先生一起指导《语言文字卷》的筹备工作，1984年初出任《语言文字卷》编辑委员会主任委员，同年又受聘为《中国大百科全书》总编辑委员会委员。在这些繁忙的学术工作中，季羡林从来都是一丝不苟。有时，为了修改一两个条目，常常是亲自过问。有一次，为了修改许国璋先生写的两个条目，季羡林冒着寒冬里刺骨的北风，乘公共汽车去外国语学院，亲自与许先生商谈修改条目的事情。这种事必躬亲的工作作风和严谨的治学态度，深深感动了与季羡林一起工作的同志。

在此时期，季羡林又以极大的热情和精力，投入到他的佛教研究里。1987年，季羡林发表了长篇学术论文《佛教开创时期的一场被歪曲被遗忘了的“路线斗争”——提婆达多问题》，这篇学术文章一经发表，便在学术界引起轰动和好评。在这篇论文里，季羡林使用了大量梵文、巴利文、佛教梵文、俗语以及大量汉译佛典等重要原始材料，开创性地解决了国内外许多学者长期争论不休的原始佛教语言政策问题，论述了佛教史研究中的一系列历史难点，在全面阐释了自己关于原始佛教语言问题的学说的同时，又对佛祖释迦牟尼与提婆达多的斗争问题提出了自己的怀疑，进而提出了关于印度早期佛教史上石破天惊的新观点。

在这方面，季羡林充分发挥了自己广博的学识和精通多种外语的优势，对各国历代的有关著述，都给予了客观的恰如其分的评价。如对荷兰学者克思、英国学者查尔斯·埃利奥特、德国学者杜图瓦、印度学者杜德等人的著述，都做了分析和评述。

季羡林指出，在大量正统佛典中，一方面美化释迦牟尼，另一方面丑化提婆达多。然后，他从古今中外堆积如山的否定提婆达多的资料入手，层层深入，以敏锐的分析和有说服力的观点，逐渐剖析，第一次做出权威性的证明：提婆达多实际上是一个非常有才能，而且威望很高的人。甚至进一步提出“提婆达多代表的是唯物主义倾向，是进步的”。这种观点的提出，可以说是对印度早期佛教史领域学术研究中的大胆的开创性的“拨乱反正”的重要尝试，在中外学术界产生了巨大的影响。

自他重新投入学术研究领域以后，好像是蓄积了几十年力量，可谓“厚积而厚发”，一发不可收。从20世纪80年代开始，季羡林进入了他的学术辉煌时期。这时期，他的译著等身，学术研究成果泉涌而出，用他自己的话来说，是10年干了几十年的活。其主要著作有：

《罗摩衍那初探》（1979）；
《印度古代语言论集》（1982）；
《中印文化关系史论文集》（1982）；
《原始佛教的语言问题》（1985）；
《大唐西域记校注》（1985）；
《佛教与中印文化交流》（1990）；
《比较文学与民间文学》（1991）；
《季羡林序跋选》（1991）；
《中印文化交流史》（1991）；
《留德十年》（1992）；
《敦煌吐鲁番吐火罗语研究导论》（1993）；
《季羡林论印度文化》（1994）；
《季羡林佛教学术论文集》（1995）。

译著有：

《论印度》（1951）；
《安娜·西格斯短篇小说集》（1955）；

《沙恭达罗》（1962）；

《五卷书》（1959）；

《优哩婆湿》（1962）；

《罗摩衍那》（1980—1984）；

《大唐西域记今译》（1985）；

《家庭中的泰戈尔》（1985）。

这些译著一方面展示了季羡林在新时期的学术上的新收获，另一方面也表现出季羡林作为老一代学者的敬业风范。他是一个不折不扣的学者，一个体现着中国优秀文化传统的老知识分子，他的学术成绩及治学态度，最集中地体现在他研究学问所提倡的

季羡林（左二）在论文答辩会上

三个境界上。

这三个境界是录自王国维在《人间词话》里的一段话：

古今之成大事业大学问者，必经过三种之境界："昨夜西风凋碧树，独上高楼，望尽天涯路。"此第一境也。"衣带渐宽终不悔，为伊消得人憔悴。"此第二境也。"众里寻他千百度，蓦然回首，那人却在灯火阑珊处。"此第三境也。

根据王国维描摹的这三个境界，季羡林有自己的解释：

"昨夜西风凋碧树，独上高楼，望尽天涯路"，意思是：在秋天里，夜里吹起了风，碧绿的树木都凋谢了。树叶子一落，一切都显得特别空阔。一个人登上高楼，看到一条漫长的路，一直引到天边，不知道究竟有多么长。王国维引用这几句词，形象地说明了一个人立志做一件事情时的情景。志虽然已经立定，但是前路漫漫，还看不到什么具体的东西。

说明第二个境界的那几句词引用自欧阳修的蝶恋花。王国维只是借用那两句话来说明，在工作进行中，一定要努力奋斗，刻苦钻研，日夜不停，坚持不懈，以致身体瘦弱，连衣裳的带子都显得松了。但是，他（她）并不后悔，仍然是勇往直前，不顾自己的憔悴。

在三个境界中，这可以说是关键，根据我自己的体会，立志做一件事情以后，必须有这样的精神，才能成功。无论是在对自然的斗争中，还是在阶级斗争中，都是十分艰巨的事情。就拿我们从事教育和科学研究工作的人来说吧，搞自然科学的，既要进行细致深入的实验，又要积累资料。搞社会科学的，必须积累极其丰富的资料，并加以细致的分析和研究。在工作中，会遇到层出不穷的意想不到的困难，我们一定要坚忍不拔，百折不回，决不容许有任何侥幸求成的想法，也不容许徘徊犹豫。只有这样，才能得到最后的成功。

工作是艰苦的，工作的动力是什么呢？对王国维来说，工作的动力也许只是个人的名利事业。但是，对我们来说，动力应该是建设社会主义社会和共产主义社会，所以，我们今天的工作动力同王国维时代比起来，真有天渊之别了。

从以上的体会中可以看出，他是进入了这三个治学的境界，才能有如此丰厚的学术成果的。也正是基于对学术的精益求精的献身精神，季羡林在他 80 多岁高龄的岁月里，主持了两项浩大的文化工程。一是主编了一套五百册的《东方文化集成》，系统、全面、立体地向人们展示东方文化的丰富内涵，这是季羡林的一个宏愿，要为 21 世纪东方文化的复兴积极做好学术上的准备。

这一大套《东方文化集成》最初的一批刚一问世，即以其独特的视角受到学界的热烈反响，有的书每年都要再版；二是主编了《四库全书存目丛书》，将当年一大批由于种种原因没能收入的著作重新整理出版，显示了季羡林的胆略和气魄，以及在文化战略上的高瞻远瞩。也曾经有人对这一工程不以为然，甚至略有微词，季羡林一反以前清澹淡泊的性格，愤然而起，亲自在《读书》杂志上著文反驳。这完全是季羡林先生对东方文化、中国文化的赤诚之见，也反映出季羡林的耿直、率真的学术品格。

还在德国留学的时候，季羡林就发现，"糖"的发音，在英、德、法等几个国家中的语言发音中都是一样的。他早已萌发了要研究一下糖史的夙愿，但因为各种行政事务，科研项目太多，一直无法实现。后来，稍微有一点空闲，实际上也就是在多种研究项目中挤出了一点时间，季羡林以80多岁的高龄又开始了糖史的研究，为了写《糖史》，一位80多岁的老教授不顾酷暑严寒，几乎要天天跑北大图书馆去查阅《四库全书》。他的观点是：

人吃饭是为了活着，但活着却不是为了吃饭。到了晚年，更是如此。

我要把这些工作做完，同时还要再给国家培养一些人才。我仍然要老老实实干活，清清白白做人；决不干对不起国家和人民的事；要尽量为别人着想，少考虑自己的得失。人过了八十，金钱富贵同等浮出，要多为下一代操心……

像季羡林先生这种超越功利、忘我工作的境界，是一般人难以企及的，也正是有了这种难以企及的敬业精神，使得季羡林的学术成就获得了巨大的成功。他的学术研究之深之专，他的学术研究之广之丰，在当代的学者中，可以说是罕见的，也可以说是独一无二的。这里仅用一简略的方式，举其荦荦大端，以使读者能大致了解季羡林的学术成就：

在印度古代语言研究和中印文化交流史的研究上，季羡林发表了一系列论文，包括博士论文《〈大事〉偈陀中的限定动词的变位》及《中世印度语言中语尾-am，向-o和-u的转化》《使用不定过去式作为确定佛典的年代与来源的标准》等。这些学术文章发现和证明了古代印度语言各种形态变化的特点，为判定佛教经典的时间、地点、传播及演变情况，提供了可靠的依据。这方面的专著，有《印度古代语言论集》；在中印文化交流史的研究上，季羡林的突出贡献在于发表了《中国纸和造纸法输入印度的时间和地点问题》《中国蚕丝输入印度问题的初步研究》等数篇论文，以翔实的史料、中肯独到的分析、令人信服的证明，阐述了长达两三千年的中印文化交流的特点是："互相学习，各有创新，交光互影，相互渗透。"

在佛教史研究方面，季羡林的贡献是巨大的，他是国内外为

参加陆文星、韩素音中印友谊奖颁奖会（左一为季羡林）

数极少的真正能够运用原始佛典进行研究的佛教学学者。他就原始佛教的语言问题与国际著名的学者进行辩论，并用大量梵文、巴利文、佛教梵文、印度古代俗语及汉译佛典等原始资料，纠正了一些在国际上享有声望的知名学者的错误结论，其著作有《原始佛教的语言问题》等。

在吐火罗语言研究方面，季羡林的贡献更是史无前例。所谓的吐火罗语，是 20 世纪初在中国新疆通过考古发现的一种中亚古代语言文字。而季羡林是当时国内唯一能通解这种语言的学者，可谓国宝级学者。早在德国留学时，他已对吐火罗语进行研究并发表过重要论文。1980年，他对70年代在新疆吐鲁番新发现的吐火罗语A《焉耆语》《弥勒会见记》剧本进行研究后，陆续用中、英文发表了10余篇论文，在国际学术界引起了高度重视和极大反响，使长期以来那种“吐火罗文发现在中国，而研究在外国”的论断从此消失，结束了中国没有吐火罗语研究的空白历史。

在翻译文学方面，作为“业余”翻译家的季羡林，其成果甚至超过了专业翻译家。几十年来他陆续翻译了《沙恭达罗》、《优哩婆湿》、《五卷书》、《十王子传》（选译）、巴利文《佛本生故事》（选译）及大史诗《罗摩衍那》等印度古代著名作品，其中的《罗摩衍那》是堪与希腊史诗《伊利亚特》媲美的世界名著，不但填补了我国梵文文学翻译的一项空白，也是我国翻译史上的空前盛事，因为当时世界上已经有意、法、英、日、俄等语言译本（全译本也很少），唯独没有汉译本。而季羡林又是在一种高压恐怖的环境下开始的这项巨大工程，更是在治学精神上感召着一切后来人。这部巨著的出版，得到了国际梵文学界的极高评价和赞扬，并荣获新中国成立以来第一届国家图书奖一等奖。此外，在印度文学介绍和研究方面，他还主编了80万字的《印度文学史》。

在中外文化交流史方面，季羡林完成了两项重要的文化建设工程。20世纪80年代中期，在季羡林的主持下，对玄奘的名著《大唐西域记》进行校注，出版了《大唐西域记校注》和《大唐西域记今译》两书。10万字的序言是季羡林写就的。《大唐西域记校注》的完成，是国内数十年来对西域史的研究和整理方面的一项重要成果，它对研究印度史、中亚古代史、宗教史和中外关系史方面都具有重要价值，也荣获国家图书奖的一等奖。而他花费10余年时间，利用重大学术研究项目的夹缝时间来完成的《糖史》，更是一部很有趣味的科学史著作。它通过对古代制糖技术历史的研究，探讨了人类两三千年来时刻都不能离开的食品。糖和制糖技术，是如何在不同国家、民族之间交流，并不断得到提高和发展，为读者展示了一幅在亚、欧、美、非各大洲的区域间，以糖为媒介，物质文明与精神文明是如何相互交流，相互吸纳的科学历史画卷。

东方文化研究方面，是季羡林所特别关注并极力推进的。除了撰写过许多东方文化的有关论著外，自20世纪80年代后期开始，季羡林便极力倡导开展东方文化研究。在几十年的研究和探索中，他提出了令人信服的关于东西方文化关系的著名论点：

> 东方文化体系的思维模式是综合的（comprehensive），而西方则是分析的（analytical）。中国古代天人合一的思想，是东方思维模式的最有典型意义的代表。从人类几千年的历史来看，东西方文化的相互关系是“三十年河东，三十年河西”。

在经过对两大文化系统的发展过程、取得成就、所做贡献、今后展望进行分析后，又做出了“21世纪东方文化在世界文化中将再领风骚”的预言和“21世纪：东方文化时代”的综合性论断。

季羡林关于东西方文化论述的观点，引起了学术界不同的看法，作为一个80多岁的学者，在20世纪末所发出的独特声音，显示出了中国老一代知识分子对西方现代文化的反思。有的学者甚至论断，可以把季羡林的见解作为走向未来创造的一个“生长点”，因为他点出了走向21世纪的契机与关键。

为了使后人能全面地了解和研究东方文化，他亲自主编了大型文化丛书——《东方文化集成》，该书集中了全国东方文化研究专家、学者数百人，将东方文化全面地、系统地编撰成书，传诸于世。这是一项宏大的跨世纪的文化建设工程，类似这样的工程还有《四库全书存目丛书》和《传世藏书》，季羡林是这两部巨型丛书的总编纂。主持这样大的学术工程，不仅需要深厚的国学、语言学、文学、文艺理论的功底，也需要旺盛的精力，令人吃惊的是，季羡林的精力似乎与其年龄成正比，每增长一岁，每增加一个重大研究项目，他的精力便更加充沛，这本身亦成为学术界的一项奇迹。

在比较文学的研究方面，季羡林也做出了“导夫先路”的贡献，他在年轻的时候就撰写过多篇重要的比较文学论文。20世纪80年代初，在我国比较文学沉寂了30年以后，季羡林首先起来倡导恢复比较文学研究，并担任了比较文学学会的名誉会长，从而推动了我国比较文学研究工作的蓬勃发展。在比较文学的研究中，他提倡要创建比较文学的中国学派，并具体提出了中国学派的两个特点：第一，以我为主，决定“拿来”或扬弃；第二，把东方文学，特别是中国文学纳入比较文学轨道，以纠正过去欧洲中心论的偏颇。可以说，季羡林也为我国比较文学的复兴做出了巨大贡献。

从以上季羡林的学术及创作的粗略介绍里，便会对季羡林的学术成就和贡献感到吃惊并产生由衷的敬佩。对于一般的学者来说，毕其一生的努力，能完成其中的一项或两项，已经非常不容易了，而季羡林一人却在十几个方面都取得了成就，并在每一个学科的研究领域都有自己独到的见解和高深的造诣，这是中国学术界的一个奇迹，也是我们民族的骄傲。正可谓：“鲁殿灵光生，梵天寿星高。”

而在季羡林取得这些学术成就的时候，却正是他的社会工作达到顶峰的时刻。“文革”一结束，季羡林就担任了许多社会职务。这些社会工作主要是：全国政协委员、北京大学教授、中国社会科学院南亚研究所所长、北京大学副校长、北京大学东语系系主任、国务院学位委员会委员、东方文化研究会会长、中国亚非学会会长、中国语言学会会长、中国外语教学研究会会长、中国民族文字学会会长、中国比较文学学会名誉会长、中国作家协会理事等50余个职务。

就是在这样繁忙的社会工作之余，季羡林完成了其他人几辈子都未必能完成的学术成就。季羡林的一生，都在呕心沥血为文化事业孜孜不倦，是什么力量驱使他这样做呢？他在一篇文章里曾经写道："我生平优点不多，但自谓爱国不甘人后，即使把我烧成灰，每一粒灰也是爱国的。"这是最朴素也最感人的力量，是千百年来中华民族的传统美德。正是有了这种精神力量，才有了季羡林先生的学问成就和高尚人品。先生的精神品质，使他无愧是中国学人的楷模。

3. "纵浪大化中"

季羡林先生很欣赏陶渊明的一首诗，这首诗其实也是季先生处世超然、境界高远的真实写照：

纵浪大化中
不喜亦不惧
应尽便须尽
无复独多虑

季羡林先生欣赏这首诗，是因为在他的精神领域里，有与陶渊明相同的“人生诗意”。这种“人生诗意”使季羡林能在枯燥的学术生涯里如饮甘露，孜孜以求，并游刃于其间，获无穷乐趣。所以，谈到季羡林的学术成就，也就不能不提到他的散文创作。

还在上中学的时候，季羡林的同学就给他起过一个绰号，叫“诗人”。当年季羡林是写过一些诗，但并不多。同学们叫他“诗人”，是因为他的精神气质中有“诗人”的气质。我们常听到的“不写诗的诗人”，说的就是这个意思。季羡林的学术研究虽然是枯燥的，但他的精神世界却常常是诗情画意、绿水盈盈。这使他有许多诗的灵感奔涌而出，而他又从小喜欢抒情的文字。念《古文观止》一类书的时候，真正打动他内心的是司马迁的《报任少卿书》、陶渊明的《桃花源记》、李密的《陈情表》、韩愈的《祭十二郎文》等，百读不厌，有的还能背诵。这两方面的结合，先天的诗人气质和后天的古文学养，使季羡林具备了一个散文家的条件。作为一个著名的东方文化研究学者，季羡林还写了大量的散文，说他是一个优秀的散文作家一点也不为过。

他已出版的散文集有多种，主要有以下几种：

《天竺心影》（1980，百花文艺出版社）；

《朗润集》（1981，上海文艺出版社）；

《季羡林散文集》（1991，北京大学出版社）；

《万泉集》（1991，中国文联出版公司）；

《季羡林小品》（1992，中国人民大学出版社）；

《留德十年》（1992，东方出版社）；

《季羡林散文选集》（1995，百花文艺出版社）；

《赋得永久的悔》（1996，人民日报出版社）；

《怀旧集》（1996，北京大学出版社）；

《人生絮语》（1996，浙江人民出版社）。

应该说，虽然季羡林在学术界的建树和成就使他成为当代中

季羡林（左）和著名书法家启功（右）

国的一流学者，但一般人更为了解的，还是写散文的季羡林。这是因为，他的学术研究太深奥，太远古，没有多少人能够读懂他的学术著作。而季羡林写的散文，是那样的至情至真，使人读了便爱不释手，并通过读散文而了解了他的学问、他的为人处世、他的精神世界和他的高尚情操。可以说，要进入季羡林的精神领域，进入他的学术宫殿，完全可以通过他的散文世界来了解。

季羡林曾经谦逊地说："我是'炒'出来的作家。"他对他的名声和威望始终有冷静而又清醒的认识，他把人们对他的文章的推崇当作"炒"，这是他的自谦。而实际上，真正"炒"出季羡林的散文名气的，恰恰是他自己，是他自己充满了学养和精神魅力的文字。

他的散文文笔非常优美、自然、清爽、洁净，被人喻为"好像真正的青花瓷器，令人爱不释手"。其情思中心是沧桑之感，有对岁月的感悟，有对故人的怀念，有对大自然的礼赞，还有对人情世故的体验。初读起来，都是素朴清平、不事雕琢，而读后却令人品味无穷、韵意隽永。文字看似平淡，却有悠然的画意、浓郁的诗情，清丽脱俗、意境超然。季羡林自己评自己的散文是自然地呈现两种状态：年轻时写的文章不多，而用语华丽；后来文风由繁返璞，渐趋平实，也就是后来有学者给概括的"朴厚"。

总体来说，他的散文有以下几大类：一、写景；二、记事；三、抒情；四、怀旧。这几大类散文，都洋溢着扣人心弦的激情和令人难以忘怀的风韵。我们可以略举几例，来欣赏季羡林散文的魅力所在。

熟悉季羡林的人都知道他酷爱大自然，尤爱一些有品位的花草等植物。这样的散文有许多，如《枸杞树》《海棠花》《春满燕园》《马缨花》《夹竹桃》《一朵红色石竹花》《处处花开夹竹桃》等。散文家宗璞曾对季羡林的此类文章给予了高度的评价。她说：

> 作为夹竹桃知己的季先生，实际上不止写活了夹竹桃。对海棠的怀念，对牡丹的赞叹，写马缨花令婴宁笑，写紫藤萝使徐渭泣，他对于整个大自然都是心有灵犀，相知相通的。这些对自然的领悟，形成季先生散文的一种特色。

她还说：

> 其实季先生深刻了解的不只是夹竹桃。那篇《神奇的丝瓜》也令我久久不忘。他观察到，一棵小小的丝瓜秧能指令自己的果实生长或是停止，每个果实能依据自己的地理环境，如靠近窗台或墙壁，选择自己最恰当的姿势，是斜靠还是平躺。这篇短文没有解释丝瓜何以这样奇妙，但可感到作者对万物生长的好奇心，一种赤子天真的童趣。

有几篇写景物的散文，可以说是季羡林此类散文的代表作，也是写景物散文的经典之作，我们不妨从中摘取一段，来领略其绝妙之处：

> 哥廷根的秋天是美的，美到神秘的境地，令人说不出……这小城东面的一片山林在秋天就是一幅未来派的画。你抬眼就看到一片耀眼的绚烂。只说黄色，就数不清有多少等级，从淡黄一直到接近棕色的深黄，参差地抹在这一片秋林的梢上，里面杂了冬青树的浓绿，这里那里还点缀上一星星的鲜红，给这惨淡的秋色涂上一片凄艳。就在这林子里，俊之（章用，字俊之）常陪我去散步。我们不知道曾留下多少游踪。林子里这么静，我们甚至能听到叶子辞树的声音。倘若我们站下来，叶子也就会飘落到我们身上。等到我们理会到的时候，我们的头上肩上已经满是落叶了。间或前面树林里影子似的一闪，是一匹被我们惊走了的小鹿，接着我们就会听到索索的干叶声，渐远，渐远，终于消逝到无边的寂静里去。谁又会想到，我们竟在这异域的小城里亲身体会到“叶干闻鹿行”的境界？

这一段写景的文字，简直就是一首动人的诗篇、一幅看得见的油画。这里的文字不但美，还能表达出一种淡淡的诗情，并深含着耐人寻味的寓意。《登黄山记》也是一篇美轮美奂的美文：

我挤在后面，同大家一样向着东方翘首仰望。天是晴的，但在东方的日出处，却有一团烟云。最初只显得比别处稍亮一点而已。须臾，彩云渐红，朝日露出了月牙似的一点，一转眼间，它就涌了出来，顶端是深紫色，中间一段深红，下端一大段深黄。然而立刻就霞光万道，白云为霞光所照，成了金色，宛如万朵金莲飘悬空中。

这寥寥数笔便描绘出一幅艳丽夺目的旭日初升图。

不仅仅在写景，在抒情和记事方面，季羡林的散文也都具有一种点铁成金的魔力，文字经他手中的笔，便会把一种真情深意传达到读者心中，使人读了不能不为之感动。如在《回到历史中去》一文中，季羡林写道：

人虽然已经离开了科钦，但又似乎没有完全离开。科钦的水光椰影，大会的热烈情景，印度主人的一颦一笑，宛然如在眼前，无论如何也从心头拂拭不掉。难道真能成为“明日隔山岳，世事两茫茫”吗？到了今天，我回到祖国已经半个多月了。再当黎明时分，我伏案工作的时候，偶一抬眼，瞥见那一条陈列在书架上的科钦市长赠送的象牙乌木龙舟，我的心就不由得飞了出去，飞过了千山万水，飞向那遥远西天下的水城科钦。

1984 年 10 月，中国外国文学学会第二届年会留影

此间一个“情”字，并没有刻意描述，却呼之欲出。在抒情方面，季羡林的散文最能打动读者的，是作者情感的质朴、真诚，这尤其是反映在他的一些怀念故友、旧交的怀旧性文章里。他在晚年时期所写的怀念吴组缃、胡乔木、汤用彤先生的文章，都是真情可见、温婉动人、荡气回肠的，其中一些篇章，语言质朴，却又清隽感人。如在《爽朗的笑声》一文中，季先生记述一位爽朗乐天的老干部在“文革”期间失去笑声的事情。他发现这位朋友“脸上一点笑容都没有，他成了一个不会笑的人。他已经把笑失掉，当然更不用说那爽朗的笑声了”。他又说：“我从前知道笑是人的本能；现在我又知道，人是连本能也会失掉了。”这简单的几句话，道破了十年“文革”对人性的摧残，而最令人震撼的，是他笔锋一转，联想到自身的描写：“我自己怎样呢？他在这里

又在另一种意义上成了我的一面镜子。拿这面镜子一照，我同他原来是一模一样，我脸上也是一点笑容都没有，我也成了一个不会笑的人，我也把笑失掉了。”读了这些文字，你不禁怦然心动，一个中国老知识分子的人生况味、他的大爱大哀、对国家命运的拳拳之心，都跃然纸上。

《赋得永久的悔》一文，是季羡林怀旧文章里最动情的一篇，文章的语句几乎都是平实的大白话，但读了这篇文章，没有人不为之感动，为之唏嘘的。我们仅摘录文章的最后一段，便可得知季羡林先生的悔情之深：

对于这个情况，我最初懵懵懂懂，理解得并不深刻。到了上高中的时候，自己大了几岁，逐渐理解了。但是自己寄人篱下，经济不能独立，空有雄心壮志，怎奈无法实现，我暗暗地下定了决心，立下了誓愿：一旦大学毕业，自己找到工作，立即迎养母亲，然而没有等到我大学毕业，母亲就离开我走了，永远永远地走了。古人说："树欲静而风不止，子欲养而亲不待。"这话正应到我身上。我不忍想象母亲临终时思念爱子的情况，一想到，我就会心肝俱裂，眼泪盈眶。当我从北平赶回济南，又从济南赶回清平奔丧的时候，看到了母亲的棺材，看到那简陋的屋子，我真想一头撞死在棺材上，随母亲于地下。我后悔，我真后悔，我千不该万不该离开了母亲。世界上无论什么名誉，什么地位，什么幸福，什么尊荣，都比不上待在母亲身边，即使她一个字也不识，即使整天吃“红的”。

这就是我的“永久的悔”。

这是一篇经典的悼念亡母的散文，使人读后感慨万千。对母亲的怀念，使一个在国际上享有盛誉的学者宁愿把成就全部抛弃，也要以此来替换与母亲相依为命，其真情也唯有九泉之下的亡母能够承受。无怪乎有学者评论：“在我看来，季老这篇真情文字，乃用‘红’的‘白’的写成，（‘红’‘白’是文中提及儿时吃的干粮），‘红’的是血，心中淌着的血；白的是泪，沾湿稿笺的泪！”

季羡林的怀旧散文最感人的即是那朴实无华的真情，他的此类文章如《回忆雨僧先生》《忆念胡也频先生》《记周培源先生》《悼念沈从文先生》《我记忆中的老舍先生》等，不但给人以岁月沧桑、生死契阔的人生感悟，还带给读者一种从其他散文所得不到的文化修养。一代知名人士和老知识分子的风采、情操以及不凡的人生片段，都在季羡林的笔下一一再现，使人在无形之中受到了浓郁的文化熏陶。季羡林的散文，是真正的学者散文。

季羡林对语言研究造诣很深，他对散文的用字也最为讲究，而这种讲究又是在不经意之中形成的。他的散文看来质朴无华，没有什么雕琢和修饰，实际上却是光彩照人、韵味无穷，所谓的大音希声、至乐无乐，正是他运用语言的高超之处。在《天雨曼陀罗》里，作者写印度人民欢迎他时，用了这样两句：“我看到他们那眼神深邃似大海、炽热像烈火、灵动像流水、欢悦像阳春，我简直无法抑制住我内心的激动了。”这些贴切的比喻，并没有什么新奇艳丽的辞藻，但却给人以诗的意境和丰富的想象空间。《春城忆广田》中有几句：“在昆明短暂的停留，日子过得简直像在天堂里一样。但是在我的内心深处，总感到好像缺少点什么，我感到有点不足，有点惘然，有点寂寞，有点凄凉，有点惆怅，有点悲哀。”这平实如白话的语言，由于用了一个恰如其分的长的叠句，而且不足之意层层递进，一层深入一层，就显得情真意切，跃然纸上。这些感人肺腑的语句，没有真切的生活实感，没有挥洒自如的文字功力，是无论如何也锤炼不出来的。正如季羡林的童年生活中所展示的，他自幼便爱读中国古典诗文，背得许多古诗词，他挥洒自如的表达能力，也是建立在深厚的国学根基之上的。

他自称：“我一向喜欢抒情的文字。念《古文观止》一类的书的时候，真正打动了我的心的是司马迁的《报任少卿书》、陶渊明的《桃花源记》、李密的《陈情表》、韩愈的《祭十二郎文》、欧阳修的《泷冈阡表》、苏轼的《前后赤壁赋》、归有光的《项脊轩志》等一类的文字，简直是百读不厌，至今还都能背诵。我还有一个偏见，我认为，散文应该以抒情为主，叙事也必须含有抒情的成分。至于议论文，当然也不可缺，却非散文正宗了。”

从这里，我们可以看出，正是他的古典文学的修养，和他对散文的独特追求，才使他的散文能够“尽得风流”。当然，没有对散文写作的钻研，没有对文字的一番推敲，也是难以达到如此境界的。

读季羡林的散文，人们既会被季羡林那高尚的人格力量所震撼，也会被它们的艺术魅力所陶醉。读季羡林的散文，就如同见他的为人，他的淳朴、亲切、睿智、幽默，没有一丝一毫的炫耀、溢美、浮夸和说教，都会真实地呈现在读者的眼前。著名历史学家邓广铭先生就曾写过《向文科研究生推荐一本必读书》，就是推荐季羡林的《留德十年》。邓先生认为，《留德十年》无论在为人治学还是行文著书方面，都是文科研究生学习的样板。而实际上，不单是文科研究生，作为一名老知识分子，季羡林是所有学人应该学习的楷模，不论在做人还是作文方面。

4．仁者的风范

季羡林不仅热爱故乡，热爱亲人和朋友，他更热爱大自然和一切有生命的东西。常言道：智者爱山，仁者爱水，而季羡林山水皆爱，并且还亲手美化她。他住的楼前是未名湖，以前虽然清水涟漪，很是清雅，但缺少一种生趣，一种万物生长、绿意盎然的生机。季羡林在《清塘荷韵》散文中记录了自己从爱荷到种荷的过程。

有人从湖北来，带来了洪湖的几颗莲子，外壳呈黑色，极硬。据说，如果埋在淤泥中，能够千年不烂。因此，我用铁锤在莲子上砸开了一条缝，让莲芽能够破壳而出，不至永远埋在泥中。这都是一些主观的愿望，莲芽能不能长出，都是极大的未知数。反正我总算是尽了人事，把五六颗敲破的莲子投入池塘中，下面就是听天由命了。

季羡林在未名湖畔

这样一来，我每天就多了一件工作：到池塘边上去看上几次。心里总是希望，忽然有一天，“小荷才露尖尖角”，有翠绿的莲叶长出水面。可是，事与愿违，投下去的第一年，一直到秋凉落叶，水面上也没有出现什么东西。经过了寂寞的冬天，到了第二年，春水盈塘，绿柳垂丝，一片旖旎的风光。可是，我翘盼的水面上却仍然没有露出什么荷叶。此时我已经完全灰了心，以为那几颗湖北带来的硬壳莲子，由于无法解释的原因，大概不会再有长出荷花的希望了。我的目光无法把荷叶从淤泥中吸出。

但是，到了第三年，却忽然出了奇迹。有一天，我忽然发现，在我投莲子的地方长出了几个圆圆的绿叶，虽然颜色极惹人喜爱，但是却细弱单薄，可怜兮兮地平卧在水面上，像水浮莲的叶子一样。而且最初只长出了五六个叶片。我总嫌这有点太少，总希望多长出几片来。于是，我盼星星，盼月亮，天天到池塘边上去观望。有校外的农民来捞水草，我总请求他们手下留情，不要碰断叶片。但是经过了漫漫的长夏，凄清的秋天又降临人间，池塘里浮动的仍然只是孤零零的那五六个叶片。对我来说，这又是一个虽微有希望但究竟仍是令人灰心的一年。

真正的奇迹出现在第四年上。严冬一过，池塘里又溢满了春水。到了一般荷花长叶的时候，在去年漂浮着五六个叶片的地方，一夜之间，突然长出了一大片绿叶，而且看来荷花在严冬的冰下并没有停止行动，因为在离开原有五六个叶片的那块基地比较远的池塘中心，也长出了叶片。叶片扩张的速度，范围的扩大，都是惊人地快。几天之内，池塘内不小一部分，已经全为绿叶所覆盖。而且原来平卧在水面上的像是水浮莲一样的叶片，不知道是从哪里积蓄了力量，有一些竟然跃出了水面，长成了亭亭的荷叶。原来我心中还迟迟疑疑，怕池中长的是水浮莲，而不是真正的荷花。这样一来，我心中的疑云一扫而光：池塘中生长的真正是洪湖莲花的子孙了。我心中狂喜，这几年总算是没有白等。

功夫不负有心人，几年之后，那一包莲花种子已繁衍成了满池塘的莲花。每年的夏天，满湖的绿叶丛中亭亭玉立着硕大的粉色莲花，使整个湖水增添了很多光彩。

季羡林的房间里虽然陈设简单，却种养了许多花：仙人球、天冬草、文竹、君子兰，等等。其中，季先生最喜欢的是君子兰。而窗外，他栽种了玫瑰、月季、白玉簪，还有一株玉兰，这也是季先生的所爱。人们常说“文如其人”，以爱花来看，也能反映出一个人的品性。季羡林喜欢的君子兰、玉兰和荷花，都有一种高洁、清白之美，其审美情趣中，亦颇有君子之风。正如季先生曾为一位摄影家举办的荷花摄影展所写的“前言”中所言的那样：

“世之人宁有不爱荷者乎？梅、兰、竹、菊四君子，然以吾观之，则荷花实凌驾四者之上，诚君子中之君子也。”

季羡林还有一大爱好，几乎为大家所熟知，就是爱猫。小猫陪季羡林散步，已是北大朗润园的一个景观。每天早晨6点，都会在朗润园的未名湖边的小土丘上，看见季羡林先生背着手散步，他的身边或左或右还跟着一只白色的小猫。季先生向前走，小猫就跟着走，季先生停下来，小猫也跟着停下来。世人都知道狗通人性，陪人散步，却少见这样乖巧、有灵性的猫。其实，只要读过季羡林的散文《老猫》，就不难理解小猫何以会这样机灵了。

在这篇文章里，季羡林道出了自己之所以喜欢猫的原因：

我从小就喜爱小动物。同小动物在一起，别有一番滋味。它们天真无邪，率性而行；有吃抢吃，有喝抢喝；不会说谎，不会推诿；受到惩罚，忍痛挨打；一转眼间，照偷不误。同它们在一起，我心里感到怡然，坦然，安然，欣然。不像同人在一起那样，应对进退，谨小慎微，斟酌词句，保持距离，感到异常地别扭。

在散文里，我们还看到季羡林对小动物的一派慈悲善良之情。有一段是这样写的：

我同虎子（指季先生养的猫）和咪咪都有深厚的感情。每天晚上，它们俩抢着到我床上去睡觉。在冬天，我在棉被上特别铺上了一块布，供它们躺卧。我有时候半夜里醒来，神志一清醒，觉得有什么东西重重地压在我身上，一股暖气仿佛透过了两层棉被，扑到我的双腿上。我知道，小猫睡得正香，即使我的双腿由于僵卧时间过久，又酸又痛，但我总是强忍着，决不动一动双腿，免得惊了小猫的轻梦。它此时也许正梦着捉住了一只耗子。只要我的腿一动，它这耗子就吃不成了，岂非大煞风景吗？

季羡林爱猫

季先生惜猫而不顾自己的舒适，可见对猫的关爱非一般主人能比。最让人又好笑又感动的是，被季羡林宠爱坏了的小猫最喜欢去季羡林的书桌，弄那些稿纸类的东西。有时，季先生正写着什么文章，但小猫却根本不管这一套，跳上去，屁股往下一蹲，一泡猫尿流在上面，不光有一股骚味，还闪着微弱的光。季羡林说不急是假的，但他严格遵守自己定的戒律：在任何情况下，也决不打它一巴掌。于是，唯一能做的就是赶紧把稿纸拿起来，抖掉上面的猫尿，等它自己干了，再写。也正是因了季先生对猫的理解和关爱，才会出现那一幕猫与主人散步的奇观。而且，因为平时与猫的接触多了，对猫有了细心的观察，还使季先生觉出应该向猫学习一些有用的东西。

季老已经把猫看成了他的家人。他自称："我的家庭成员实际上并不止我一个人，我还有四只极为活泼可爱的，一转眼就偷吃东西的，从我家乡山东临清带来的白色波斯猫，眼睛一黄一蓝。它们一点礼节都没有，一点规矩都不懂，时不时地爬上我的脖子，为所欲为，大胆放肆，有一只还专在我的裤腿上撒尿。这一切我不但不介意，而且顾而乐之，让猫们的自由主义恶性发展。"猫已成为季老的家庭成员，按照季老的性情，自然是要让家人得到最大限度的自由了。季羡林养的猫已经熟知了季老的生活习惯，每天晚上新闻联播的时候，它们就都等在电视机前面的沙发上，因为它们知道老爷子看新闻联播是雷打不动的，在季羡林看新闻

季羡林先生玩猫

联播的时候，它们便分别卧在季老的身上，有时电视节目演完了，但猫们还没有睡醒，季老只好继续躺着，让他宠爱的猫们再继续睡上一段时间。

这让我想起了西方的一句玩笑，说是看一个人是专制的还是民主的，就看他养的是猫还是狗。因为狗的优点是服从，而猫是要精心呵护的，是个性主义的。毫无疑问，季老是一个主张民主的人。

2000年春节的时候，我们去看季羡林先生。

过年了，在季老的房间里，还真有些过年的气氛，有许多鲜花盆景摆在季老的会客室里，先生穿着中式小袄，头上戴着毛线编织的小帽，神情中有一种仙风道骨般的睿智。我们大家坐下，随便聊聊。先生的秘书替先生把帽子摘了下来，我们却看见季先生的头上都是上了红药水的红道道，李老师说是给猫抓的，于是大家都笑季先生实行了猫道主义而人权被侵犯。我们说笑的时候，就有一只名叫虎子的猫正在我们坐的客厅里烦躁不安地溜达着，全然不顾我们在座的宾客的惊讶，先生笑着说，它在恋爱呢，但找不着对象。秘书便向我们介绍，先生有猫缘，到了一定的钟点，家里大小的几只猫，便会等在先生的门口，等着先生给他们开小灶呢。

李老师说，先生休息的时候才壮观呢，猫们见先生一躺下休息了，大小四只猫就在先生的身上各自找到自己合适的位置躺下来，常常是先生休息完了，但猫们还没有睡醒，先生只得忍着，等猫们睡醒了，先生再起来。结果就不是先生在休息，而是猫们在休息了，因为先生不忍打搅睡得香甜的猫。我们大家都笑先生，是实行“革命”的猫道主义。

关于先生和猫的故事，有很多有趣的传说。先生自己提起他的猫，不说眉飞色舞，也是兴致勃勃的。有一次，我与先生在一起聊天，他谈起了养的“虎子”。这是他最宠爱的一只猫，这只猫在先生养的群猫中最霸道，霸道到甚至看到先生在书桌前待得太久了，便趁先生吃饭的时候，将一泡尿撒到了先生正在写的书稿上。我问先生有没有打它，先生笑了，笑得很开心，他摇摇头说打它干什么，它又不是人，不懂这些。

季老爱猫出了名，便不断有人送猫到先生处。这些猫们在先生的住宅里生活得悠哉悠哉，你来到先生的住处，还没有见到先生，你就可以先从先生的阳台上看见“虎子”或者“强盗”正在那里舒服地眯着眼睛晒太阳呢。每天晚上新闻联播的时候，猫们就聚集在先生的书房门口，抬着头，等着先生给它们喂猫食“维嘉”。由于养得猫过多，猫又掉毛，使得先生气管炎的病症屡屡重犯。迫于医生的嘱咐，季先生的助手不得不把猫关在另一套书房的卫生间里。从这以后，先生每天都要带着猫粮去看望他的猫。先生称他的助手为“法西斯”，把去看望猫称之为“探监”，但就是这样，先生也不肯把猫扔掉。

有一次，有电视台的记者来先生处拍片，有位记者不了解这情况，便拉开卫生间要方便，结果先生的猫们一哄而散。大家七手八脚地将猫们逮住，在混乱中，还是走失了一只猫。工作人员都很担心，怕先生伤心。他们推测，季老的猫都没有跑远过，肯定它不会走远，也许在外面玩玩它就会自己走回来，于是就决定先瞒着先生。先生第一天并不知道，但第二天就瞒不住了，因为先生在“探监”的时候已经发现了。先生一天都没有说话，为他走失的猫而担忧。正好那一天我去先生家，先生还在认真地对我分析，这只猫不会走丢，一定是周围的民工给抱走了。

2001年的夏天，我有幸见到了小猫陪先生散步的妙境。那一天，我去先生处拿材料，正碰上先生的保姆小蔡搀扶着先生在门口散步。从老远的地方，就可以看到先生在前面走着，而一只小猫迈着优美的猫步在先生的后面跟着。先生看见了我，停下来与我说话，而小猫也像一只小狗一样地蹲在先生的脚旁舔脚洗脸的，很有意思。猫从来是不恋人的，但季先生养的猫却很恋先生。这只被先生称为“小强盗”的波斯猫在先生面前是忠心耿耿，一点也没有强盗的模样。

先生说，这猫敏感着哪，非常警惕，一有动静，马上就跳开，话语间充满了对“强盗”的理解。

第七章

鲁殿灵光的辉煌

1. 大方之家

季羡林的亦慈亦让，令人强烈地感受到了他的善良和朴厚，也让人想到与他一辈子研究佛教有关。他说过，虽然他是研究佛教的，但他并不信佛。宗教他虽然都不信仰，但他都尊重。他是完全的唯物主义者。在宗教当中，他认为佛教道理讲得最透彻。佛教讲，人生是苦的，人生的出路是涅槃。季羡林说，佛教探人生的病源是看对了，但开的药方他以为可商榷。涅槃就是到此为止，死了以后不能转生，这是从印度来的。而中国人是希望转生的。他说，宗教是个人的事情，应该尊重。但他希望作为一个人，都应该为社会做些善事，要问心无愧，要有精神寄托和升华。所以，他觉得十年浩劫以后，他成了陶渊明的志同道合者。

有了这样的精神境界，便使季羡林的晚年生活更加从容不迫而又游刃有余了。首先是他不服老。正如他在《八十述怀》的一篇散文中所写的那样："我从来没有想到，我能活到八十岁；如今竟然活到了八十岁，然而又一点也没有八十岁的感觉。岂非咄咄怪事。”但既然已经到了社会也承认你老的年龄，就应该面对现实。而季羡林对于“老”的理解和态度，可谓达观、积极、幽默。他是这样来理解“老”的：

人们渐渐地觉得老了，从积极方面来讲，它能够提醒你：一个人的岁月绝不是取之不尽用之不竭的，应该抓紧时间，把想做的事情做完，做好，免得无常一到，后悔无及。从消极方面来讲，一想到自己的年龄，那些血气方刚时干的勾当就不应该再去硬干。个别喜欢争名于朝、争利于市的人，或许也能收敛一点。老之为用大矣哉！

理解了“老”人的处境，就会采取一个合适的态度，季羡林所选择的态度是达观。他有一段颇为幽默的文字：

我已年届耄耋，但是，专就北京大学而论，倚老卖老，我还没有资格。在教授中，按年龄排队，我恐怕还要排到二十多位以后。我幻想眼前有一个按年龄顺序排列的向八宝山进军的北大教授队伍。我后面的人当然很多。但是向前看，我还算不上排头，心里颇得安慰，并不着急。可是偏有一些排在我后面的比我年轻的人，风风火火，抢在我前面，越过排头，登上山去。我心里实在非常惋惜，又有点怪他们……

不过我已下定决心，决不抢先夹塞。

不抢先夹塞活下去目的何在呢？要干些什么事呢？我一向有一个自己认为是正确的看法：人吃饭是为了活着，但活着却不是为了吃饭。到了晚年，更是如此。我还有一些工作要做，这些工作对人民对祖国都还是有利的，不管这个“利”是大是小。我要把这些工作做完，同时还要再给国家培养一些人才。我仍然要老老实实干活，清清白白做人；决不干对不起祖国和人民的事；要尽量多为别人着想，少考虑自己的得失。人过了八十，金钱富贵等同浮云，要多为下一代操心，少考虑个人名利，写文章决不剽窃抄袭，欺世盗名。等到非走不行的时候，就顺其自然，坦然离去，无愧于个人良心，则吾愿足矣。

从这段文字里可以看出，虽说在年龄上，季羡林已是老人，但在精神上他却仍青春焕发，充满勃勃生机，他给自己提的事业上的要求，要超过任何一个青年人。的确，虽然已进入了老年，但他攀登事业高峰的步伐丝毫没有减慢，他的工作效率似乎更高了，而工作热情也始终那么饱满。他仍旧是坚持在清晨 4 点起床，起床后就开始写文章。一年 365 天，每天如此，即使是在外开会也是这样。季羡林先生已参加过五届国家图书奖评奖，每届初评复评 2 次，共 10 次，每次集中开会时，季羡林都是 4 点起床，

季羡林（右二）和朋友们在一起

在房间里写好要写的文章，白天继续评奖，工作。参加国家图书奖评奖，对他来说是一项社会工作，但他把这项社会工作完全当作了本职工作一样来认真对待。此时，他已是 86 岁的高龄了，但他仍与其他年轻的评委一样审书看材料。尤其是 1997 年第三届国家图书奖评奖期间，他正在医院做剥离白内障的手术，住院期间，行动不便，但他仍坚持到会，了解评奖的送书情况。手术后不久，又是复评，季先生还坚持到会，用手捂住那只刚刚动过手术的病眼，而用另一只还没有动手术但也有白内障的眼睛看书。仍旧是早晨 4 点起床，起床后用放大镜照着纸，还能在一个清晨写出一篇杂文来。有人问他，为什么不能休息休息，他总是微微一笑，说习惯了。若他什么也不干，不读书不看报，就像在医院住着的那几天，那他觉得太没有意思了。对他来说，写一点小文章，是一种休息和调剂。也就是在他 86 岁高龄又动了眼睛手术的情况下，他跟上海的《新民晚报》达成了一个口头协定，两周发一次文章，一次一千字，叫“人生漫谈”，范围比较广泛，有什么感触就讲一讲。于是，清晨别人还在酣睡的时间，季羡林便用来写这些小文章。

季先生充分利用一切时间，有限的时间在他的合理使用下，又生成了无限的时间供他做学术研究。他有一个著名的“时间论”，叫作“新三上”：会上、路上、机上。这个“新三上”，是针对古人说的“三上”而言的。宋代文学家欧阳修曾经有一个“三上”的著名说法——就是他的写作都是在马上、厕上、枕上，而季羡林却发挥成新的“三上”：会上、路上、机上。他说，他开了一辈子的会，体会到有些会是用不了这么长时间的，但是不可能不去，因为季羡林是一个宁愿委曲自己而成全他人的人。久而久之，因为开会开得实在太多太多，反而使季羡林练成了在开会时构思文章的习惯。常常是有的领导在上面做报告，“嗯”“啊”占据了好多时间，这个时候，季羡林的脑子就会开小差，在自己的思维空间里驰骋。有时灵感来了抑制不住，就会随便摸出身上带的纸片写起来。有一次，也是去出席一个应酬会议，季羡林突然来了灵感，身上又没有带纸，就干脆在请柬上唰唰地写起来。他只顾低头写着，完全沉浸在这种灵感迸发之中，不一会儿，请柬便写满了。这时，旁边又递过来了一张请柬，季羡林也来不及仔细看对方是什么人，匆匆点头谢了一声，又埋头写起来。写完一张又递过来一张。等写完了，想要答谢一下，那人却不见了。这是季羡林充分利用“会上”的一件轶事。

“路上”，是指在走路的时候可以构思文章，想一些学术问题。最有名的《罗摩衍那》译著，就有相当一部分是在下班或上班的路上思考的。为避免在路上被人打扰，季羡林还特别偏爱走小路，走人迹罕至的偏路，因为这样能够静静地思考问题。有时，季羡林的学生想要陪老师走一段，免得路滑不好走，但季羡林却执意不让陪。后来，见这位学生太照顾他了，季羡林只得说了实话，说他一人走路，可以多想一想《罗摩衍那》的诗文韵脚。

“机上”，是指坐飞机的时候。因为学术交流繁忙，季羡林每年都要去国外、外地参加学术交流，于是便有大量的时间在飞机上度过。去欧洲访问时，要坐十几个小时的飞机，而季羡林又不能在飞机上睡觉。于是，这又是他构思文章、灵感泉涌的好时机。许多篇访问记的散文，大都是在飞机上便构思好了的。这样，经过充分的构思，落到纸上，自然是一篇绝好的散文了。

2. 博大的胸怀

人们所见到的季老，总是笑眯眯的。他是那种初见之下给人印象特别慈祥的人。有时，也有一点小小的幽默。先生的学问和成就非常显著，但在实际生活中，却是一个很性情的人，也是一个很有人情味的长者。

20 世纪 90 年代，应该说是季羡林先生个人生活最为悲苦的日子。在这个时期，季羡林的几位亲属，都相继离世，尤其是季羡林先生的妻子和女儿，一个是伴随了他大半个人生的伴侣，一个是他最爱的女儿。1993 年，他把自己的心情真实地记录了下来："曾几何时，到了今天，老祖和宛如已经永远地离开了我们。老祖和宛如的走，把我的心都带走了。如今，天地虽宽，阳光虽照样普照，我却感到无边的寂寥与凄凉。"（《二月兰》）1995 年，他在《1995 年元旦抒怀——求仁而得仁，又何怨！》一文中不无悲伤地写道："总之，在我家庭中，老祖走了，德华走了，我的女儿宛如也走了。现在就剩下我一个孤家寡人，赤条条来去无牵挂了。我成为一个悲剧性的人物，条件都已具备，只待东风了。孔子曰：'求仁而得仁，又何怨。'"虽然从这篇散文里我们读到了季羡林先生内心的极度悲伤，但就是在这几年里，他仍旧保持着平静的心态，一如既往地参加各种学术和社会活动，并没有被孤寂的命运所打垮，甚至在工作中，几乎看不到季羡林先生内心的悲伤。他有许多的朋友，无论是年长的，还是年轻的；无论是官大的，还是平民百姓；他在平淡的待人接物当中，都显现出了一种博大的胸怀，显示出了人性的高贵。

著名美籍女作家韩素音女士在季羡林先生 85 岁华诞时的贺词中曾经写道：

> 他毫不追求权利、财富，或是被人颂扬，他整个地献身于他的国家——中国和中国人民，还有他的不动摇的忠诚，对我们所有人来说，都是一个榜样。

1998 年 3 月 2 日，季羡林参加钱敬文先生九旬晋六大寿暨《人文文丛》出版座谈会，与林林（左一）、钱敬文（右二）、张岱年（右一）合影

这是对季羡林最为中肯公允的评价。所有认识接触过季羡林先生的人，对季羡林的品德和人格无不交口称赞，称之为有仁者风范，无己无私、亦慈亦让。生活中的季羡林先生，的确如此，他的仁爱和善意不是说出来的，而是在日常小事中自然显露出来的。仅举几个生活小事，便可领略到一代师表的高尚风范：

1995年的一天，此时季羡林已是近85岁的高龄了，他同往常一样，照例清晨4点起来读书、写作。他把自己关在书房里，晨读和写作到6点多钟。忽然，他发现自己已将房门锁上，而钥匙却在门外的另一个房间。季羡林住一楼的两套房子，他的书房是独立的。其实，季羡林要解决这一问题也很简单，他只需要给他的哪一位学生或助手打个电话，请他来一趟，从外面打开门就行，但季先生却认为时间太早，不便将别人从梦中唤醒。季羡林此时竟做出了一个壮举，打开窗户，从近两米高的窗台上奋不顾身地跳下来，完成了一个“85岁老翁跳窗台”的奇迹，差一点就酿成不可想象的后果。而当天下午，季羡林还是坚持着扭伤了的脚，进城去参加了中法比较文化研究会的活动。当天上午，正逢乐黛云教授去季羡林家里商量会议之事，季羡林还很骄傲地叙述了他的伟大历险，并说经过这次考验，既然完好无损，足见各项器官都还结实，大约总可以支持到21世纪！这一件小事，足以见到季羡林遇事替他人着想的精神！

还有一次，是张中行先生亲眼所见。张中行一位朋友的儿子，开了一个书店，因进了一批学者小品，便为促销想搞一些签名本。于是，张中行便陪着书店经营者一起去季羡林家签名。季羡林听了张中行的解释，便毫不思索地说："这是好事。里屋有笔，到那里签吧。"那个屋，就是季羡林把自己反锁在家的那个书库。张中行拿了大约十几本，季羡林便在堆满了书的桌子上挤出一点地方，一本一本地签名，一面写一面说："卖我们的书，这可得谢谢。"签完后，张中行随嘴说了声："不耽搁了，因为书店的人还在门外等着。"季羡林听了像是一惊，随着就跑出来，握住来人的手，连声说谢谢，但这一举止却惊坏了来人。因为来人虽然念过师范大学历史系，见过一些教授，却没有见过向求人的人致谢的著名教授，一时间有些手足无措，嘴里不知咕噜了几句什么，便抱起书跑了。通过这件小事，便可看出季羡林教授朴厚的一面。张中行先生认为，季羡林先生一身而具有三种难能：一是学问精深；二是为人朴厚；三是有深情。三种难能之中，最难能的还是朴厚。

季羡林的朴厚和善意，还表现在他对家乡人民的感情上。季羡林的家虽然房间还算多，但大都成了书库，就是剩下的几间生活用房，也是陈旧简单，除了必备的生活用品以外，都是最简单不过的陈设，用张中行先生的话来说："我们的印象是，陈旧，简直没有一点现代气息……墙、地，以及家具、陈设，都像是上个世纪平民之家的。"而季羡林的布衣粗食，更是接触过季先生的人所印象深刻的。他永远穿布衣制服，是那种很耐穿的的卡布料做的，远远看去，就像是一位普通的学校工友，绝不会让人联想到他是有那样大学问和社会地位的著名学者。后来，在社会上已经找不到的卡布的时候，季羡林却还是愿意穿这种布料做的衣服，为了买到这种布料，家人不得不到农村去买这种只有在偏僻的乡下才能买到的布料。季羡林这种俭朴的生活习惯，自然是与他童年时家境的贫寒分不开的。他曾经在《我的童年》一文中写道："这种贫困的生活，使我终生受用不尽。它有时候能激励我前进，有时候能鼓舞我振作。我一直到今天对日常生活要求不高，对吃喝从不计较，难道同我小时候的这些经历没有关系吗？"他自己的生活是很俭朴的，但他对自己的家乡和家乡的建设，却舍得花大笔的钱。他曾经捐款给村里的学校和卫生室，让学生少交一点学费，让更多的孩子都能上得起学，让乡亲们治病时少花一点钱，以尽自己的一点心意。几十年来，他一直坚持给村里的小学寄图书，有时几十本，有时一二百本。村里小学每天下午放学时，老师就会小心翼翼地打开箱子，每人一本发给大家。学生们把自己的看完了，再互相交换着看。非常奇怪的是，季羡林寄的图书都很受小学生们的喜爱。大家都很奇怪：季爷爷怎能知道他们爱看什么书呢？

后来，季羡林的曾侄孙到北京去才解开了这个"谜"：原来季羡林只要看到有新的图书出版，总是要带上 10 多岁的孙子、孙女和外孙一起到书店精心挑选，让孩子们当他的参谋。这里面融汇了季羡林对家乡人的一片深情。

季羡林虽然身在北京，但他的心却时刻惦记着故乡的人民，因为他知道，他的故乡还穷，还需要建设，而所有的建设都是离不开知识的。有一回，在一次外事活动中，季羡林的一位学生说，有一位德国友人打算捐资帮助一所中国的小学校。季羡林便对他的学生说："你给那位德国友人说一下，争取捐给官庄小学吧，因为我的故乡还比较穷。"那位德国友人深为季羡林的桑梓之情所感动，便欣然同意。季羡林将德国友人捐赠的美元兑换成七千多人民币后，让他的曾侄孙带回了官庄，还一再叮嘱着："回去告诉村里，这些钱一定要用在刀刃上，使我们的学校多出人才，为国家多做贡献。"

1994 年，季羡林获得了北京大学特别贡献奖。在奖金还没领到手、数目也不知是多少的时候，他的老伴正生病住院，急需用钱，但他还是准备捐给官庄村一万元钱，以用来发展故乡的教育事业。他让他的曾侄孙详细列好奖励基金的条款，并嘱咐家人说："要鼓励村里的孩子好好学习，争取多出人才。同时还要注意调动教师的积极性，只有老师认真教，学生才能学得好。"言语中充满了对故乡教育事业的关怀之情。

季羡林对故乡的一切，都是那么眷恋，那样关心。季羡林童年在故乡的时候，有两个最要好的小伙伴。一个叫杨狗，另一个

1994年元月，季羡林（右）与邓广铭教授（中）、臧克家先生（左）合影

叫哑巴小。后来哑巴小当了山大王，练就了一身蹿房越脊的惊人本领，但最终还是被捉去杀掉了，而杨狗却一直活到了80多岁。对这位童年时的小伙伴，季羡林是一直挂在心上，每次回家乡，季羡林总要去看看他，而且还要带上许多的礼物。杨狗没有后代，晚年生活比较清苦，季羡林便叮嘱自己的曾侄孙常去看望他，并替他做做事情。有一年，曾侄孙到北京来，季羡林便托他去商店给这位童年时的伙伴买一身新衣服，无奈的是商店里没有适合80多岁农村老人穿的衣服。最后，季羡林便让曾侄孙把钱带给杨狗，让他自己决定是买衣服穿还是买肉吃。当钱交到了杨狗手上时，

老人激动得手发抖，也说不出话来。一个大名鼎鼎的老学者，对家乡普通百姓的情感，是那样深厚，一般人是做不到这一点的。

季老对家里的保姆也都是视为亲人。他的四川保姆长期帮工，季老为了让她安心，还替她把儿子接来，亲自为保姆的儿子联系了北大附中上学，而学费杂费均由季老负担，季老的保姆都亲切地称季老为爷爷。

进入老年的季羡林，丝毫没有把自己当作老年人来看待，他的心反而越来越年轻了。他尤其喜欢与年轻人在一起，吃饭、聊天，倍感自己也年轻了许多。几次国家图书奖评奖期间，他都是愿意找年轻人一起吃饭。工作人员对季羡林也没有生疏感，大家常常在吃饭时互开玩笑，笑语连连。有一次，吃饭的时候，有人请季羡林唱卡拉OK。季先生便笑眯眯地给人们讲了一则"一条人命"的笑话。说是有人酷爱唱戏，能听下来的，便赏人一块大洋；听不了的，便杀了他。一过路者被戏迷截住，要他听戏。戏迷刚刚唱了一句，那位过路的听戏者便对他说："你杀了我吧。听你唱戏，还不如杀了我呢。"说到这里，季羡林便幽自己一默，说我唱歌就是这种水平。众人听了自然是开怀大笑。季羡林待人从来没有架子，随和、礼貌、文质彬彬。他几十年如一日，始终穿的是普通布料的中国制服、一双圆口布鞋，吃的是粗茶淡饭。除了眼睛有老年性"白内障"以外，他的身体一直很好。很多人问他有什么长寿的秘诀，他的答复是："我的秘诀就是没有秘诀，或者不要秘诀。”他的长寿之道很简单，就是顺其自然。他觉得好吃的东西就吃，不好吃的就不吃，或者少吃，决不斤斤计较什么卡路里维生素之类。因为心里没有负担，胃口自然就好，吃进去的东西都能消化，再辅之以腿勤、手勤、脑勤，自然百病不生了。季先生认为，脑勤最为重要，如果非要让他讲出一个秘诀的话，他的秘诀就是：千万不要让脑筋懒惰，脑筋要永远不停地思考问题。他的那个“新三论”理论实际上也是他的健脑理论。

季羡林的卧室

季老在生活中确实很简单。季老的家虽然房间还算多，但大都成了书库，而剩下的几间生活用房，也是陈设简单，甚至堪称简陋，仅有几件必备的老式家具。他的穿着几十年都没有变化，总是一身的卡布料的蓝中山装。这样的布料在今天的农村也很少能买到，但先生穿惯了，只穿这种布料。就连他随身用的剃须刀居然仍是当年他在德国留学时带回来的，是那种最简单的，但又是最耐用的刮脸刀。就连刀片，也是当年从德国回来时一起带回来的，虽然刀片上面已经有了斑驳的锈蚀，但季老说，不碍事，好用着呢，一擦就掉了。问季老是不是对这剃须刀有一种特殊的感情，季老却平淡地说，没有什么，就是用习惯了，再说也没坏。

最柔软的，常常是最坚强的。仁者之心，柔软如水，却比世界上最硬的东西都能坚持长久。在季老身边工作的秘书和工作人员，对季先生的为人最清楚。每次我们到季先生处叨扰，秘书就会趁季老不在面前的时候抽空讲一段关于季老的故事。季老的秘书和工作人员长期在季老身边工作，被季老的为人处世耳濡目染，更是受益匪浅，他们经常是情不自禁地讲起季老的生活小事。

“不得从本屋随便拿走书籍”（季羡林书）

秘书给我们举了一个例子。先生酷爱收藏名人字画，他在生活上花不了多少钱，但他在收藏字画上却舍得花钱。先生在20世纪50年代就收藏了不少名人字画，但在晚年大都捐给了北大图书馆，碰到他自己要欣赏他的收藏品，还要请工作人员从图书馆的善本库里借出来。在季先生收藏的字画中，有一幅苏东坡的画是先生最喜欢的。有几日，季老想看看这幅画，便请工作人员将画从善本库取来，留在家中欣赏了几日。由于事情忙乱，还没有来得及还给善本库，等到想起来要归还的时候，才发现画卷不见了。季老身边的工作人员都很着急，这是一幅很珍贵的藏画，在无意中丢失，真是有说不清的麻烦。工作人员就干脆向季老检讨，说，这与监守自盗差不多。季老听说了这事情，仅仅说了两句话："身外之物，丢就丢了吧。"摆了摆手，一笑了之。

季老的轻松自然给了工作人员很大的安慰，但他们心中仍是不能安心，终于有一天，有位工作人员想起来，当时是怕季老的书稿太多，怕给搞乱了找不到，她用胶条把画稿粘到了书桌下面。工作人员想到此，连夜跑来寻找，终于找到藏画。可季老知道了这事情，又是淡淡地一笑，说："还至于这样吗？"

但是，赞扬完季老对工作人员的体谅，秘书又转过话题，又向我们说起季老对身边工作人员的严厉。季老对身边的工作人员一方面很厚道，从不轻易责怪工作人员，以至于你要想知道季老对伙食是否满意都很困难。因为他从来不说哪样菜是不好吃的，问起他来，就都是好吃好吃。你得仔细观察他不动哪样菜，就多半是他不喜欢吃的东西了。可是在外面，先生对工作人员的要求却是很高的。如果季老有会议邀请，有司机或工作人员随行，他从来不让司机跟会议吃饭，而是自己掏钱给司机。

国家图书奖评奖时，如果司机是在吃饭的时间接他，他就将自己的劳务费交给工作人员，要工作人员从中拿出钱来给司机。有时会议有点纪念品，有的工作人员也给季老的随行人员带上，被季老看到了，他就会严厉地叫随行人员把礼品还回去。除了学校给季老的工作人员发工资以外，季老还每月自己拿出将近三千元支付给他的工作人员，对于给他做工作的人，他都是以真情相待。

因为工作关系，工作人员与季老很熟，常会听到季老给他们讲段子。

在最近几年，就常听到季老讲的一个段子。是关于老人的段

在鲁迅纪念馆前（后排左三为季羡林）

子。说的是有一位上了年纪的老学者，说起话来就刹不住车。人们听到是这位老人做报告，就会马上起身回家做饭，等到把饭做熟并吃完饭了，再回到现场，而此公的报告还没有做完。季老经常对年轻人说，作为一个老人，要忌讲话，因为人一老了，容易一讲就刹不住车。季老确实在社会活动中很少讲话，他对自己有一种少有的自知之明。

季老在《八十述怀》的文章里，曾生动地阐述了他的人生态度，尤其是对老年的态度：

> 我现在正像鲁迅的散文诗《过客》中的那一个过客……我理解这个过客的心情，我自己也是一个过客。但是却从来没有声音催着我走，而是同世界上任何人一样，我是非走不行的，不用催促，也是非走不行的。走到什么地方去呢？走到西边的坟那里，这是一切人的归宿。我记得屠格涅夫的一首散文诗里，也讲了这个意思。我并不怕坟，只是在走了这么长的路以后，我真想停下来休息片刻。然而我不能，不管你愿意不愿意，反正是非走不行。聊以自慰的是，我同那个老翁还不一样，有的地方颇像那个小女孩，我既看到了坟，也看到野百合和野蔷薇。

这是季老在80岁时写的文章。光阴似箭，转眼间当季老到了90岁的时候，他又写了《九十述怀》，又是一个新境界：

像鲁迅笔下的那一位“过客”那样，我的任务就是向前走，向前走，前方是什么地方呢？老翁看到的是坟墓，小女孩看到的是野百合花。我写《八十述怀》时，看到的是野百合多于坟墓，今天则倒了一个个儿，坟墓多而野百合花少了。不管怎样，反正我是非走上前去不行的，不管是坟墓，还是野百合花，都不能阻挡我的步伐。

静水流深，季老不是善谈的人，他更多的是用他的笔来书写他的人生感悟。他是在喧嚣的人生中默默地走着自己的路，走得艰难，但走得坚实。他客观而冷静的人生态度，使他在晚年愈发能够在学术与生活中游刃有余。他是这样来理解“老”的：

人们渐渐地觉得老了，从积极方面来讲，它能够提醒你，一个人的岁月绝不是取之不尽用之不竭的，应该抓紧时间，把想做的事情做完，做好，免得无常一到，后悔无及。从消极方面来讲，一想到自己的年龄，那些血气方刚时干的勾当就不应该再去硬干。

他自己下决心，决不在去八宝山的路上抢先夹塞。他说：

不抢先夹塞活下去目的何在呢？要干些什么事呢？我一向有一个自己认为是正确的看法：人吃饭是为了活着，但活着却不是为了吃饭。到了晚年，更是如此。我还有一些工作要做，这些工作对人民对祖国都还是有利的，不管这个“利”是大是小。我要把这些工作做完，同时还要再给国家培养一些人才。我仍然要老老实实干活，清清白白做人；决不干对不起祖国和人民的事；要尽量多为别人着想，少考虑自己的得失。人过了八十，金钱富贵等同浮云，要多为下一代操心。少考虑个人名利，写文章决不剽窃抄袭，欺世盗名。等到非走不行的时候，就顺其自然，坦然离去，无愧于个人良心，则吾愿足矣。

2001 年夏天的一天，我去朗润园见先生，是个星期天的上午，去时，正碰上先生在院子里散步，此时先生已过米寿之年。我问先生，今天是不是轻松了些。先生笑笑，说，我已经工作 4 个小时了，从早晨 4 点就写东西，一直写到现在。

我多少有些吃惊，前几年和先生一起参加国家图书奖的评奖，我作为工作人员要照顾先生的生活。因为先生的眼睛不好，我每天早晨要到先生的房间接先生到外面散步。每次我去时，先生都早已端坐在那里，叫他不要早起，先生却说，他已经写完一篇文章了。可是现在，先生已是 90 岁的老人了，每天都是迎着黎明起身，做他必做的功课。我关心地提醒先生，毕竟是上了年纪的人了，要先生注意自己的身体，先生又是微微一笑，说，他已经习惯了，一辈子就是这样在清晨起床做自己的功课。

季羡林先生的求学路程，最能体现出在学术道路上一个朝圣者的虔诚。就在他住进了301医院，接受长期的治疗时，他仍然进行的是写作学术回忆录。季老在写学术回忆录时，自己也发现，他在近十年里所做的事情，甚至超过了以往几十年的成就。这确实是一个奇迹，但在季羡林这里，当你了解了他的学者生活后，你就会感到，奇迹在季羡林这里已不是奇迹，因为它是一代鸿儒辛勤劳作的自然成果。

3. 鲁殿灵光的辉煌

已是95岁高龄的季羡林，无论是身体还是学业，都还处于勃发向上的状态。尤其是他的事业，如同脱缰的奔马，跳跃式前行。这样算下来，季老的时间在无形中就增加了很大的一块，就无怪他能在古稀之年写出那么多学术文章和随笔散文。他在80多岁高龄的情况下，仍主持了几项巨大的文化工程建设，这些文化工程，对有的人来说，一生能完成一项已经是很不容易了；而对季羡林来说，这才仅是他短短几年的学术成果。因为他有自己独特的生活方式，有自己对时间的最佳利用方法，便能把同样的一份岁月，化成一份不平凡的岁月，可以在一样的时间里，做出大不一样的事业来。一代东方鸿儒，就是这样来构建伟大的东方文化长城的。

看到先生巨大的学术成果，人们都会产生仰视的崇敬心理，但也有不同的声音。有的说先生的社会活动多，或说先生当的主编太多，这还是出自对先生的不了解。许多社会活动，季先生多半是被动的，主办方都想请先生出场，先生便觉得别人既然已提出了要求，便不好拒绝，至少对人家的活动是一种支持吧。社会活动多了，当然会影响先生的学术研究，但先生宁可牺牲自己的时间，也不愿让别人失望。至于让先生做主编和顾问，情况就更复杂了。但只要是先生自己答应下来做主编的，他都会让自己做一个名副其实的主编。他做事认真，为人又有山东人的厚道，不说有求必应，也是看到邀请者情之切切，就应承下来。但这一来，就只有苦了先生了，因为他是万不能徒担虚名的。一部《胡适文集》，季先生做主编，他便埋头写了一万多字的序言，出版社的编辑非常惊奇：这样认真的主编，是很少有的。对许多出版社来说，请名人做主编，多是借名人的名气，社会上也就想当然地认为名人做主编，就是挂一个名。季先生不愿意只做挂名的主编，又不忍让别人失望，就只得辛苦自己了。

学者的心态是最重要的。没有对所追求的学术真理的虔诚，没有对生活的热诚和宽厚，便很难做到如季先生这样不亢不卑、亦慈亦让。真如先生所说的，是到了一种“纵浪大化中”的境界了。

季羡林在95岁高龄的时候，其创作力仍旧非常旺盛。在年岁上，已经远远超过他曾经的雄心壮志“米寿”（88岁）。而冯友兰先生说过：“何止于米？相期以茶。”“茶”指“茶寿”，是108岁。在创作上，季羡林先生也是雄心勃勃的。

自从2003年住进301医院后，季羡林先生的社会声望越来越高，他的精神世界也越来越丰富，他几乎每天都有新思想，每周都有新文章。党和国家领导人也多次去医院看望季老，而季老对此却是认识得很清晰。大家都相期于季羡林先生以“茶”年，因为他的肩上还有许多使命。季老总是说自己是一个最普通的人，不是社会上赐封的那些所谓的大家。他对自己的学术成就无比清醒，他并没有被社会上给予他的许多大的称谓和赞誉所冲昏头脑。他在《病榻杂记》里清醒地反躬自省：“不管我自己有多少缺点与不足之处，但是认识自己，我是颇能做到一些的。我认为，自己绝不是什么天才，绝不是什么奇才异能之士，自己只不过是一个中不溜丢的人；但也不能说是蠢材。”季老在文中详细分析了他对天才的认识，认为自己并不是像凡·高那样的天才，还承认自己：“在伦理道德方面，我的基础也不雄厚和巩固。在这方面，我有我的一套理论。”“至于我自己，一般人的印象是，我比较淡泊名利。其实这只是一个假象，我名利之心兼而有之。只因我的环境对我有大裨益，所以才造成了这样一个假象。”“不过，我在这里必须补充几句。即使我想再往上爬，我决不会奔走、钻营、吹牛、拍马，只问目的，不择手段。那不是我的作风，我一辈子没有干过。”

基于这种对自己近乎剖析的分析，季老对自己在荣誉上所受到的极大的推崇更是淡而视之。他写道：

> 我在上面曾经说到，名利之心，人皆有之，我这样一个平凡的人，有了点名，感到高兴，是人之常情。我只想说一句，我确实没有为了出名而去钻营。我经常说，我少无大志，中无大志，老也无大志。这都是实情，能够有点小名小利自己也就满足了。可是现在的情况却不是这样子。已经有了几本传记，听说还有人正在写作。至于单篇的文章数量更大。其中说的当然都是好话，当然免不了大量溢美之词。别人写的传记和文章，我基本上都不看。我感谢作者，他们都是一片好心。我经常说，我没有那样好，那是对我的鞭策和鼓励。

出于此种认识，季羡林先生郑重提出：“我现在借这个机会廓清与我有关的几个问题。”季羡林掷地有声地提出了“辞‘国学大师’”、“辞‘学界（术）’泰斗”、“辞‘国宝’”。

庄子曰："若夫不刻意而高，无仁义而修，无功名而治，无江海而闲，不道引而寿，无不忘也，无不有也，淡然无极而众美从之；此天地之道，圣人之德也。"

——庄子《刻意》

不刻意而高，是季羡林一生的概括，更是一个人的最高修养和境界。事实也是这样，季羡林先生的学术生涯，使得他成为当之无愧的东方鸿儒。人们尊称他是"北大之宝""中国之宝"乃至"世界之宝"，不是没有根据的。因为他不仅古汉语、英语、和德语的造诣极深，而且精通梵文、巴利文、吐火罗文及俄文、阿拉伯文等，研究的课题涉及语言学、考古学、历史学、佛学、敦煌学、民族学、文化学、比较文学、翻译学等诸多学科，其中有的文字如吐火罗文，已是当今世界的"绝学"。

但尽管如此，季老的学术成就就在那里，无须刻意，伟岸杰出。季老就是这样的一个学人，如果你泛泛了解，他就是一个著名的学者；但当你深入地了解，不，也只是粗粗浏览他的学术成就后，你甚至会惊叹，面前的这座学术巅峰是真的吗？真的是老先生这长长短短的一生中的成就吗？说短，是相比较季老的学术成就而言，以一个人的有限的短短的一生，却能繁衍出这样茂盛的学术之林。说长，也是相较于先生的有限的生命，他的学术之路已经走了很远很远，那是普通的人用几生也未必能够走完的。高山仰止，读季羡林先生的文章和见先生的为人，每每跳到我眼前的，就是这自然的四个字。在没有见到先生之前，我将先生是视为天人的。我们毕竟是普通的人，普通人看一个闻名于世界的学者，自然会产生崇敬的心情。

季老的学术成就，有他的 24 卷文集可以铺排开来，虽然很少有人能够读懂。最近几年，季老的知名度似乎越来越高，不仅仅是因为他的学术威望，他的散文随笔、他主编的丛书套书，其数量之大、范围之广，真可谓左图右史、坐拥百城，令人叹为观止。但是，当你走近了先生，知道先生在耕耘自己的学术园地之外又

季羡林在故乡的陵园

是怎样用自己的精神毅力专注于全社会的文化建设时，你就会感动，一个年届九旬的世纪老人，对生活、对学术、对祖国的文化建设还有这样的热忱，实在令我们这些碌碌无为的后生们惭愧。

星移斗转，季老的学术追求始终没有懈怠，在治学的道路上，先生是越走越远，越走越有活力，好像一个不倦的朝圣者，身心都沐浴在智慧的灵光里。而季羡林先生，却如一个普通的劳作者一样，静静地走在喧嚣中。他的精神世界是如此丰富和饱满，在这个喧哗的世界中，更显空谷足音。

是的，弘扬优秀的中华文化和东方文化的双重历史使命，使季羡林老骥伏枥，志在千里。我们也坚信，中国有这样一代优秀的老知识分子，东方有这样一批出色的大学者，必将如季羡林先生所预言的那样："东方文化在世界文化中将再领风骚。"

2009 年 7 月 11 日，季羡林先生平静离世。这位平易近人的长者、智者、仁者，在走过 98 年风雨岁月后溘然长逝。一介布衣、一曲梵音、一代名师、一代鸿儒，先生已去，却山高水长。东方鸿儒——季羡林的名字，也将作为东方文化的象征，深深镌刻于中华文化的史册上！

一稿于 1997 年 11 月 22 日，安华里

定稿于 1998 年 1 月 11 日，安华里

修订（一）于 2005 年 5 月，默识斋

修订（二）于 2018 年 6 月，默识斋

附录一

1. 季羡林访谈录

1997年7月，在北京宽沟招待所，我向季羡林先生就他的一些生平往事进行了采访。每天早晨五点起床，陪先生在院子里散步。虽然话题是松散的，但因为围绕着季先生的生平，也就形散而神不散了。

访谈记录如下：

于青（以下简称于）：季先生您好，因为要写您的传记，我想就一些史料性的问题向您请教。

季羡林先生（以下简称季）：可以。这些方面的材料我都写过文章，你可以去查一查。

于：好，我们就开门见山。季先生，您去德国留学10年，回国后您先后去过上海、南京，后来就直接去了北大，就是没有回到家乡济南。这中间有一年多的时间就在家门口，为什么没有回去呢？

季：交通断绝。当时是解放战争时期，火车线全断了，从上海到秦皇岛到北京由美国兵把守，其余的火车线都不通。到济南只有一条路可走——坐飞机，但机票又特别难买，没有办法。

于：噢，当时叔父还健在吧？

季：健在。

于：后来他什么时候去世的？

季：1962 年。他逝世以后，1962 年老祖（季先生的婶婶）搬来的，要不家庭还来不了，要陪她。所以说，我一个人过独身生活，从 1946 年一直到 1962 年，在北大。1946 年就这样，1947 年回去，1948 年北平解放。当时北平的知识分子，包括我在内，对国民党是认识到了它的贪污腐败，对共产党还不清楚，所以几乎每个人脑中都有一个问号。当时胡适非常有意思，1948 年北大校庆，胡适校长举行了一场庆祝活动，城外有炮声，有人说北大放礼炮，当时很紧张。活动完了以后，胡适就去坐飞机，在东单飞机场，就是现在崇文门一个公园那儿起飞。胡适走了以后……

于：胡适走了以后，带了几个教授？

季：没带。他到了南京，派了一架专机到北平接人，挺混乱的，好多人没走，原因就是对国民党没有什么希望和信心。我当时 37 岁，还不够格，胡乔木在清华，劝我做地下工作。我说我胆子小，不愿意冒这个险，也没有这个本领。当时对共产党也不清楚，因为国内宣传对共产党不利。后来到东四去欢迎冯至。

于：胡适的名单上有冯至吗？

季：没有，他比我大不了几岁，也不够格。像冯友兰、汤用彤等人都没走。听说飞机从北平到南京，胡适亲自在机场迎接，他以为这些老朋友都去了，结果一下飞机，好多人没去。胡适大哭一场。因为是关键时刻，意味着要分离了。

当时北大知识分子坚决拥护共产党的有几个：许健衡、杨汉卿、樊弘。他们在民主广场发表演说，骂蒋介石。那个时候有个说法，说北平有两个解放区：一个在北大的民主广场，另一个在清华园。民族广场就在红楼后面。

1949 年“七一”的时候大家高兴，庆祝党的生日，党支部号召大家去的。那天下大雨，老知识分子兴致非常高。这个观念怎么转变的，很难说。看到了解放军进城。

季羡林

（第二天）

于：（因比季先生晚到，不好意思的）季先生您早起来了。您几点起来的？

季：今早 4 点到 5 点（此时季先生刚做完白内障手术），几十年来都这样，现在已成为习惯了。我搞了一辈子行政工作，先是当系主任，后来当副校长。一到办公室去，就有各种各样的杂事。要做点学问的话，只有早起，一开会，就早晨 4 点起。

于：那时脑子最清醒。

季：对。解放后，我是积极的。北大先组织教授会，我参加了，还有罗常培，等等。后来，教授会又进一步改成教职员联合会，当时想成立工会，工人不允许，说知识分子是资产阶级，怎么能成立工会？这个问题反映到刘少奇那儿，刘少奇下了一定义，说知识分子不是工人，而是工人阶级。领导讲话了，工人才同意教职员成立工会。那所谓的工人，就是学校里的工友，鱼龙混杂，什么样出身的都有。工会成立了，我这辈子得的第一个积极分子就是工会积极分子。当时北大有 6 个学院。农学院就是现在的农业大学，工学院后来归清华了，医学院就是北京医科大学，等等，这些都有工会。跟其他工厂工会一样，会员一起活动。

于：那时你还担任东语系系主任吧？

季：一直是，几乎 40 年了。后来做过工会的组织部部长、秘书长、工会主席，出城后又做全校的工会主席。“文化大革命”时，为了这个工会主席，我被批斗了起码有 10 次，说臭知识分子怎么当上了工会主席，钻进工人阶级队伍里来了？当时也有的知识分子，比如周炳琳，他就比较硬。

刚一解放，还举行了思想改造运动和“三反五反”。“三反五反”是搞阶级问题的，思想改造是针对知识分子的。对资产阶级思想进行改造，那时候够厉害的，好多情况都出现了。像陈某某，清华教授、诗人，搞甲骨文很有成绩的。他在给别人买古董时，中间账目不清楚，就被称为“大老虎”，贪污分子。今天说他贪污十万，第二天就说一百万，第三天就说一千万，不着边际地夸大。后来1952年以前，“浮夸风”已经开始，就把一堆“大老虎”从清华拉到民主广场斗争，当时我们的头脑里真信有一百万，一千万……学校里的改造就是这个样子。

再有一个名词叫“洗澡”，分“大盆”“中盆”“小盆”。“小盆”主要是教研室主任，我这个系主任属于“中盆”。“大盆”就是重点人物与校领导，比如朱光潜、周炳琳。当时北大还没有校长，只有校务委员会主席汤用彤，马寅初还没有来。

季羡林

所谓的"洗澡"就是自我批评，下面给提意见，有时候一天五六次。当时我是"中盆"，还比较幸运，两次就通过了，就是说群众同意了，群众包括教师和学生。我通过以后，就成了文学院和法学院思想改造领导小组的组长。在北大知识分子当中是比较早的，1956年入的党，当时还没有几个。下一批入党在1959年，非常难的，当时参加中国共产党觉得真的光荣。

"洗澡"时我检查两件事：一是解放前我认为一切政治都是肮脏的；二是说外蒙是中国的，列宁当时有句话叫外蒙还给中国，后来斯大林不执行。检查后我说，第一条在政治上国民党是肮脏的，共产党是干净的，第二条是由于阶级根源。我出身于贫雇农，我家只有半亩地，（父亲）兄弟三个，小弟送人了，两个大的没饭吃，就到枣林捡掉在地上的枣，相当苦的。但是，后来我到了济南，就变成了小资产阶级。由于这个根源我才认为外蒙是被苏联抢走的。

于：这一段您的学术传记没有提到吧？

季：没有。

于：我在《人格的魅力》上看到有篇回忆文章说，这个时候像国庆游行啊一些活动，您一般都带头参加。甚至在抗美援朝的时候，当时知识分子没有什么经济基础，您就和一个助手搞了一个外交资料翻译，然后把稿费捐给国家了。您翻译的是什么资料，稿费高吗？

季：好像是关于越南的资料，不是学术的，也不是文学的。稿费很微薄，只是表示一种心愿。知识分子最好的时间就是50年代，尽管今天提这个，明天提那个，但知识分子的心境比较好。这段时期不断有活动，静下心来的时间就在早晨，所以养成了早起的习惯。

思想改造完了以后，又有政治活动，我改成了“小盆”，也得检讨、自我批评。他们搞“修正主义”，就是“智育第一，业务至上”，当时我在东语系。每次运动我都检查，检查都没有问题，但我检查之后，死不改悔。我想当时我要改悔的话，就一无所成，什么都写不出来了。

于：我通过读一些资料，发现您的一生虽然像张中行评价的那样：朴厚，外表上很平和，待人接物彬彬有礼。但我觉得您的性格还是很执拗、很执着的。一直坚持自己的东西，但不张扬。

季：我这个人，其实脾气很急的。我说过我原来是一块铁，现在磨得把棱角都磨光了，变成了琉璃球。

于：但您的威严还是能透过内心世界表现出一种神态和气韵。

（郑慧老师路过，也参加了交谈。）

郑：我是搞党史的，跟过乔木很多年，您写过一篇很好的纪念乔木的文章。

季：我这篇文章，胡的家属看了会满意的，外界会觉得比较公正的。乔木这个人，人情味非常浓，有时候是非常矛盾的。他如果不从政的话，做学者，是很优秀的。

郑：他心里的东西，很少对我们讲。现在外界对他的评价，还是认为他比较“左”的。对他处理周扬的问题，很多人不理解。

于：季先生，我觉得写您一个人的传记，等于写一代知识分子的传记。因为您周围接触的这些知识分子，尤其是跟您往来比较久远、密切的，都跟您有一些相同的性格特征，这是中国知识分子的优良传统。有的棱角很坚硬，把自己都搭上去了，但大部分都是在平和的外表下坚持自己的信念。

季：可以这么讲，不过也有例外。有一篇文章叫《新生》，反映得很好，讲中国知识分子确实爱国。

于：再请您讲讲“文革”时期的情况吧。

季：当时北大贴大字报，1965年搞“四清”，1965年底姚文元写那篇文章《评新编历史剧〈海瑞罢官〉》，“文化大革命”开始了。1966年5月25号，贴大字报，有两派，当时我不在，不清楚。回来后大吃一惊，北大像庙会一样，几万人。当时几乎每个地方都分两派，都是打、砸、抢。北大的“井冈山”也是打、砸、抢，不过毕竟是反对聂元梓的。当时我对周培源这个人非常佩服，他正义感非常强，在教授中最先旗帜鲜明地参加“井冈山”，跟学生一块儿活动，反对聂元梓。整个“文化大革命”中北大自杀的教授就有70个，著名的比如翦伯赞等。

我回来以后，没什么事儿，因为我也没参加国民党。后来被扣上了“资产阶级反动权威”，这个是没办法，一级教授几乎都被说成是“反动权威”。到了1967年，我在日记上有一句话叫：“为了保卫毛主席的革命路线，粉身碎骨在所不辞。”我不清楚究竟什么是群众路线，但我认为聂元梓是反对毛主席群众路线的，她一个人独断专权，整个财权、人权都掌握在她手里。外面一个中学生，跟她不是一派的，被用长矛给捅死了。“井冈山”为什么反对她，我也不清楚。

对聂元梓，教授也分两派：一派“有奶便是娘”，随大流；一派是好的，不参加。

聂元梓这个人，我原来对她很熟的，这个人是又蠢又狠。她每次在学校做的报告，讲话里必然出问题，把资本主义说成社会主义，把社会主义说成资本主义。要换成别人讲溜了嘴，那就不得了，那就是“现行反革命”。

从当时的活动可以看出一个人的品质。随大流，我觉得无所谓，每个人都想趋吉避凶嘛，这是人的本性。但聂元梓是坏人，品质次极了。说她“蠢”，就是每次开大会，不管是全校的还是跟“井冈山”开辩论会，她都说错，她的徒子徒孙总是替她捏了一把汗。说她“狠”，“井冈山”占据了一座楼，她就断电、断水、断粮。她还把钢管截成长矛，前面磨尖了，用来扎人。

所以周培源旗帜鲜明地反对她，周老是主持正义的，他为什么离开北大呢？就是他不理江青那一套，江青没办法，请他到政协做副主席，目的就是要他离开北大。当时中央有个名单，是要保护的，周培源是其中之一，也是北大唯一的一个。这个名单是周总理定的。我在“牛棚”关了8个月，出来以后变了，不敢抬头看人。因为在劳改大院，跟人说话你要抬头，人家上去一个耳光，所以讲话都不知道对方是谁。到商店买东西，我都不知道怎么说，不敢叫同志，滑稽极了。

关了那么久，什么人也不认识了。当时劳改大院的人都想着自己以后的路，大半想将来自己一定会被流放到什么地方，比如新疆啊，待一辈子。很多人都有这个想法，觉得没有希望。

出来后我被分配在东语系传达室工作，听电话，传电话，分发文件等，事情不多。还想做点事，晚上就把梵文的《罗摩衍那》抄在纸上，上班时没事干就琢磨如何译成中文。当时只想做点事，并没有想到出版。

于：您刚才说过在这期间不敢抬头跟人说话，碰上打您的，您的心情是什么样的？

季：当时想，知识分子把自己一生最舒服的生活丢掉回来，回来受到这么对待。像老舍，从美国回来，“文化大革命”一开始，他在医院里面，虽然他这样的人，“文革”逃不掉的，但起码一开始躺在医院，就别出来了，他却非出来不可。最初不清楚“文化大革命”向哪个方向发展。有一次会上点名，他挨打了，第一次挨打，他受不了。

于：您挨打多吗？

季：没有不挨打的。当时讲话都是“你妈的”，国骂。

于：有些人是长期在这种文化环境下生活，忍耐力增加了。而老舍从美国回来，那儿讲究人道主义、平等、人权，他回来受到这个，肯定受不了。

季：对，而且这个人非常正直，满族人，一打他，受不了就自杀。当时很多人自杀，也是对尊严的保护。

于：季先生，您要是受到这种委屈和不公，恐怕心里会很有数，但不会以一种很激烈的形式表现出来，是吧？

季：是。当时回到中国以后，有一句话讲："士可杀，不可辱。"现在已经证明"士可杀，亦可辱"。

于：这个"辱"只是表面上、形体上的辱，内心世界是坚决抵制的。

季：对。再讲挂牌子。当时北大是超盛的，超了10万人，整个校园全是人。北大怎么做，全国立刻都怎么做。北大挂牌子，脖子都勒进去了。木头也沉啊，有大有小，"坐飞机"。

于：我上中学以前，我家旁边有一个教师进修学院，批斗一些"学术权威"，有一个高教授，我看到他被挂上大牌子，脖子被铁丝头"唰"的一下刮了一个口子，血珠子都凝了，一个一个血珠子在上面凝着，这给我印象特别深刻，后来我写一个中篇小说，写到"文革"期间的时候，就把这个事例用上了，这是留在我脑子里唯一的一个武斗印象。

季：那时关在"牛棚"里劳动，小孩儿拿石灰往你眼睛里扬。当然也不能怪小孩儿，他认为你是坏人，也得让他打。

于：打您要打得很厉害，您会不会再产生自杀的念头？

季：后来没有。我当时心里还是拥护"文化大革命"的，一直到1976年。那时都昏了头了。我只关了8个月，还有的关了几十年。当时我们有个想法：以后不能随便打人。那个地方天天斗争，不管哪个单位，只要批斗，就来要人，非常野蛮的。

于：您的《一个老知识分子的心声》那篇文章里面，我觉得虽然没有用一种明确的语言写出来，但还是透出来一种情绪：多难的。对知识分子您有一种不可言说的忧伤，是吧？

季：当时那篇文章也看得出来我在骂，不要再当知识分子。历史上，比如说一个朝代，打天下的时候，知识分子用不着，当然有时候也用得着，像给你出兵，给你出谋，打完天下以后说知识分子只是帮忙。可是我们国家、民族的文化靠知识分子传承，所以知识分子始终应该得到一种地位，起码是一种尊敬。

于：您作为一个学者，始终能保持平静的心境。我觉得您在大喜、大悲、大怨、大难面前不能说内心没有波澜，但总是能保持一种常态。这种心境最大的一种支撑是什么？

季：在社会上磨，我说过我原来是有棱角的，后来磨光了，现在感觉就顺其自然。人说五十而知天命是有道理的，要尽到责任。指望天上掉下馅饼来是办不到的，必须尽人事。

（第四天）

于：那写这种小杂文、小散文，您是不是都利用开会的时间、间歇的时间，这些时间的下脚料写成的？

季：现在会不太多了，我跟《新民晚报》有个口头协定，两周发一次，一次一千字，叫“人生漫谈”，范围大一些，有什么感触就讲一讲。我活到八十岁了，对人生问题是怎么看的，就一、二、三……发表一些怪论。最近写了一篇文章，《论包装》，一千多字。

于：除了别人的约稿《赋得永久的悔》外，您觉得一生比较后悔的事是什么？

季：我说过我不应该出来，应该在家务农。

于：您认为贫农跟您现在这样著作甚丰，在学术界非常有地位相比较，您还是愿意做一个农民吗？

季：我还是愿意做一个农民。

于：为什么？除了跟母亲在一起外。

季：没在一起，要在一起就没有永久的悔了。我很少回家，最后一次是我母亲去世。我在回忆汤用彤的文章讲过，我并不是什么高人，我是“炒”出来的名人。名利观念我都有，但是表现很淡。1956年，我45岁，评上一级教授、中科院社会科学部委员，八大参加翻译处，在学校里面是到头了，还有什么争的？我想如果给我评二级教授，我会争一级。到头了就表现为名利思想很淡，实际上不是那样的。

于：季先生，您的入党介绍人是谁？

季：是当时我们的党总支书记贺建城、黄宗鉴。北大第一批入党的只有几个人。像曹靖华，他有基础，与鲁迅的关系，与我们党的关系都很密切。翦伯赞早就是党员，这个保密。

大家对我这么捧，所以我说我是“炒”出来的。

于：那您还有几百万字的文集啊？

季：那是写文章，文学创作。现在买的有些书很差劲，写文章确实要有自己的观点、自己的材料。

再讲思想宣传。我认为做什么事，特别是宣传，最好是讲一般人都能接受的那个水平，不要提得太高，太高容易让人望而生畏。像董存瑞、邱少云这样的烈士，牺牲时讲毫不利己，专门利人，但是一辈子都这样，我觉得没有，谁也做不到。

于：在人都有一种本能的自我保护的情况下，按照您的做人原则，怎么样才能更谦和，才能更像那种您所欣赏的坚持原则的品格呢？

季：我后来在讲道德的时候说过，衡量一个人的道德水平就是看他是为自己考虑还是为别人考虑。如果60%是为别人考虑，那他就是好人，不要要求太高。如果70%为别人考虑，这就是好人中的好人。100%是没有的，替自己考虑是应该允许的。

这里面还有个手段问题。采用正当的手段去争，这无可厚非。就像我们这次评奖（指第三届国家图书奖评奖），每个出版社都想获奖，我觉得这是正常的。没有一个会说我根本不在乎，那是假话，但是通过不正当的手段来争，我觉得不好。

于：我看《人格的魅力》上有一篇文章，重点把您对社会科学和科技之间的关系阐述了一遍，我看了觉得季先生对社会科学的理解是非常透彻的。

季：现在都提科技是第一生产力，不提社会科学是生产力。曲阜师范大学有一篇文章就讲社会科学也是生产力。

原来提科技兴国，其实光有科技是兴不了国的。离开科技不行，光有科技也不行。拿日本来讲，1868年明治维新，就是从文化教育开始。好多人脑子里以为靠科技就能兴国，后来感觉不妥，改成科教兴国。

不提研究语言、文学的，对他们的积极性有所挫伤，他们会认为我们研究这些，对兴国没有用处。实际上我说每个中国知识分子都希望我们国家兴旺发达，这是中国知识分子的特点。我问了许多社会科学院的人，他们都垂头丧气，把中国社会科学院删掉，怎么能行呢?

于：对人文方面有些东西，是重视得太厉害了，所以到了一种不敢正视的情况。比如“文革”时期，说文艺为政治服务。其实文艺是有多种功能的。

季：对。“小说反党”这个话是非常幼稚的。靠小说反党，是反不起来的。真正革命还是要靠枪杆子，文艺只是起一个宣传鼓动作用。姚文元的《评新编历史剧〈海瑞罢官〉》，说以海瑞影射彭德怀，实际上没有那回事，夸大了。

于：以前传统上的“文以载道”，我想这个“道”不是政治上的道，而是道德的道，作为一种社会品格的道，不是帝王将相的道。

季：现在我就想，社会科学到底是不是生产力，曲阜发表过那篇文章后再没见过别的文章。兴国要靠发展，就离不开文化教育，而现在教育的地位，有些可怜。听说现在复旦要规定教员三分之一上岗，工资也要提高。

于：应该是这样的，把钱集中在干活人身上，要不然越来越形成一盘散沙。

（第五天）

季：不能不允许为自己考虑，但是要有一个限度。一个人的政治觉悟可以改变，但一个人的本质变不了。我见过的人，品质坏的，从来没好过。我说的这是形而上学，但是现在还没有一个例子能扭转我的看法，没法解释。

于：季先生，我觉得您虽然是研究佛学的，但您并不信佛。

季：宗教我虽然不信仰，但我都尊敬。因为正儿八经的宗教，没有一个叫信徒做坏事的。海淀有个基督教堂，每次“受洗”都有很多人。

我遇到过一个退休老工人，不认字，没什么水平，他说他“受洗”了。我问你们牧师讲道，都讲什么东西，他说第一条听党的话，第二条政府的命令不能违背，全是不做坏事的，还真管用。有个人头一天卖东西“宰”了人，晚上听牧师讲道，第二天早晨就去向牧师忏悔。

于：它是用最浅显的道理来唤回人最起码的良知。

季：对。宗教我不相信，我是完全的唯物主义者。但是在宗教当中，我觉得佛教讲道理最透。它讲人是苦的，符合我理解的水平。我觉得它把病源看对了：人生是苦的，但是我觉得药方是不对的：涅槃。

涅槃就是到此为止，死了以后不能转生。这是从印度来的。印度人不愿意转生。说人做好事就转生成好人，做坏事就转生成坏人。中国人是希望转生的。

我写过一篇文章，说宗教是个人的事情，别人不要干预。

于：对，对人来讲，它是一种精神寄托。

于：季先生，您最近的研究项目是什么？

季：我最近在写学术回忆录，写得非常艰苦，要理清脉络，20多万字，要求年底交稿。

于：写完这个回忆录后，还有不少计划吧？

季：多得很。

（完）

2. 鲁殿灵光　高山仰止（后记一）

季羡林在练书法

从来也没有想过，我会写一本季羡林先生的传记。就是在现在，当我进行了几年的学术宫殿的徜徉与漫步，尤其是在跟先生有了十几年的近距离接触，不，应该说是零距离的学习后，我仍不敢相信，我会不自量力地来写这样一本传记。当然，这已经是1998年的事情了。在当时，这也是我所知道的第一本季羡林先生的传记。现在，受出版者的委托，又重新修订了这本传记。

高山仰止。

读季羡林先生的文和见季羡林先生的人，每每跳到我眼前的，就是这样自然的四个字。以前，没有见过季羡林，仅是听起季羡林先生的名字，心中就油然而生一种崇敬心情，因为知道他是东方文化的学者，是一代鸿儒。后来，有了幸运的机会，能够和季先生近距离接触，又有幸成为季羡林先生的晚辈朋友，这种崇敬之情更是有增无减。当然，那时并没有产生过要叙写季先生传记的想法，因为我知道，虽和季先生同为山东人，先生却是鲁殿灵光，高不可攀。而实际与季先生接近起来，他又是那样的温良朴厚，平易近人。

季先生感人的形象第一次深深印在我的脑海里，是九十年代初期第一届国家图书奖评奖的时候。季先生是文学组的负责人，我是工作人员，为评委们服务。那一年的工作很紧张，评委们只能将就着在小饭店里吃饭。吃饭的时候，只见季先生在拥挤的座位里举手向我“请示”，我忙问什么事情，季先生微笑着说：“可不可以喝一杯啤酒？”我们所有的人都被先生的幽默和纯朴给逗笑了。那一年，季先生已是82岁的高龄了，但他给我们的印象却是那样的健康、幽默、平易近人，几天的紧张工作下来，他已成为我们全体工作人员的老朋友。他自己也常说，非常愿意和我们年轻人交朋友。而我们这些工作人员，见到季先生如此平易近人、和蔼可亲，便一有空就往季先生的屋子里钻，与先生聊天、照相，没完没了，其乐融融。没有几天，先生就把我们工作人员的名字都记熟了，还知道了我们每一个人的爱好和特点。当先生得知我在工作之余还坚持写作时，就要我送他一本，并鼓励我最好再读一个博士。我当然不好意思把自己的雕虫小技拿去打扰先生，但时隔两年，到第二届国家图书奖评奖时，季先生见了我，第一句话就是问我要那本小书。此时，季先生已成了我们的大朋友，我们有什么话甚至各个学科的疑难问题，都愿意找季先生解答。经常的场景是这样的，我们在季先生的房间里盘腿坐在地上，而季先生笑眯眯地坐在床上，我们就像是季先生的弟子一样围坐在那里，听先生给我们讲一些名人逸事。虽然先生年长我们许多，是我们的祖父辈，但我们却丝毫没有感觉到岁月的隔阂，先生的思维非常年轻和活跃。季先生对我们工作人员也熟稔如一家人，经常会问我们："怎么没有见到小Y呢？"

后来，是在写先生的传记的时候，我才了解到，先生与我们一起工作和交往的这几年，正是他的个人生活最为痛苦的几年。他先后失去了自己亲爱的女儿和老伴，但我们却丝毫没有感觉到先生精神上的沉郁和悲观，他热情地参加所有的社会工作，健朗地与年轻人交往。他继续在学术的田野里耕耘，同时也写出了充满深情的怀念亲人的文章。他是把悲伤留给了自己，在深夜里独自咀嚼。当知道这些事情的时候，再回头看那个时候的季羡林先生，便更觉得先生如同超人，既具有强大的抑制力，却又情感深沉、慈悲为怀。

先生的知识当然是渊博的，学问是深厚的，与先生在一起工作的日子，是我们精神生活最为丰富的日子。面对全国几年来出版的精美的图书，我们经常围坐在先生的身边，听他给我们解答各种疑问。从美术、历史，到考古、文学，季先生就像一部百科全书一样，总能使我们的各种疑问和难点一一得到解答。我们从中得到的教益，尤其是一些珍贵的史料性的佳话，茹古涵今，都是在书本上所不能得到的。而同时，与先生在一起的日子，也是我们在心情上最放松的日子。在先生面前，我们就像又回到了学生时代，我们面前总有一个耐心的老师为我们亲切地解答各种疑难问题，而且，这位老师又是那样的慈祥、善良和幽默。

后来，应家乡一家出版社的邀请，约我写一本季羡林先生的传记。凭着一股热情和对季先生的崇敬心情，我不假思索地应承下来。但当我稍微浏览了先生的学术宫殿后，我有点想退却了。高山仰止，这是我唯一的感叹。我认为，我只能在这座巨大的学术宫殿门前流连忘返、敬而仰之，却没有走进去的勇气和能力。我去见先生，对他说，是不是我没有能力来完成这样一个重要的任务，先生却笑了。他平和地对我说，你是作家，作家写传记不是从学术的角度。先生只一句话，便给了我莫大的勇气。是的，我想，写先生的传记，无论如何我是没有资格和能力的。因为我不具备写先生的学术基础和能力，但先生的人格魅力却是应该写出来的。他所代表的一代知识分子的精神风貌是值得我们年轻一代永远学习和敬仰的。就先生的学术成就来说，是我几生几世也无法企及的，但先生的精神境界和人格魅力，却可以使我获取许多人生的要义。换一句话说，虽然我面前的这座学术宫殿使不才如我辈叹为观止，但我可以把徜徉其间的体会和心得，用笔墨描摹出来，这对我是一种精神鼓励，也是我对先生崇敬之心的一种表达。

只有这样想，我才有勇气坚持写下来，才有勇气去做完一件力所不能及的事情。传记虽然写完了，但离把先生的宏伟业绩、雍容大雅记录下来还差得很远很远。自然，在写作当中，我自己也经历了一个精神上淬炼的过程。先生那种对事业的一丝不苟，对人生风雨的淡然若定，对国事家事的朴厚、豁达，都在不知不觉中影响着我的精神世界。尤其是在写作中途，我因电脑操作失误丢失了一章，很沮丧。先生得知后，却对我说："不要着急，慢慢来。"在写作时，有过一次与先生一起开会的机会。那时季先生刚刚做了眼疾手术，身体十分虚弱。他应我的请求，每天早晨5点半开始接受我的采访。因为他白天实在太忙了，先生要主持全国文学图书的评奖，我要忙会务，我便采取了先生坚持了一生的工作方式，闻鸡起舞。每天早晨我去接先生到楼下边散步边采访时，先生都早已端坐在那里，桌上摆着整齐的稿纸和放大镜，他已经工作了两个小时了。这种早晨随着太阳的升起而工作的方式，先生坚持了一生，就是住进医院进行疾病治疗，他还是坚持这样的治学习惯，这也是他一生著作等身的原因之一。这种治学的态度和精神，成为我坚持写下去的动力，甚至也成了我业余时间笔耕不辍的一种精神楷模。写先生的传记一本，却带给我终生的治学和做人的财富。

从认识季羡林先生起，我们每年都会坚持去看望先生，他的人格的魅力就像磁铁一样在吸引着你，使你从中获得许多人生的力量。先生成为我们大家共同的精神上的智慧之灯。最近几年，先生因为身体不好，已经住进医院几年了。但在住院治疗期间，他却始终坚持写作，并保持着乐观的精神状态。他的记忆力和思考能力丝毫没有减退，对过去的事情仍旧惦记在心上。每次我们去看望先生，他总是惦记着与他一起工作的年轻的同志。就连我们的孩子们，他也能一一叫出名字。尽管随着岁月的流逝，10 年过去了，我们从青年进入了中年，我们已经不再年轻，先生也已经是 95 岁的高寿了，但季先生的精神却仍旧那样健朗，谈话之间仍旧保持着他固有的幽默和平实。他总是那样微笑而又平静地听着你说，偶尔说的一句话，却又让你觉得他正在认真地思考着你的话题。

2005 年的春天，我们中的一位同志在梦中梦到与季先生聊天，而且聊得非常痛快。他便有些担心，连忙打电话去问讯先生的身体状况。先生却笑着说，他这几天正在惦记着我们呢。他说今年是双年，搞出版的那些同志又该忙了，因为双年是进行国家图书奖评奖的年份。他的助手，热情的李老师向我们转达季先生的惦记时，我们听了感动至极。先生的心始终是与我们连在一起的。国家图书奖仅是先生的社会事务之一，但对这件事情，先生却非常上心，比我们这些身在其中的工作人员还要挂念在心，这是怎样的一种拳拳之心啊。我觉得先生确实做到了做人的最高的境界，是“一个高尚的人，一个纯粹的人，一个有道德的人，一个脱离了低级趣味的人，一个有益于人民的人”。

我觉得，因写这一本传记而接近了先生是幸运的；因写完了这本传记而了解了先生伟大而又平凡的一生又是获益匪浅的。先生给我的精神上的力量和教益使我一生也受用不尽。每次与先生见面回来，我都能感觉到一种精神的富足和平定，缭乱的人生在瞬间便都能平静下来，人在这个时候便觉得特别清醒，知道自己在这短暂的人生中到底需要的是什么，应该做的是什么。我也明白了，何以季羡林先生能够九旬高寿仍然精神爽健、笔耕不辍。静水流深，沉静人生。先生的精神世界，永远是平静和高洁的。东方文化能够延续几千年而至今魅力不衰，正是由于有了这样一代代弘扬东方文化精髓的优秀的知识分子。

我为有机会为季先生做一次人生和学术的记录而感到幸运，而我写的小书，只能算是我学习先生学术成就、精神品格、人生历程的一点个人的心得。按照出版者的初衷，将先生的辉煌人生以平实的语言记录下来，用以张扬先生的治学精神，传播一代鸿儒的雍容大雅。语言的表达是有限的，但先生在学术生涯中所达到的至高的学术境界却是无限的。以有限写无限，德薄能鲜。本书的写作，得到季羡林先生、商金林先生、李玉洁老师的支持，承他们向我提供宝贵的资料和照片，尤其是李玉洁老师，知道我在修订季先生的传记，便热情提供了第一手的资料和图片，在此一并表示感谢。本书的年表还参阅了李铮先生的季羡林学术年表及其他学者的纪念文章，也谨致谢意。

第一次修订于 2005 年 6 月，默识斋

3. 不刻意而高（后记二）

季羡林的书房

季老仙逝已经十年了。

这本传记从写完到第二次修订（1998—2018）也已经二十年了。因为工作关系，从1991年开始与季先生有联系，每年都要去季羡林先生家多次，每隔两年便与季老一起参加全国图书评奖活动，季老是专家组主任，我是工作人员、季老的联络员。这种关系一直延续多年，直到季老去世的前一年。

从一开始要写季老的传记时，我就得到了季老本人的支持。最初写这本传记的时候，坊间还没有一本关于季老的传记，唯一的资料来源就是季老自己的文字，还有我对季先生的采访的第一手资料。幸运的是季老满足我的一切要求，可以随时去他那里进行采访，只是我要上班，完全是利用业余时间和与季老在一起工作的时间进行写作。写作进行得很慢。

由于个人的学术低浅，也由于对季老高山仰止般的崇敬，第一本传记写得简略，但季老还是认可的。毕竟是第一本，正如埃德加·斯诺在《红星照耀中国》的前言中所写的："这不是我写的纪实，而是中国共产党和红军用自己的事迹书写的。"可以说，这本《季羡林传》也并不是我一个人写出来的，我只是把季老自己的经历和学术成绩记录了下来，传记应该也必须是季老自己写的。基于这个缘由，我在《季羡林传》两次修订的时候也基本保持了原貌。毕竟，这里记录的都是季老最真实的一生写照，至于季老情感深处的东西，能感知到，但不易表达出。

这部传记最初写完并出版是在 1998 年。那时的季老，学者的身份更突出。后来，尤其是从季老住进 301 医院后，季老的社会声誉鹊起，一时间，大师的桂冠有很多，走近他的人也越来越多。尤其是党和国家领导人看望他以后，被安排与季老见面也显然是一种特殊待遇了。由于想要了解季老的人很多，季老请我的领导从出版社要了几百本《季羡林传》，分送给了医院的医生和护士，他们拿到书才知道是我写的。这从另一方面说明季老也是认可这本通俗易懂的传记的。

与季老相处久了，近二十年的近距离接触，从单纯的崇敬到亲情般的敬爱，从仰视到亲近，使我对季老有了一种比对伟大学者更进一层的亲切感。以至于他在住院的一段较长时间里，我每次去都像家人一样，给他带专门从山东买来的他爱吃的山东特产。每年春节他都会嘱咐秘书，专门约我和家人去医院，并嘱咐一定要带上我的女儿，他称之为小公主。每次他也都把别人从香港送给他的糕点给我女儿留着，他也最爱吃我带去的山东酥锅。在某种程度上，季老是我们的长辈，我们也让女儿称他为“太爷爷”。

季老去世前的那段日子，我多次在梦中见到他。季老在医院的时候，我的同事们也是多次在梦中见到季老，每次梦到他，我们都会相约一起去看望老爷子，可见季老与我们这些工作人员的感情是多么深厚，他对我们太亲切了。季老去世时，在北大的季羡林追思会的告别礼堂里，我排在徐徐前行的队伍中，与季老交往的一幕幕都浮现在眼前。我们在评国家图书奖的时候喜欢在晚上到他的房间听他讲笑话，在大家聚餐的时候喜欢与他一起碰杯喝啤酒，与他一起散步的时候喜欢听他讲古。季老是我们大家的季老，他是一个大家都尊敬的老人，一个大家都喜欢的老人，一个为了公众的需要而深藏了自己的老人。我知道季老是寂寞的，孤独的，尽管在生命的最后几年门庭若市；但他同时也是善意的，旷达的，他并不喜欢热闹，也深知自己已经被社会的声誉架起来了，他曾经在病榻上专门著文，对自己近乎剖析地做了分析，季老对自己在荣誉上所受到的极大的推崇更是淡而视之。他写道：“我在上面曾经说到，名利之心，人皆有之，我这样一个平凡的人，有了点名，感到高兴，是人之常情。我只想说一句，我确实没有为了出名而去钻营。我经常说，我少无大志，中无大志，老也无大志。这都是实情，能够有点小名小利，自己也就满足了。可是现在的情况却不是这样子。已经有了几本传记，听说还有人正在写作。至于单篇的文章数量更大。其中说的当然都是好话，当然免不了大量溢美之词。别人写的传记和文章，我基本上都不看。我感谢作者，他们都是一片好心。我经常说，我没有那样好，那是对我的鞭策和鼓励。”

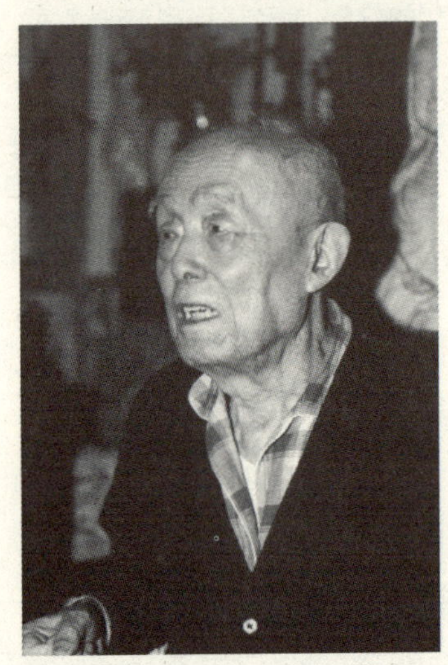

季羡林音容宛在

出于此种认识，季羡林先生郑重提出：“我现在借这个机会廓清与我有关的几个问题。”季羡林掷地有声地提出了“辞‘国学大师’”、“辞‘学界（术）’泰斗”、“辞‘国宝’”。

季老的一生有自己的理想、成就，也有遗憾。我的眼前经常浮现出的是老人沉默但又若有所思的面孔。他一定有内心深处的精神需求，一定有他理想境界里的情感寄托，但这一切都随着他的岁月流逝了，带走了。在徐徐向前的追思的队伍里，我在心里感叹着，季老被这么多学子爱戴着，被国人敬仰着，但真正能读懂他的又有几人。也许，在这个世界上，真正知道自己的，也只有季老自己本人。我在季老遗像前深深地鞠躬，愿天堂里季老能开怀。

我仍旧不对《季羡林传》做大的改动，也是尊重季老的意见，毕竟，这本传记是他自己看过的，并认可的，是他替我分散给他的亲友的。尽管之后季老又有了近十年的繁华，但还是那一句话，这不是我写的传记，是季老用他一生的成就和努力写就的。

第二次修订于 2018 年 6 月 16 日端午节前夕

附录二

1. 季羡林主要大事年表

1911 年

8月6日生于山东省清平县(现并入临清市)官庄,一个贫农家庭。六岁以前,在清平,随马景恭老师识字。

1917 年(6 岁)

离家去济南,投奔叔父。进私塾读书,读过《百家姓》《千字文》《三字经》《四书》等。

1918 年(7 岁)

进济南山东省立第一师范学校附属小学学习。

1920 年(9 岁)

进济南新育小学读高小三年,利用业余时间开始学习英语,虽然只不过学了一点语法、一些单词而已,但给以后的求学打下了基础。

1923 年(12 岁)

小学毕业后,考取正谊中学。上学时不太用功,成绩徘徊在甲等后几名、乙等前几名之间,属于中上水平。但叔父对他的期望甚高,根据他的要求，课后又参加了一个古文学习班，读《左传》《战国策》《史记》等，晚上在尚实英文学社继续学习英文。

1926 年（15 岁）

初中毕业。

在正谊中学读过半年高中后，转入新成立的山东大学附设高中。一位桐城派的古文作家王玉先生教国文，王老师对季羡林影响极大。第一篇作文题目是《读〈徐文长传〉书后》。这篇作文受到他高度赞扬，批语是："亦简劲，亦畅达。"从此对古文产生了更加浓厚的兴趣，又自学《韩昌黎集》《柳宗元集》及欧阳修、三苏等文集；在此期间，开始学习德语。在山东大学附设高中读了两年。高中期间，六次考试，考了六个甲等第一，成了"六连冠"。

1928—1929 年（17—18 岁）

日本侵华，占领济南，辍学一年。创作《文明人的公理》《医学士》《观剧》等短篇小说，署笔名希逋，在天津《益世报》上发表。

1929 年（18 岁）

转入新成立的山东省立济南高中，学习了一年，这在季羡林的一生中是一个重要的阶段。特别是在国文方面，这里有几个全国闻名的作家：胡也频、董秋芳、夏莱蒂、董每戡等等。在写作方面，深得董秋芳先生赞赏，认为他同王联榜是"全校之冠"。此后，季羡林五十年来笔耕不辍，与董老师的激励大有关系。

1930 年（19 岁）

翻译屠格涅夫的散文《老妇》《世界的末日》《老人》及《玫瑰是多么美丽，多么新鲜啊！》等，先后在山东《国民新闻》趵突周刊和天津《益世报》上发表。高中毕业，同时考取清华大学和北京大学。后入清华大学西洋文学系，专修德文。在所学课程中，受益最大者，一门是选修课：朱光潜先生的"文艺心理学"；另一门是旁听课：陈寅恪先生的"佛经翻译文学"。

在清华大学四年，除上必修课、选修课、旁听课外，课余还写了不少散文，翻译了史密斯（Smith）、杰克逊（H. Jackson）、马奎斯（D. Marquis）和荷尔德林（Ho1derlin）等外国作家的散文或诗。四年中发表散文十余篇，译文多篇。

学习期间，得到家乡父老的奖励——原清平县政府颁发的奖学金。

1934 年（23 岁）

清华大学西洋文学系毕业。毕业论文的题目是：The Early Poems of Holderlin（荷尔德林的早期诗歌）。应母校山东省立济南高中校长宋还吾先生之邀，任母校国文教员。

1935 年（24 岁）

清华大学与德国签订了交换研究生的协定。报名应考，被录取。同年九月赴德国入哥廷根（Gottingen）大学。主修印度学。先后师从瓦尔德施米特（Waldschmidt）教授、西克（Sieg）教授，学习梵文、巴利文、吐火罗文。按德国大学学制，除主系外，同时需选修两个副系。因此还学习了俄文、南斯拉夫文、阿拉伯文等。继续散文写作。

1937 年（26 岁）

兼任哥廷根大学汉学系讲师。

1941 年（30 岁）

哥廷根大学毕业，获哲学博士学位。博士论文题目是：Die Konjugation desfiniten Verbums in den Gat has Mahavstu（《大事》偈陀部分的动词变化）。以后几年，继续用德文撰写数篇论文，在《哥廷根科学院院刊》等学术刊物上发表。

1945 年（34 岁）

与其他留学生一起离开德国去瑞士，在弗里堡（Fribourg）住几个月，等待国民政府安排回国。

1946 年（35 岁）

取道法国、越南，经由香港回到上海。

受聘为北京大学教授兼东方语言文学系系主任。系主任职务任至 1983 年（“文革”期间除外）。

1951 年（40 岁）

参加中国文化代表团出访印度、缅甸。

译自德文的卡尔·马克思著《论印度》，由人民出版社出版。

1953 年（42 岁）

当选为北京市第一届人民代表大会代表。

1954 年（43 岁）

当选为中国人民政治协商会议第二届全国委员会委员。任中国文字改革委员会委员。

1955 年（44 岁）

作为中国代表团成员，前往印度新德里，参加“亚洲国家会议”。

赴德意志民主共和国，参加“国际东亚学术讨论会”。

译自德文的德国《安娜·西格斯短篇小说集》出版。

先生的叔父在济南病故。

1956 年（45 岁）

当选为“中国亚洲团结委员会”委员。

任中国科学院哲学社会科学部委员。

由何建平介绍光荣加入中国共产党，是北大教授中的第一批党员。

译自梵文的印度迦梨陀娑的著名剧本《沙恭达罗》中译本，由人民文学出版社出版。

1957 年（46 岁）

论文集《中印文化关系史论丛》由人民出版社出版。《印度简史》由湖北人民出版社出版。

1958 年（47 岁）

《1857—1859 年印度民族起义》由人民出版社出版。作为中国作家代表团成员，参加在苏联塔什干举行的“亚非作家会议”。

1959 年（48 岁）

当选为第三届全国政协委员。应邀参加“缅甸研究会（相当于科学院）五十周年纪念大会”。会上宣读了论文：《原始佛教的语言问题》。译自梵文的印度古代寓言故事集《五卷书》中译本，由人民文学出版社出版。

1960 年（49 岁）

北京大学东语系招收第一批梵文巴利文专业学生。季羡林与金克木教授亲自为该班授课。

1962 年（51 岁）

应邀前往伊拉克参加“巴格达建城 1800 周年纪念大会”。会后去埃及、叙利亚等国参观。

当选为中国亚非学会理事兼副秘书长。

译自梵文的印度迦梨陀娑的剧本《优哩婆湿》中译本，由人民文学出版社出版。

季羡林的夫人和婶母从济南迁来北京。

1964 年（53 岁）

当选为中国亚洲非洲团结委员会委员。

参加中国教育代表团，前往埃及、阿尔及利亚等国参观访问。

新中国第一批梵巴专业学生，在季羡林与金克木教授的辛勤培育下，完成了五年的专业学习。

当选为第四届全国政协委员。

1966—1976 年（55—65 岁）

1968 年，被打入“牛棚”。自 1973 年起，利用看门时间，着手偷译印度古代两大史诗之一——《罗摩衍那》，至 1977 年，终将这部 18755 颂、近 80000 行的鸿篇巨制基本译完。

1977 年（66 岁）

“文化大革命”于 1976 年结束。继续整理《罗摩衍那》译稿。

1978 年（67 岁）

当选为第五届全国政协委员。

大学复课，原担任的东方语言文学系系主任职务同时恢复。

作为对外友协代表团成员，前往印度访问。

担任北京大学副校长和北京大学与中国社会科学院合办的南亚研究所所长。1985 年，北大与社科院分别办所后，继续担任北京大学南亚东南亚研究所所长，至 1989 年底。

中国外国文学会成立，当选为副会长。

1979 年（68 岁）

受聘为《中国大百科全书·外国文学卷》编委会副主任兼南亚编写组主编。

中国南亚学会成立，当选为会长。

专著《罗摩衍那初探》由人民文学出版社出版。

1980 年（69 岁）

应日本友人室伏佑厚先生邀请，赴日本参观并参加“印度学佛学会议”，结识了中村元教授和峰岛旭雄教授等众多的日本学术界杰出学者。

《罗摩衍那》（一）由人民文学出版社出版。

被推选为中国民族古文字学会名誉会长。

散文集《天竺心影》由百花文艺出版社出版。

中国语言学会成立，当选为副会长。

通过中国作家协会参加国际笔会。

率领中国社会科学代表团赴西德参观访问。重返哥廷根，会见了八十五岁高龄的恩师瓦尔德施尔特教授。

应聘为西德哥廷根科学院《新疆吐鲁番出土佛典的梵文词典》顾问。

被任命为国务院学位委员会委员。

散文集《季羡林选集》由香港文学研究社出版。

1981 年（70 岁）

散文集《朗润集》由上海文艺出版社出版。

《罗摩衍那》（二）出版。

中国外语教学研究会成立，当选为会长。

1982 年（71 岁）

论文集《印度古代语言论集》出版，《中印文化关系史论文集》由三联书店出版。《罗摩衍那》（三）（四）出版。

1983年（72岁）

获北京市教育系统先进工作者称号。

当选为第六届全国人民代表大会代表，同年被选为六届人大常委。

在中国语言学会第二届年会上，当选为会长。

参加中国敦煌吐鲁番学会筹备组工作。学会成立，当选为会长。

《罗摩衍那》（五）出版。

1984年（73岁）

任北京大学校务委员会副主任。

受聘为《中国大百科全书》语言编辑委员会主任、委员。

当选为中国史学会常务理事。

中国教育国际交流协会成立，当选为副会长。

中国高等教育学会成立，当选为副会长。

《罗摩衍那》（六）（七）出版。

1985年（74岁）

论文集《原始佛教的语言问题》由中国社会科学出版社出版。

季羡林主持的《大唐西域记校注》由中华书局出版。

季羡林撰写了近十万字的《玄奘与〈大唐西域记〉》——《校注〈大唐西域记〉》前言。

参加在印度新德里举行的“印度与世界文学国际讨论会”和“蚁垤国际诗歌节”，被大会指定为印度和亚洲文学（中国和日本）分会主席。回国途经香港，应香港中文大学邀请，在该校做题为“印度文学在中国”的讲演。由季羡林组织翻译亲自校译的《大唐西域记今译》由陕西人民出版社出版。作为第十六届国际历史科学大会中国代表团顾问，随团赴德意志联邦共和国斯图加特，参加“第十六届世界史学家大会”，提交论文《商人与佛教》。

当选为中国作家协会第四届理事会理事。

参加中国比较文学会筹备工作。在10月召开的中国比较文学会成立大会上，被推举为名誉会长。

译自英文的印度作家梅特丽耶·黛维的《家庭中的泰戈尔》中译本，由广西漓江出版社出版。

1986年（75岁）

中国亚非学会第二届代表会议在京开幕。代表领导小组主持会议并讲话，会后当选为中国亚非学会副会长。应聘为中国文化书院导师。校庆日，北京大学东语系举行了“季羡林教授执教四十周年”庆祝活动。

《印度古代语言论集》和论文《新博本吐火罗语A（焉耆语）〈弥勒会见记剧本〉1.31/21.31/11.91/11.92四面译释》，同时获1986年度北京大学首届科学研究成果奖。

应中村元先生、室伏佑厚先生邀请访问日本，与中村元先生会谈成立“国际文化交流中心”问题。其间，应早稻田大学邀请，做题为“东洋人之心”的讲演；又应约在日本经济界、学术界人士的集会上演讲，讲题为“经济与文化”。

率领中国教育国际交流协会访日赠书代表团回访日本。参加以班禅额尔德尼·确吉坚赞为团长的中国全国人大常委会代表团访问尼泊尔。代表团在尼泊尔期间的主要活动是参加“世界佛教联谊会第十五届大会”。季羡林还应邀在尼泊尔特里普文大学做题为“中国的南亚研究——中国史籍中的尼泊尔史料”的学术报告。

受聘为冰岛大学《吐火罗文与印欧语系研究》顾问。《季羡林散文集》由北京大学出版社出版。

1987 年（76 岁）

应邀参加在香港中文大学举行的“国际敦煌吐鲁番学术讨论会”，会上提交论文《吐火罗文 A（焉耆语）〈弥勒会见记剧本〉新博本 76YQ1.2 和 1.4 两张（四页）译释》。

主编《东方文学作品选》（上、下），获中国图书评论编委会颁发的 1986 年中国图书奖。

《大唐西域记校注》及《大唐西域记今译》获陆文星、韩素音中印友谊奖。

《原始佛教的语言问题》，获北京市哲学社会科学和政策研究优秀成果荣誉奖。

1988 年（77 岁）

论文《佛教开创时期一场被歪曲被遗忘了的“路线斗争”——提婆达多问题》，获北京大学科学研究成果奖。

任中国文化书院院务委员会主席。

受聘为中华人民共和国文化部“中国文学翻译奖”评委会委员。

受聘为江西人民出版社《东方文化》丛书主编。

应邀赴香港中文大学讲学。讲题为“一、吐火罗文剧本与中国戏剧之关系”；“二、从大乘佛教之起源看宗教发展规律”。

1989 年（78 岁）

获中国民间文艺家协会“从事民间文艺工作三十年”荣誉证书。

受聘为重庆出版社《语言·社会·文化》丛书编委会顾问。

国家语言工作委员会授予“从事语言文字工作三十年”荣誉证书。

1990 年（79 岁）

任北京大学校务委员会名誉副主任。

论文集《佛教与中印文化交流》由江西人民出版社出版。

《中印文化关系史论文集》获中国比较文学会与《读书》编辑部联合举办的全国首届比较文学图书评奖活动“著作荣誉奖”。

受聘为《神州文化集成》丛书主编。

受聘为河北美术出版社大型知识书卷《画说世界五千年》十套丛书编委会顾问。当选为中国亚非学会第三届会长。

受聘为香港佛教法住学会《法言》双月刊编辑顾问。

1991 年（80 岁）

《季羡林自选集》由北京师范学院出版社出版，《中印文化交流史》由新华出版社出版。

1992 年（81 岁）

任第一届国家图书奖文学组评委主任，《罗摩衍那》获国家图书奖。

《留德十年》由东方出版社出版，《季羡林小品》由中国人民大学出版社出版。

1993 年（82 岁）

任首届国家图书奖专家评委会主任。

《敦煌吐鲁番吐火罗语研究导论》由台北新文丰出版公司出版。

1994 年（83 岁）

《季羡林论印度文化》由中国华侨出版社出版。

1995 年（84 岁）

任第二届国家图书奖评委主任，《季羡林散文选集》由百花文艺出版社出版。

1996 年（85 岁）

《怀旧集》由北京大学出版社出版，《人生絮语》由浙江人民出版社出版。《季羡林自传》由江苏文艺出版社出版。《季羡林文集》由江西教育出版社出版。

1997 年（86 岁）

任第三届国家图书奖评委主任，《东方文学史》获提名奖。《糖史》（一、二）由经济日报出版社出版。

1998 年（87 岁）

《牛棚杂忆》由中央党校出版社出版，《东方宏儒——季羡林传》由花城出版社出版。

1999 年（88 岁）

《季羡林散文全编》（一至六）由中国国际广播出版社出版。

2000 年（89 岁）

《学海泛槎——季羡林自述》由山西人民出版社出版。

2001 年（90 岁）

《千禧文存》由新时代出版社出版。

2002 年（91 岁）

《季羡林文丛》（四卷）由沈阳出版社出版。

2003—2009 年（92—98 岁）

入住北京 301 医院，住院期间，党和国家领导人温家宝、陈至立多次到医院看望季羡林先生。在住院治疗期间，季羡林先生完成了《季羡林谈人生》《季羡林谈读书治学》《季羡林谈写作》《季羡林谈佛教》《真话能走多远》《病榻杂记》等多部著作。

2009 年（98 岁）

7 月 11 日上午，季羡林在 301 医院病逝，享年九十八岁。

2. 季羡林重要著作和译作目录（1957~2009 年）

著作：

《中印文化关系史论丛》（人民出版社，1957 年 5 月）

《印度简史》（湖北人民出版社，1957 年 5 月）

《1857—59 年印度民族起义》（人民出版社，1958 年 3 月）

《罗摩衍那初探》（外国文学出版社，1979 年 9 月）

《天竺心影》（天津百花文艺出版社，1980 年 9 月）

《季羡林选集》（香港文学研究社，1980 年 12 月）

《朗润集》（上海文艺出版社，1981 年 3 月）

《印度古代语言论集》（中国社会科学出版社，1982 年 4 月）

《中印文化关系史论文集》（生活·读书·新知三联书店，1982 年 5 月）

《原始佛教的语言问题》（中国社会科学出版社，1985 年 1 月）

《大唐西域记校注》（[唐]玄奘、辩机原著，季羡林等校注，

中华书局，1985年2月）

《季羡林散文集》（北京大学出版社，1986年12月）

《佛教与中印文化交流》（江西人民出版社，1990年6月）

《季羡林学术论著自选集》（北京师范学院出版社，1991年5月）

《比较文学与民间文学》（北京大学出版社，1991年7月）

《季羡林序跋选》（四川人民出版社，1991年7月）

《万泉集》（中国文联出版公司，1991年8月）

《中印文化交流史》（新华出版社，1991年12月）

《季羡林小品》（中国人民大学出版社，1992年9月）

《留德十年》（东方出版社，1992年12月）

《敦煌吐鲁番吐火罗语研究导论》（台北新文丰出版公司，1993年1月）

《留德回忆集》（即《留德十年》）（香港中华书局，1993年4月）

《季羡林论印度文化》（中国华侨出版社，1994年10月）

《季羡林散文选集）（百花文艺出版社，1995年2月）

《季羡林佛教学术论文集）（台北东初出版社，1995年4月）

《赋得永久的悔）（散文集）（人民日报出版社，1996年1月）

《怀旧集）（散文集）（北京大学出版社，1996年4月）

《人生絮语）（浙江人民出版社，1996年4月）

《季羡林文集）（江西教育出版社，1996年12月）

《季羡林自传）（江苏文艺出版社，1996年7月）

《中国文化名人书系·谈读书》（大众文艺出版社，2000 年 5 月第一版）

《牛棚杂忆》（中央党校出版社，1997 年）

《学海泛槎》（山西人民出版社，2001 年 1 月）

《千禧文存》（新时代出版社，2001 年）

《季羡林与名人》（群众出版社，2001 年 1 月出版）

《耄耋新作》（沈阳出版社，2002 年）

《真话能走多远》（新星出版社，2008 年 5 月第一版）

《清华园日记》（外语教学与研究出版社，2009 年 12 月出版）

《季羡林全集》（外语教学与研究出版社，2010 年 4 月出版）

《病榻杂记》（武汉出版社，2011 年 8 月第一次印刷）

《季羡林百岁人生笔记》（龙门书局，2011 年 6 月第一版）

《季羡林自传》（武汉出版社，2011 年 8 月第一版）

《季门立雪》（青岛出版社，2014 年 4 月第一版）

《东西方文化沉思录》（中国财政经济出版社，2017 年 11 月出版）

译作：

《论印度》[德]卡尔·马克思著（季羡林、曹葆华译，人民出版社，1951年12月）

《安娜·西格斯短篇小说集》（季羡林等译，作家出版社，1955年7月）

《沙恭达罗》[印]迦梨陀娑著（人民文学出版社，1962年12月）

《五卷书》（人民文学出版社，1959年10月）

《优哩婆湿》[印]迦梨陀娑著（人民文学出版社，1962年12月）

《罗摩衍那》（一——七）（人民文学出版社，1980年7月—1984年6月）

《大唐西域记今译》（季羡林等译，陕西人民出版社，1985年4月）

《家庭中的泰戈尔》[印]梅特丽耶·黛维著（广西漓江出版社，1985年11月）

《〈罗摩衍那〉选》（人民文学出版社，1994年11月）

《中国翻译名家自选集·季羡林卷〈沙恭达罗〉》（中国工人出版社，1995年8月）

3. 参考书目

《留德十年》（东方出版社，1992 年 12 月第一版）

《季羡林全集》（外语与教学研究出版社，2010 年 4 月）

《季羡林先生》（作家出版社，2003 年 9 月第一版）

《真话能走多远》（新星出版社，2008 年 5 月第一版）

《牛棚杂忆》（中共中央党校出版社，2008 年 1 月）

《中国文化名人书系 · 谈读书》（大众文艺出版社，2000 年 5 月第一版）

《季羡林与名人》（群众出版社，2001 年 1 月）

《清华园日记》（外语教学与研究出版社，2009 年 12 月）

《病榻杂记》（武汉出版社，2011 年 8 月第一次印刷）

《季羡林百岁人生笔记》（龙门书局，2011 年 6 月第一版）

《季羡林自传》（武汉出版社，2011 年 8 月第一版）

《真话能走多远》（新星出版社，2012 年 11 月第三版）

《季羡林自传》（武汉出版社，2014 年 4 月第二次印刷）

《季门立雪》（青岛出版社，2014年4月第一版）

《华梵共尊——季羡林和他的家人弟子》（广东教育出版社，2014年第一版）

《我和父亲季羡林》（鹭江出版社，2016年6月第一版）

《东西方文化沉思录》（中国财政经济出版社，2017年11月）

图书在版编目（CIP）数据

季羡林传 / 于青著 . -- 青岛 : 青岛出版社 ,
2019.7
ISBN 978-7-5552-8192-4

Ⅰ . ①季… Ⅱ . ①于… Ⅲ . ①季羡林（1911-2009）
- 传记 Ⅳ . ① K825.4

中国版本图书馆 CIP 数据核字（2019）第 070839 号

书　　名　季羡林传
著　　者　于　青
出版发行　青岛出版社
社　　址　青岛市海尔路 182 号（266061）
本社网址　http://www.qdpub.com
邮购电话　13335059110　（0532）68068026
策　　划　高继民　刘　咏
责任编辑　杨成舜
特约编辑　王　伟
封面设计　今亮后声
照　　排　末末美书
印　　刷　青岛国彩印刷股份有限公司
出版日期　2019 年 7 月第 1 版　2019 年 7 月第 1 次印刷
开　　本　大 32 开（890mm × 1240mm）
印　　张　12.75
字　　数　300 千
印　　数　1-7000
书　　号　ISBN 978-7-5552-8192-4
定　　价　49.00 元

编校印装质量、盗版监督服务电话　4006532017　0532-68068638
本书建议陈列类别：文学 · 传记